公正な社会とは

—教育、ジェンダー、エスニシティの視点から—

宮島喬／杉原名穂子／本田量久編

人文書院

はしがき

本書は、公正な社会（社会関係、社会過程、社会秩序）とは何か、どう実現しうるかをそれぞれの視角、分野から日ごろ考え、研究に携わっている社会学研究者によって執筆されている。

ところが、そうした問題意識をいだきつつ現実と向き合っている者にとって衝撃的な出来事が起こった。二〇一一年三月一一日の東日本大震災とそれに続く福島原子力発電所事故である。これらは被災者の救援、支援、および地域と生活の復興にかんし一社会全体としてどんな援助と資源配分がなされるべきかを問いかけた。当事者住民の「自助」に期待するような従来の災害対応は、根底から反省を迫られた。のみならず、過去半世紀の原発政策にみられる、リスクの徹底的な分析と予測の回避や、中央集権国家日本の、原発なる「リスク産業」の「辺境」地域への集中配置が、はたして許されるものだったか、という根本的な問いも生じている。議論はもちろん未完であり、続いている。

本書が計画された二〇一一年初めには、「公正な社会とは」というテーマの射程に当然東日本大震災と原発事故問題は入っていなかった。ただ、編者の一人である杉原名穂子は、かつて東北電力の新潟県巻町の原発建設（二〇〇三年一二月断念）に対する住民投票運動の展開をフォローし、『デモクラシー・リフレクション――巻町住民投票の社会学』（伊藤守他著、リベルタ出版、二〇〇五年）の著者の一人にもなっていた。編者らは、3・11後、震災と原発事故の提起した諸問題を通して日本の政治社会の公正を問うという流れを本書に新たに導入すべきではないか、という点をめぐって討議をした。しかしすでに二カ月前に一〇名の執筆者に依頼を終わり、彼・彼女らが執筆準備に入っていること、拙速の恐れのある構成の変更は本書の性格を中途半端なものにする懸念があること、からこれを断念した。そうしたなか、第2章（定松文）が当初の構想をあえて変更し、フランスの地方分権政策を公正の観点から批判的に論じながら、一部で原発立地政策にも論及してくれた。

なお、以上のような経緯はあれ、編者の一人である本田量久は八月から九月にかけ、宮城県石巻市をはじめ東北地方の各地を訪れ、多くの被災者から話を聞くことができた。津波被害で仕事や住居などの生活基盤を失い、子どもの成育と教育の環境を案じて被災した故郷を離れるにせよ、生活再建や地域復興を目指すべく故郷に残るにせよ、きわめて限られた条件のなかで「3・11以前の生活」を取り戻そうと努めている。しかし、将来の展望を想像のなかでさえもちえない不確実性の高い状況に強い不安を表明する人は少なくなかった。社会学的にいえば、向かうべき方向が分からない暗中模索の状況が続くとき、人は努力する動機づけを強くもち続けることは容易ではない。国・地方自治体には、被災者の意向を汲みながら、経済や地場産業の再建、住居、医療・福祉、子どもの教育などの基本的な生活基盤の早急の復興が要請される。

いずれにしても、本書は、3・11以前に構想されていた問題意識と、諸テーマの意義づけにもとづくものであることを断っておきたい。

「公正な社会とは」を考えるに当たり、教育、ジェンダー、エスニシティを主な主題領域とし、個別テーマを配置し、考察を行うことにした。教育とエスニシティに関しては、不平等の再生産の問題や、ポジティヴ・アクション、エンパワメントの課題に関連づけて「公正」に関わる議論はかなり行われてきて、なじみ深いものとなっている。ところが、ジェンダーについては、「公正」(justice)と結びつけた議論はこれまで多くはなかった。そこで、この点について若干述べておきたい。

ジェンダーを問う際、問題を私公両面で捉え、それらを架橋することが重要となっている。公的な領域での平等政策は、結果的に一部の恵まれた女性に恩恵をもたらしているという側面、ポジティヴ・アクションによりかろうじて政治的不平等の是正が着手されている側面などがある。しかし実質的な男女平等にほど遠いことは明らかで、家庭やケアという私的領域における権力関係を問うことなしにこれは明らかにされえない。妊娠・出産という女性特有のイベントもあり、これらにかんがみれば、「公正」という概念で男女平等の仕組みを考察することは有用であろう。しかし、ジェンダーに関する議論の歴史は、女性と男性の同一性と差異性をめぐる議論でもある。生物学的差異が性差別的な制度を正当化する道具とされてきたことを思えば、男女の差異性の問題は慎重に論じられなければならない。また、J・ロールズが自身の正義論でもっぱら公的領域を議論の対象にし、基本財配分を重視しているように、justiceの概念には公的領域中心主義、もっといえば男性中心主義の論理がひそんでいるのではないかという警戒感もあった。これらの疑問も、ジェンダーの公正という概念について明確な態度をとることをはばんできた。本書ではむしろ家庭、ケア、家族の担う教育という問題に焦点を置きながら、「公正」がどういう意味をもつのかを考えるというスタンスがとられている。いかなる概念が適当か、今後、議論を深めることが必要であろう。

＊

本書の執筆者一三名についていえば、編者の一人である宮島喬がいわば結節点となり、かつて大学院での演習(お茶の水女子大学、中央大学、立教大学、法政大学)で出会い、関わり、つながりの生まれた人々である。そのなかで、宮島、杉原、本田が編者となり、この本をつくることの意義を確認し、計一〇名の研究者に提案し賛同を得たものである。序章が一応の問題提起と概念の整理を行っているが、各章は比較的自由に書いてもらうようにした。社会学の観点からすれば、所得、資産その他の経済財の配分をもって公正を議論することは一つの限られたアプローチにすぎず、それをどのように越えて質的で、多尺度の成り立ちうる社会的条件のなかに公正の基準を見出していくか、がまさに課題である。その試みを各章のなかに読み取っていただければ幸いである。

最後に、出版事情が厳しい昨今にも拘わらず本書の刊行を引き受けていただいた人文書院、および本書につき貴重な助言をいただいた上、本づくりのこまごまとした作業の一切も引き受けて下さった同編集部の井上裕美氏に、心から御礼を申し上げたい。

二〇一二年二月

宮島喬・杉原名穂子・本田量久

目次

公正な社会とは

——教育、ジェンダー、エスニシティの視点から

序　章　公正への社会学的問い——問題の見取り図

宮島　喬

一　格差、不平等、選別の社会

脱工業化、グローバル化、多文化化という変動のなかにある現代社会は、その一面は、「豊かな社会」とみることができても、平等な社会でも、公正な社会でもない。むしろ不平等とその再生産が、かつてなく問われる社会となっている。四半世紀前、ジャーナリズムの造語にせよ、「中間層社会」とか「総中流社会」の語が大いに流布したものである。だが、ここ五年ほどの間に「格差社会」の語がすっかり定着している。全雇用の内の非正規雇用が二〇〇八年には全雇用の三分の一（一九八四年には一五％だった）に達したという発表がこのイメージを強化した。さらに今では、「格差」という言葉が問題の性質をぼかしているとし、「貧困」のタームを用いて不平等問題に切り込もうという試みが前面に出ている。

一方、ある種の「平等」言説も聞かれる。じっさい、女生徒の進学は短期大学までとか、管理職は男性に限るとか、日本語を解さない外国人児童は日本の学校に受け入れない、といった明示的な差別の言説は姿を消し、属性にかかわりなく努力と競争の力が評価される社会になった、などといわれる。ただ、それらの「平等」は、注意すれば気付かれるように、多分に新自由主義的な傾きをもった観念であり、結果の平等は顧慮に入れず、たいてい個人主義的な「自己責任」の議論を内包している。

一方、「不平等」を正面から主題化し追求するのを避けがちな日本の行政、統計界ではデータ、事実認識の蓄積は乏しい。たとえば高等教育への就学と階級・階層の関係は、フランスでは、社会職業的カテゴリ（CSP）を用いた国民教育省の全国データにより毎年に報告されていて、不平等を論じる基礎とされている。[1] だが日本ではなかなかそれが望めない。またR・ドゥオーキンは、財や機会の分配において「人々を平等に取り扱うこと」(treating equally) と「人々を平等な存在として取り扱うこと」(treating as equals) とはちがうと書いたが、[2] 日本で行われてきたのは後者の扱いではないか。すなわち、自助や努力に倫理的価値を与える社会だけに、不平等をそれとして問題とするのに抑制がはたらきがちで、恵まれない者も努力をすれば差は縮小するはず、という思考をとりがちである。[3]

だが、この〝自助主義〟については限界も明らかになっている。たとえば文科省調査では、私立高校に子どもを送っている親は年間平均して一〇四万円余の学習費を負担しており、[4] 上または中以上の所得階層でなければこれはかなわず、「とても無理」と考え、諦める家庭も増えている。また、非正規雇用に就く、またはその契約を切られる人々についてのルポ等を読むと、本人の「努力」の余地は少なく、厳しい条件に耐えながら二年、三年と勤め、ひたすら本工採用を待ちつづけ、あげくの果て契約を切られるケースがある。「自己責任」などと言うのは、この実態を無視したものだろう。今一つの例は、外国人の子どもたちのそれである。ブラジルやフィリピンの子どもたちは日本の学校教育のなかで文化資本の大きな不利を負い、「努力して追いつくべし」などと言われても、あまりにも出発点の違いが大きいことが明らかになっている。

こうした状況が私たちの身近にあることを踏まえ、出発点としながら、本書は、社会的公正（social justice）とは何かを幅広く問うものであり、日本のみならず欧米や途上社会をも視野に入れる。ただし、テーマの焦点化は、主に社会学的関心からなされた。

現代社会の構造と制度——公正と再帰性からみて

現代社会の基本構造、基本制度枠組みに関し、公正という観点からいささかでも触れておかねばならない問題がある。

不平等、格差化が進み、階級なき社会などでは決してないにもかかわらず、集合的な対抗運動が起こりにくくなっている社会、それが現代の一つの特徴ではないだろうか。労働組合、労働者政党の弱体化は欧米、日本である程度共通に指摘され、行為者の「個人化」が顕著な特徴となっている。本書では、第3章（杉原）が、U・ベックやZ・バウマンに拠りながら論じているように、新自由主義的な政策（特に労働法規をゆるめる規制緩和）が進むなか、外見上個人の決定・選択が増大するのであるが、個人の自己責任が言われる社会となっている。ベックらは現代の「個人化」を「諸々の不確かな自由」（precarious freedoms）と背中合わせのものとして捉えねばならないとする。[5] その個人化のなかで、地位、雇用、ジェンダー関係などの再生産が進んでいる。

雇用についてみてみたい。各社会のなかで制度化されている雇用と待遇のシステムは、市場原理にもとづきながらも、最低賃金制や雇用保険のような修正の仕組みと、各社会の固有の社会諸関係とを反映している。そして、日本では、正規雇用、非正規雇用の区別は、身分的厚遇および差別といってもよい慣行と社会通念のなかで築かれてきた。欧米のように一〇〜二〇％といった目に見える失業を生まない代わりに、非正規雇用従事者を多数生み、「ワーキングプア」を生み出しているという指摘もある。(6) この非正規雇用は、女性、外国人という属性とも親和的であることは指摘するまでもない。そして賃金・福利厚生の不平等だけでなく、訓練の機会や情報接近の機会も限られ、能力開発も行われないという格差もある。

この不公正は、経済的グローバル化の下で固定化の気味さえあり、改善が困難と感じられているが、ヨーロッパでは、再帰的に、雇用の分かち合いとワーク／ライフバランス実現の観点から改善が試みられてきた。たとえば、「オランダ・モデル」と呼ばれるフルタイム雇用とパートタイム雇用の賃金格差撤廃の協定などは、当事者の合意づくりへの努力の結果である。(7) こうしたモデルがある以上、日本の現状を変更不可能な秩序とみなすべきではなく、格差縮小に向け、雇用における公正の議論は起こるべきである。

一方、以上と関連する大きな枠組みである福祉国家については、これを維持することに表向き反対する議論はない。だが、本書では第1章（田邊）が取り上げているように、その内容、仕組みの理解にはかなり幅がある。そのなかで、働くこと、人々が働く意欲をもつことを要件とする福祉、つまり「貢献」ないし「効率」に対応して公正を考える議論もある。厚生を可能にするのは価値を生む労働であるという公準を否定するのは確かにむずかしいが、今、提供される雇用の質が低下し、正規雇用に就きたくとも就けない個人が増大しているとき、「働くこと」を金科玉条とする議論はどういう意味をもつか。国民年金保険料の滞納率は今や四割に及んでいる。就労機会のつかめない人、満足な雇用に就けない人、疾病等で働けない人に「自立」を求めるのではなく、まず生存の権利を保障することが公正に沿うのではなかろうか。格差社会からの離脱に向けて経済学、財政学、社会保障の専門家の議論が行われているが、一部ベーシック・インカム論が代表するような、より普遍的な保障の考え方も必要と思われる。

地域の問題といえば、今、日本では東日本大震災を通して、国対県・市町村の権限と財政手段の配分が緊急の課題として論議されている。地域分権、これは西欧では半世紀前から課題とされ、生活諸資源、文化諸資源（言語やアイデンティティを含め）の公正な空間的配分を求め、権限のサブナショナル・レベルへの移行を求めるものである。地域の不均等発展は、住民にとってもっとも切実な雇用、医療、学校等の偏在を生みだしており、分権要求の基礎には、貧しさから豊かさへの周辺地域の要求がある。その一方、地域は歴史的・産業的・文化的多様性をもっていて、それが貴重な資産であり、そうした地域の発展政策は、財政権限の配分に尽きず、そこに生きる住民自身の参加によって決められるべきとする要求がある。本書で第2章（定松）が注目するのは、分権化改革が長らく大きな課題だった、法の下での平等と単一主義を掲げてきたフランスである。同国の国是ともいうべき原発建設とその配置は、この体制の下で行われた。中央集権体制自体の手直しは一九六〇年代から始まり、ミッテラン大統領時代の八〇年代に制度化という過渡期に入った。当事者であるたとえばコルシカやアルザスの地域自治への意欲は旺盛であるが、それは今行き悩んでいる。グローバル化と世界的経済危機の下、財政の論理が、地域の切実なニーズの充足を困難にしているが、これは公正にかなうだろうか。それは日本にとっての問題でもある。

現代社会について「公正とは何か」を論じるということは、右に述べてきたような諸問題を認識することを課しながら、しかし現状追認におちいることなく、それに抗する認識をもつこと、現実に介入してより公正な関係、秩序、そのための施策を見出すべく努めることを意味する。A・ギデンズの論じる、現代社会の獲得してきた行為能力である再帰性ないし自省性（reflexivity）[8]を、具体的な施策、実践を通して作動させるべきだというのが、私たちの考えるところといってもよい。

そして、社会学的アプローチをとる以上、当然次のことを課題としなければならない。経済財の配分などに限られない公正の問題、すなわち質的な、人権、能力の実現、社会参加、アイデンティティなどに関わる公正にも、その検討を進めなければならない。本書はそのことを意識している。

規範重視アプローチの意味、必要

社会科学の考察は、価値へのコミットメントを避ける科学主義や経験重視の禁欲のなかに留まるべきだとする見方がある。もちろん、社会科学の客観性の要請としての価値自由（Wertfreiheit）は、狭義の研究の局面では維持されるべきである。だが、社会的問題や事象に対して一定の規範的な判断も求められるケースが増している。筆者はかつて「さまざまな個別性、特殊性をおびた人々の要求と公共性あるいは平等の調整、もともと文化的不利を負わされている人々への援助、利潤中心になりやすい企業活動に公正や平等の価値を受容させること」などが社会学に期待されている以上、「妥当な公正や平等の条件」を見出していくのは避けられぬ課題となった、という意味のことを書いた(9)。

こうした問題にいち早く反応し、「正義」とは、「公正」とは、という問いを発していたのは、ジョン・ロールズやマイケル・サンデルらの哲学者である。自由か平等かという二大価値を中心とする議論がもはや不十分で、かつ平等も、差異の問題に直面して再定義が必要になっていることに哲学者たちは自覚的であり、「正義」ないし「公正」とは何かを論じるようになった。そこからは示唆を汲まなければならない。しかし彼らは社会な具体的イシューを必ずしも深く追究しておらず、その例示的議論は社会学者を満足させない。では、どう発展させたらよいか。

規範重視のアプローチが評価されているいま一つの文脈がある。平等、公正などを——経済財や公的権利の配分についていえるような——客観化された状態にもっぱら即して考える思考を乗り越える必要が意識されている。たとえば、政治的権利の男女平等は法的に完全に認められながら、議員選挙に立候補する女性のパーセンテージは明らかに低く、達成結果は平等ではない。立候補の権利を進んで行使する女性の意欲、能力、行為がなければならず、それをどう実現させるか。これも公正の条件として重要である。

こうした行為可能性に着目したものとして、注目されるのは経済学者アマルティア・センの潜在能力(capability)かもしれない[10]。そこでは経済財等の配分を通しての公正の達成とはちがう、人々が価値を見出すさまざまな状態や行動を実現するための選択肢が幅が広く保障されていることを公正とみなすことが意味されている。途上社会で被抑圧の地位にあった女性が、子どもの出産や育児方針について自分の意志をもち、これを実現できること、また、先進社会の中の移民マイノリティの子どもが学ぶことに意味を見出し、就学への意欲を獲得すること——これらを可能にすることも、公正な社会の条件にほかならない。そのため討議、助言、識字指導、学校教育、訓練の機会の提供などが常時行われ、エンパワメントにつながることが重要になる。

人々の具体的行為場面から制度化されたレベルまでを視野に問題を扱う社会学研究者は、たいてい、経験的事実から離れることはむずかしく、またそうすべきではなく、原理原則の観点から問題に答えて済ませることはできない。二者択一的議論、たとえば哲学者ごのみの「効用か権利か」といった論におちいらず、複雑な関係と条件が支配しているなかで、より妥当な判断をもつという努力が踏まれなければならない。ただし、没原理の経験主義に押し流されないため、今それぞれの分野と主題を通して「公正な」関係や秩序とは何かをつねに考える姿勢が求められる。

自由、平等、衡平をめぐって

自由の保障については、古典的な自由権（思想信条の自由、身柄の自由など）がよく知られている。これは社会的場面で捉えれば、意見表明（言論）の自由、情報接近の自由、さらにアイデンティティの自由、独自文化の保持の自由などとして実現されるべきものもある。ある集団の言語や独自信仰が社会的に尊重されることも、この「自由」の実現の一つとみられるなら、C・テイラーのいう「文化的承認」(cultural recognition)[11] もその一形態だろう。いずれにせよ、これらは単なる原子論的な個人の自由なのではない。

しかし「自由」とはマジックタームである。同じ言葉が、他者の自由や福祉や共生の実現にほとんど関心をもたない行為者により「所有の自由」「売買の自由」などとして使われ、主張されることもある。それは自由交換、自由競争という文脈の中で主張され、「強者の論理」として機能することが多い。じっさい、新自由主義者と呼ばれる人々が文化への関心を欠き、マイノリティの境遇にしばしば無理解であることは知られている。この点、前述のセンが、人間の多様性の否定が不平等を招来している、と述べているのは示唆的である。[12]

「平等」(equality) は、労働、福祉、教育、ジェンダー、エスニシティなどを研究する研究者にとりもっとも中心的な価値の一つである。だが、ここにも多くの「自明性」が支配しているから、それをあらためて問い直さなければならない。

たしかに一人一票の投票権をすべての成員に認めるといった場合、また、ある条件づけられた人々がその範囲内で等しい待遇を受ける場合（同一労働同一賃金など）、追求されるのは平等である。ただ、一人一票が保障されても、選挙区定数が人口比から乖離していれば結果は平等とならないし、特定の職種に女性が、また別の職種に男性が集中し、かつ職種間に賃金差があれば、同一労働同一賃金が仮に実現されてもあまり意味はない。一つの次元の平等だけで全体の平等へといたるのは、まずないことである。

法的、政治的権利などは長らく、所与の明白な基準（国籍、年齢）を満たせば、区別なく、平等であること（being equal）がその生命をなすと考えられてきたが、この普遍主義にも修正の動きがある。例としては、外国人であれ、居住要件を満たせば、市町村政など限定された範囲の参政権が認められるという形での修正が行われており、殊にヨーロッパでは一般化しつつある。修正は別の分枝ももつ。地域分権化が進むなかで自治的地域枠組みのなかで、住民に特別な権利が付与されていくケースがあり、特に非国家語の使用やこれを学校で学ぶ権利などがそれである。主流の国民の享受する権利との対比で、よく「マイノリティの権利」ともいわれる。こうした「多重市民権」（multiple citizenship）というべきものが成立し[13]、徐々に正当なものとして承認されている。逆に、普遍主義に固執して右のような対応が認められず、永住許可をもつ外国人が市町村政参政権も認められていない国では、不公正感が強まっていくかもしれない。

平等の議論の単純化を戒めたのは、センの有名な次のような指摘である。人間は多様であり、その生活は多様な側面をもっており、「ある変数に関する平等はある変数に関する不平等を伴いがちだということである」[14]。R・ノージックのようないわゆるリバタリアンですら、他人から干渉を受けない自由の「平等」を唱えるように、一種の平等主義者なのだ、と。そしてロールズらは基本財を中心に考えているが、仮に経済財において恵まれている個人でも、やりがいのある仕事、環境、コミュニティ参加、リーダーシップ、政治参加、の発揮などでは剥奪を感じているかもしれない。各個人または集団が何を欲し、必要としているかというニーズが知られなければならない。それだけに、有する財を他の領域の価値へと変換できる潜在能力（capability）が重要になるのである。

そして当の社会において、経済財に恵まれず、文化的ハンディもあって変換能力に限界があり、教育達成や雇用の獲得にも困難をきたしている人々――「マイノリティ」と呼ばれることが多い――を平等に近づける努力が行われるべきだとすれば、「公正」という概念が明らかにされねばならない。人々にとり所与の社会的条件が過酷だったり、生来の属性（たとえば母語）が大きなハンディキャップをなすとき、形式的平等を超えた実質的な平等こそが追求されねばならない。「公正」あるいは「衡平」（equity）への要請が、そうした地平で現れてくる。確かに社会成員すべてに等しく利用が開かれた制度があれば、そのレベルに限っては平等が実現される（機会の平等）。だが、機会の平等は、現実には、たとえば母語や母文化を異にするマイノリティの子どもがマジョリティの学校教育に参加しようとする場合、ほとんど意味をもたない。そこではどのような援助が必要となってくるか。第6章（鷹田）がその課題に注目している。

また地域間格差などが機会の平等をまったく奪ってしまうケースもある。たとえば無医町に近いような地域に住む住民と大都市住民とでは、医療へのアクセスの平等はもともと存在しない。問題は住民個人の努力では、まして市場原理にゆだねては解決できない以上、「衡平」の観点に立つ公共政策の出番でなければならない。医療機関の維持や医師の確保のための、あるいは患者の移動の足の確保のための相当額の公的補助がなされなければならない。それを全体社会が理解し許容することが必要なのである。

二　「公正」への社会学的接近——暫定的に

以上のように検討してきて、「公正」(justice) を構成する主な要素は、とりわけ社会学的視点からは、公正、多様性の承認、衡平、人権ではないかと考えるものである。ただ、それらは並列される要素ではなく、一は他を前提し合うなど、相互関連性も重要である。

第一にあげる「公正」は右にも述べたように、fairness の語に近く、機会の平等につながる制度的公平性、公開性であり、手続きの透明性や情報開示にある。ただし、この公正を実現するには、場合によって一種のポジティヴ・アクションが必要となることもある。人々の文化背景の違い等を考慮しての、情報の多言語化や通訳がそれである。

第二に、「多様性の承認」であるが、文化背景とニーズの多様性を認めることといってよい。ハンナ・アーレントは、「人間の条件」を支える柱として複数性を重視し、現実の日常において私たちはそれぞれ異なる思考や文化をもつ独自存在として、異質な他者と共に「いま、ここ」を生きていると書く。[15] そしてセンが強調してやまないように、条件や文化の多様性に応じた人間の多様性を認め、その潜在能力の実現を可能にしていくことが重要となる。ただ、文化承認を制度的に実現するにはしばしば限界があり、たとえば学校や行政がマイノリティのすべての母語に対応することは不可能で、合意によるルール形成が必要になる。

第三の要素は、「衡平」(equity) である。これは一般的な法や規則をそのまま適用することが妥当でないような場合、それを具体的な事案や対象者の状態に即して修正することをいう。そうした措置はさまざまに行われていて、低所得者、災害罹災者、精神・身体障がい者などへの免税や諸手当に現れている。社会学的には、文化（言語、宗教）、地域、民族などの違いを考慮した、衡平の措置も必要であると考えるべきである。日本ではこうした措置を、「特別扱い」という負の眼でみる傾向がある。重要なことは、「スペシャル・ニーズ」を生じさせる社会・文化的背景を認識し、理解することにあり、それが個人の努力では越えがたい不利を結果しているなら衡平の措置が講じられるべきことが共通に理解されることである。なお、マイノリティのみならず、マジョリティの成員にとってもニーズの多様性に必要な措置を講じる社会は、生き得る公正な社会であるはずである。

第四は「人権」である。人権を重視し尊重することは、公正におけるアルファかつオメガであり、人間は他の何ものかの手段として扱われてはならないとすることにある。それは抽象原則としてあるわけではなく、たとえば、製造業の一工程に働く労働者が健康被害を受け、救済されない場合があるとすれば、それは人権にもとる扱いであろう。また自身と家族の貧しさから先進国男性との結婚を受け入れる途上国女性が少なくないが、これも一人の人間の一生がもしも経済的必要の犠牲とされるならば、人権上看過できない。ただし社会学の観点からは、人権の問題については、行為者の意志、社会背景、文化、他者との関係も考慮に入れなければならないことが多く、法的な禁止、処罰ではなく社会的解決を優先させねばならない場合もある。

教育、ジェンダー、エスニシティ

今日の社会的公正の問題にアプローチする社会学的独自視点として、本書が主に扱う三つのテーマに焦点を合わせて、以下述べてみる。各章で扱われる問題の位置づけもかねる。

（1）　教育における公正

まず教育であるが、教育は、人々の自己実現を追求する能力を与えるものとして、公正な社会をつくるカギとみなされてきたが、他方、教育達成は今日の社会で人々が生活機会や地位を獲得する上で、ほとんど不可欠の要件となっている。

その機会の階層差が、少なくとも義務教育後にはかなり明瞭に現れることは経験的に分析されている。たとえばＳＳＭ調査（社会階層と社会移動全国調査）にもとづく荒巻草平の分析では、学校外教育（特に塾と家庭教師）の経験率は出身階層によって差があり、進学との間に相関があること、大学進学に有利とされる中高一貫私立学校については「そのための準備教育においても、就学に必要な費用の点からいっても、家庭の経済状態に大きく依存している」[16]と指摘される。

今日、無償とされる義務教育も含めて、機会の平等が果たされているかどうかについて疑問が呈せられている。たとえば非正規雇用に就く人々についてみてみると、（公的統計はないが）挙げられている諸事例では、高校中退（資格としては中卒）、高卒後専門学校中退というケースが多い。また義務教育における「無償」という前提にさえさまざまな疑点が付せられ、事実、就学援助なしには初等教育を終えられない子どもがいることや、生活保護世帯では子どもの高校進学率は約七〇％にすぎないという事実もある。[17]これらの事実を介して、貧しさが再生産されているのではなかろうか。

もっとも、学校教育というプロセスそれ自体の公正も問題である。学校教育が掲げ、自負する普遍性とは、年齢等の条件を満たすあらゆる子どもを受け入れ、学ばせる平等な制度だという点にある。だが、具体的人間とは平均的能力を身に付けた存在なのではなく、すべて特殊性をおびた存在である。異なる母語で育っている、日本語力は不十分だが運動身体能力は優れている、ひとり親家庭で就学援助を必要としている、等々。このため、制度へのアクセスに不利を負う者がつねに存在する。上述の義務教育への参加をうながされる子どもにも、そうした不利を負う者がいる。とすればロールズのいう「格差原理」（difference principle）に基づく、平等処遇の修正は避けられない。なお、制度や権利へのアクセスで不利を負う者がどのように生み出されるかのリサーチは社会学の課題である。

日本では、家庭環境による子どもの学力差についての議論は、ながらくタブーとされてきた。だが、格差社会の問題がクローズアップされるにつれ、その問題が調査、検討されるようになった。格差が、人々の意欲差、学力差、能力差をうみだし、またそれが世代間に引き継がれていくなら、それは公正な社会とはいえないだろう。だが、このことに合意は得られているだろうか。

教育達成を左右する社会的諸条件に目を向ける考察に一見通じるようにみえる、しかし似て非なる見方に、近年の親教育責任論とでもいうべき議論がある。P・ブラウンが「ペアレントクラシー」（parentocracy）と呼んだもので[18]、本書では、第4章（中西）と第5章（喜多）が共に論及している。日本でも近年、新自由主義に近い立場の論者から、「家庭教育」の重要性が言われたりしていて、それは競争を肯定し、個人主義的な戦略を強調するものであり、親の関わりと配慮がなされることが子どもの教育達成を可能にする、としている。これは言うなれば、親の貢献のいかんによって教育達成格差が生じるのを当然視するものであり、問題への社会的な診断と対応にむしろ目を閉ざすものである。

近年、就学援助（学校教育法）や教育扶助（生活保護法）の利用家庭がいちじるしく増しているということは、事実上、そうした支援措置なしに初等教育もまっとうできない社会層が生まれていることを意味する。だが、これらの措置は限られたものである。教育の達成差を生みだす家族的諸要因の背後に社会的・文化的な諸条件が横たわっていることを認識し、その認識に裏付けられたポジティヴ・アクションが、欧米ではさまざまに取られているが、日本では教育における公正をめぐる議論の詰めがなかなかそこまで及んでいない。

（2） ジェンダーをめぐって

女性差別の問題にとりくむフェミニズムの議論は、いくつかの方向をとる。被雇用者数では男女差は接近しているのに、経営者、管理職では男性のウェイトが依然として圧倒的に大きい。それ以上に制度の壁はないはずの政治の世界への女性の進出も限られており、日本では地方議会議員の女性比率は一割程度にすぎない[19]、それに反し、北欧諸国では議員における男女の接近がみられ、話題となる。ただ、その場合でも法や政党自らで定めたクオータ制があずかって力があることは意外に知られていない[20]。ただ近年の西欧でこれが政治的公正にかかわる問題と認識され、候補者における男女同数制（パリテ）や、そこまで行かなくともパーセンテージ・クオータ制が多くの国で追求されていることは、日本との違いである。そこでは新たな思想の展開もみられる。すなわち、一見してマイノリティである女性の優先処遇とみなされるものが、そうではなく、およそ世界が男と女から成っていてそれが自明である以上、同数を原則化するのは正当なのだ、という主張がフランスなどでは地歩をうるようになった[21]。

日本ではその種のイニシアティヴがなかなかとられないのみか、選択的夫婦別姓制のような要求も当事者の切実な願いが聞かれず、「家族制度を崩壊させる」といった守旧的論理で退けられる。果たして公正に沿うだろうか。

いま一つ、「個人的なことは政治的なこと」（the personal is political）というスローガンにみられるように、国家や社会の立ち入るべからざる領域とみられてきた家庭内の問題をクローズアップし、法や政策による介入を要請するにいたった。ここから、直接には、ＤＶ防止の立法などがなされることになったが、そもそも女性を家庭内存在、自明のカッコ付きの「分業」としてのケアや配慮（子育てや教育、介護における）の担い手だとみなす見方は越えられず、存続している。教育におけるペアレントクラシーに先にふれたが、そこにもジェンダー問題が絡んでおり、親の配慮は男女のわが子に同じようには向けられない。第4章が指摘するには、親は「娘には大卒学歴は不要」とこそ言わないが、男子への大卒への過度の期待と、女子への緩やかな期待という格差をその態度に示す。就学の費用の高額化が進む今日、女子生徒にどれだけ自由があるか。親が高学費負担覚悟で男子を首都圏の大学に送るとき、女子も同様かというと、たぶん否で、彼女たちは自らのアスピレーションを切り下げて地元公立大学や専門学校など〝現実的な〟進学の道をとらざるをえない。近代のジェンダー役割分担という差別は「緩やか」になりつつも、しかし生きている。育児や教育が家庭内で引き受けられ、主に女性の責任とされるというミクロなジェンダー問題も意識されている。第5章が注目するように、働く母親よりも専業主婦のほうが子どもの教育達成に貢献できる、といった議論さえ行われ、性別役割肯定があらたな形で復活しつつある。

選択できる生き方の幅が暗に制限され、女性は、男性と同じ財や教育機会を与えられたとしても、育児や介護を引き受けることが当然視され、就業継続を断念しなければならないかもしれない。また、その当然視ゆえ、仕事のため結婚・出産を断念しなければならないかもしれない。いずれにせよ、そのような社会は、少なくとも平等な社会ではない。教育期待では男子に比べて「緩やか」で、わが子をもてばより大きな教育責任を負わされるという矛盾した位置に女性は置かれている。ただ、こうしたジェンダー問題はパーソナルな家庭内問題とみなされるだけに公正の問題として論議されにくい。どのように論議をしていくかを考えなければならない。

「開発と女性」がしばしばテーマ化される発展途上社会ではどうであろうか。本書の第11章（佐野）、12章（兼川）では、発展途上国における女性の潜在能力の実現の問題を扱っている。M・C・ヌスバウムはインドなどの現状を踏まえながら、教育は女性にとりその可能性を開く上で決定的に重要でありながら、どこでもこれを妨げる抵抗に出遭っていると述べる。[22] 彼女は「人間らしい機能を達成できる最低水準」を具体的に「人間の中心的機能的潜在能力」としてリスト化した（第11章参照）。しかしそこでは女性は、他者の目的を達成するための単なる手段、たとえば子どもを産み世話をし、家族のために働く者として扱われ、選択可能なさまざまな機能の組み合わせが制限されている。教育の機会の不平等がこれに関係する。こうした状態は不平等にほかならない。ただ、能力実現の選択の幅は広くないなかでも、個としての実現か、それとも社会的連帯のなかでの実現かが問われるという場面もある。

また、開発援助が先進国ドナーのNGO、さらに現地仲介者によって進められるとき、マイノリティ女性たちの自己実現についてどんな期待、イメージが課されるかが問題である。イエメンのマイノリティ、アフダームの女性たちはそれにある反発を示したが、自己開発の道を彼女たちは自身で見出していけるだろうか。

（3）　エスニシティとマイノリティ

エスニシティに注目するのは、ジェンダーと並ぶもう一つの属性原理（ascription）である民族あるいは民族関連要因が、不平等あるいは格差化の無視しがたい要素となっているからである。アメリカなど「新大陸」のみならず、ヨーロッパでも今や移民の人口に占める割合はドイツ、スペイン、フランスなどで軒並み一〇％に達している。日本の外国人人口は過去四半世紀に三倍近くへと増加し、その他「外国につながる」[23] 者を合すると三〇〇万人に近くに及ぶ。そして定住外国人のウェイトが確実に大きくなるなか、市民権付与は公正に関わる問題となっている。また外国人などマイノリティの子どもの教育は、平等措置でよいか、優先措置（ポジティヴ・アクション）かの問いのなかにようやく置かれるようになった。

ただし、エスニック・マイノリティの成立の歴史的経緯も無視してはならない。先進国のマイノリティのうち、北・南米のおそらく数千万人に達する〝アフリカ系〟人口は、周知の独特の歴史的背景をもち、有名なJ・オグブの言葉を借りれば「非自発的」移動によって生まれている[24]。このように不正性が明らかで、アメリカ合衆国では、それを正す人種的公正（racial justice）が唱えられてきたが、しかし社会全体がこれを受け入れるのは容易ではなかった。第7章（本田）が触れているように、公民権運動はまさに公にこの公正を追求した大規模な運動であり、その意義はいまだに追求するにあたいする。

マイノリティ諸個人にとりコミュニティはそれなりに重要な意味をもつ。アイデンティティの拠りどころとして、また当人がそれを確認するよすがとしての言語や文化保持させてくれるものとして。しかし第9章（曺）が問うように、在日朝鮮人のように永住する者にとりコミュニティは、「母国」、すなわち朝鮮半島のそれと必然的に結びついているのだろうか。実はそうした結びつけはよく「外から」、マジョリティである日本人の眼差しによりつくられる。本人たちのアイデンティティは、よりトランスナショナルで、母国の緊縛から自由で、準拠集団として日本社会と在日社会がとられる場合も少なくない。外からの定義付けでなく、自らアイデンティティが尊重される権利、これも「民族的公正」の一要素でなければならない。

西欧の移民国フランスでは、外からのエスニシティの定義づけに警戒的である。たとえばアルジェリア移民二世たちは、民族アイデンティティを欠いてはいないが、地中海の彼方の親の母国を知らず、その政治体制に愛着もなく、フランスのなかで生きる道を模索し、国籍取得に進む者もいる。こうした彼らの民族出自をフランスの公式統計は問わないことになっている（「共和国的統合」モデル）[25]。しかし現実には、マジョリティ社会の側からの民族的差別はなくならず、高い失業率を示すアルジェリア系の若者はその犠牲者なのではないか、といわれる。その実態を知るためには民族に関わるデータは必要ないのか。第8章（中力）が取り上げているエスニック統計をめぐる議論はそうした文脈で生じた。

公正な処遇にかかわる今一つの問題は、市民権（citizenship）にあろう。継続的に就労し、居住し、生活を築きはじめている外国人が求めるのは地位の安定である。日本のニューカマー外国人のなかの大集団である中国人やブラジル人を例にとると、その地位の両義性は明らかである。第10章（坪谷）で触れているように、九〇年代の末に永住資格の申請の条件がより緩和されて、永住者の数は急速に増えた。同資格は雇用の安定やよりよい生活の構築に寄与してくれると期待されよう。だが、ブラジル人たちの多くは永住資格を得ても、非正規の間接雇用に留まり、劣悪で不安定な経済条件に置かれている。市民権へのアクセスが社会経済的平等へとリンクしない最たる例である。ＥＵ諸国や韓国で認められている（地方）参政権は日本では永住者にも開かれておらず、この点、市民権保障としては不十分なものである。

最後に一言すると、国際移動に限らないが、移動する者がブローカー等の手に委ねられ、搾取、暴力、人身売買とみまごう扱いを受ける例は少なくない。特に移動者に女性の比重が高まっている現在、人権を侵されやすい「傷つきやすい移民」（vulnerable migrants）の存在と問題は無視できないものとなっている。前記中国人ニューカマーのなかにも日本人男性との結婚のため移動する女性があり、そうした懸念はぬぐえない。今日では人権のコンセプトは、家族と共に生活する権利や、営利的取引

(trafficking) の対象とされない権利、未成年者の権利にまで拡大されていて、これらが等閑視される社会は公正ではないとみなされる。

エスニック・マイノリティの社会経済的不利は、しばしば属性的要因に関係し再生産されやすいだけに、改善は自らの努力では容易ではなく、ポジティヴ・アクションの適用が必要とされる。その一つのタイプ、英、米や、インドなどアジア社会で行われてきたアファーマティヴ・アクションは、平等を補正する原理としての衡平に立脚しているといえる。ただ、クオータや特別枠の設定という安易さに流れやすい措置でよしとされるのではなく、文化的エンパワメントなどに向けて実質的な援助を欠くことはできない。[26]

三 「公正」をめざす支援を担保する社会的条件にふれて

「公正な社会」のイメージをより具体化する際、社会学的にはこれを担保する原理、タームに触れておかねばならない。

まず、援助やポジティヴ・アクションの対象としてよく「不利を負う人々」(disadvantaged) が言及されるが、彼らは単一の領域で不利を負っていて、他の領域では平均的だったり、恵まれているということはめったにない。「悪循環」という言葉があるが、まさにその通りで、しばしば非正規雇用の労働者は低収入であるばかりでなく、住宅も劣悪である、保険料納入も滞りやすく、健康を害していることもある。また学校成績の振るわない児童生徒が低所得家庭に高い割合で所属し、またその親も比較的低学歴で、学習への支援や励ましもないことがある。第6章で扱われる外国人児童は、単に母語が非日本語であるという不利を負うだけでなく、移動が多く、転校が多かったり、親が不安定就労で低所得であったりする。こうしたことの社会学的認識は必要である。したがって、それに対する支援や対応措置も単純ではありえず、複合的、総合的でなければならない。たとえば日本語指導だけでなく、全面的な学習支援、就学援助の適用など福祉的対応、保護者への助言などが欠かせない。たとえ行為者としての自助、自立をうながす場合でも、そうした配慮は必要である。

次にあまり表だって言われることはないが、支援のサービス等に持続可能性を保障することであって、これは公的な制度とそのサービスが満たすべき要件として重要である。

サービス向上のため、公共財全面依存におちいらないため、一定の市場原理の導入は必要とする議論には根拠はある。だが、福祉制度、学校教育、公共交通、ライフラインサービスなどについては、大幅に市場原理にゆだねられ、コスト原理に基づいて行われるなら、人々に安定した生活展望を与えることができない。市民的公共性の原理が打ち立てられ、それにふさわしいガヴァナンス（共治）が必要となる。福祉サービスにとってはそれは決定的なことだろう。また学校教育についても、継続性はその生命であり、生徒数の増減などによって教育の質が左右されるような事態は避けられなければならない。ガヴァナンスのどんな仕組みをつくるか。「第三セクター」のような試みもあるが、いま少し積極的に非営利的な活動団体という人的リソースが支える社会的企業の役割に関心が集まっている。その可能性は注目されてよい[27]。その際、公共財（国・自治体の財政、職員、施設、ネットワーク）の活用は欠かせず、重要なことは、公共の利益を継続的に保証するための公共財の配分への市民的合意であり、これを活用する非営利的市民的活動を活発にする風土の形成である。

以上と密接に関連して、今一つのタームとして浮かび上がってくるのは「コミュニティ」であろう。

これはシステムというより、社会意識のあり方というべきものである。

コミュニティとはここでは、連帯の絆となるような、他者とともに幸福になることを望み、そのためには無償の奉仕をも行い、かつ自らの犠牲をもある程度受け入れるような関係性といっておこう。これが重要なのは、ポジティヴ・アクションにより一部の恵まれない社会成員が特別な処遇を受けることを、一般の成員が「不公平だ」、はなはだしくは「逆差別だ」と異を唱えず、進んでこれに同意を与える連帯意識に関係するからである。ロールズは最も不利な状況にある人々の利益の最大化をはかる「格差原理」(difference principle) の思想基盤をさぐり、「自由」「平等」と並んで革命フランスの標語とされた「友愛」(fraternity) にその位置を与え、こう書いた。「格差原理は友愛のありのままの意味、すなわち〈暮らし向きのあまりよくない他者の便益にならないとすれば、より大きな利益を占めることを望まない〉という観念に合致するように思われる[28]」と。

いかにしてこうしたコミュニティ意識は成立するのか。絶えざる市民教育、市民を巻き込む非営利的団体の活動の活発化、等々がもちろん必要だろう。ただ、どの範囲の人々を「コミュニティ」意識のなかに包括するかは、どの社会においても限界や濃淡がある。高失業や社会的排除をこうむっている移民や外国人が、往々にして「他者」化されて国民コミュニティの外に置かれがちなことは、欧米社会の現状として知られている。日本でも、二〇〇八年九月のリーマン・ショックでまず外国人下請け労働者が大量に職を失った時、国民の関心、同情の反応は鈍かった。いくらかでもコミュニティ的反応が見られたのは、同年末日本人労働者の「派遣切り」が本格化してからである。この隔壁をもったコミュニティ意識を、どこまで広げていくことができるか、が問われている。そして東日本大震災後には、また別の意味で、タテマエにとどまらないコミュニティ意識が日本の中でつくられ持続するか、が突きつけられている。

註

（1）毎年公表されてきたMinistère de l'Education Nationale, *Repères et références statistiques sur les enseignements, formation et recherche* がそうしたデータを提供している。
（2）R・ドゥオーキン『平等とは何か』小林公他訳、木鐸社、二〇〇二年、一九頁。
（3）この点については宮島喬『文化と不平等――社会学的アプローチ』有斐閣、一九九九年、九五頁以下を参照。
（4）文科省生涯政策学習局『子どもの学習費調査報告書』二〇〇六年。
（5）U. Beck, & Beck-Gernsheim, E., *Individualization*, SAGE Publications, 2001, p. 1.
（6）熊沢誠『格差社会ニッポンで働くということ』岩波書店、二〇〇七年、三四頁。
（7）水島治郎「雇用の多様化と格差是正――オランダにおけるパートタイム労働の「正規化」と女性就労」安孫子誠男・水島治郎編『労働』勁草書房、二〇一〇年等参照。
（8）A・ギデンズ『近代とはいかなる時代か』松尾精文・小幡正敏訳、而立書房、一九九三年。
（9）宮島喬「現代と社会学」同編『現代社会学・改訂版』有斐閣、二〇〇五年、七頁。
（10）A・セン『不平等の再検討――潜在能力と自由』池本幸生他訳、岩波書店、一九九九年。
（11）C・テイラー『マルチカルチュラリズム』佐々木毅他訳、岩波書店、一九九六年。
（12）セン、前掲、二六頁。
（13）D・ヒーター『市民権とは何か』田中俊郎・関根政美訳、岩波書店、二〇〇二年、一九七頁。
（14）前掲、二八頁。
（15）H・アーレント『人間の条件』志水速雄訳、ちくま学芸文庫、一九九四年。

(16) 荒巻草平「教育機会の格差は縮小したか——教育環境の変化と出身階層間格差」近藤博之編『戦後日本の階層社会』(日本の階層システム3)、東京大学出版会、二〇〇〇年、二七、二八頁。
(17) 湯浅誠『反貧困』岩波書店、二〇〇八年、五八頁。
(18) P. Brown, "The 'Third Wave': Education and the Ideology of Parentocracy", *British Journal of Sociology of Education*, 11., 1990.
(19) 大山七穂・国広陽子『地域社会における女性と政治』東海大学出版会、二〇一〇年、二二頁。
(20) 田村哲樹・金井篤子編『ポジティヴ・アクションの可能性』ナカニシヤ出版、二〇〇七年、一三二頁。
(21) このことについては宮島喬『ヨーロッパ市民の誕生』岩波書店、二〇〇四年、一六一―一六四頁を参照。
(22) M. Nussbaum, Women's Education: A Global Challenge, in J. Goodman (ed.), *Global Perspectives on Gender and Work*, Rowman & Litlefield, 2010, p. 509.
(23) 帰化した者、親の一人が外国人である日本国籍者(国際結婚児)などを含めこうした呼び方が行われる。
(24) J. Ogbu, Immigrant and Involuntary Minorities in Comparative Perspective, in M. A. Gibson (ed.), *Minority Status and Schooling: A Comparative Study of Immigrant and Minorities*, Garlant, 1991.
(25) フランス共和国市民として想定されるのは、一切の属性(民族的出自、母語、宗教など)を捨象された「抽象的」個人であるとする理念がそれであり、したがって国勢調査等でもこれらの属性を調査項目とすることは禁じられている。宮島喬『移民社会フランスの危機』岩波書店、二〇〇六年、五七頁等を参照。
(26) アメリカのアファーマティヴ・アクションそれ自体(大統領命令11246号、その修正としての11375号)には、エンパワメント施策は含まれていない。
(27) OECD編(連合総合生活研究所訳)、『社会的企業の主流化——「新しい公共」の担い手として』明石書店、二〇一〇年。
(28) J・ロールズ『正義論』川本隆史他訳、紀伊國屋書店、二〇一〇年、一四二頁。

第Ⅰ部　現代社会と公正

第1章　現代福祉国家のゆくえと公正
——ともに生きるという「やさしさ」

田邊　浩

一　リスク社会とポスト福祉国家

リスク社会としての現代社会

現代社会において私たちが抱えている「不吉で苦痛の多い」諸問題を象徴する言葉、それは「不安」である、とZ・バウマンは指摘する。(1) バウマンによれば、この「不安」(Unsicherheit) を意味するドイツ語は、英語の「不確実性」(uncertainty)、「不安定性」(insecurity)、「危険性」(unsafety) という三つの意味を含んでいるものだという。確かにそうかもしれない。現代社会は不確実性に満ちており、そうしたなかで私たちの生活はますます不安定なかにおかれ、様々な危険性にさらされているように感じられる。だが、こうした「不安」を解消してくれるものとして、「福祉国家」という装置があったはずではなかったか。

意識調査の結果を見てみよう。たとえば、平成二〇年に実施された「社会保障制度に関する特別世論調査」では、社会保障の給付と負担のバランスに関して、「社会保障の給付水準を保つために、ある程度の負担の増加はやむを得ない」が四三％ともっとも多くの人に支持されている。[2] 類似の多くの調査でも、「自らの負担が増えたとしても社会福祉・社会保障のより一層の充実を望む」と回答する人のほうが多い。[3] 要するに「不安」を解消し、不安定性から守ってくれるものとして、「福祉国家」は多くの人に支持されているようだ。

だが、福祉国家に対する人々のそうした希望は果して聞き届けられるだろうか。福祉国家は慢性的な危機的状態にある。「福祉国家の危機」という議論はすでに一九七〇年代から顕著なものとなっていた。そして、そうした危機への反動として、一九八〇年代にはレーガノミックスやサッチャリズムが登場し、九〇年代以降は経済のグローバリゼーションも相まってネオ・リベラリズムが世界を席巻することになる。その帰結として、不平等は拡大し、人々のあいだの連帯は断ち切られようとしている。

不確実性、不安定性、そして危険性に満ちた現代社会、それを「リスク社会」と呼んだのはU・ベックであるが、リスク社会においては、ケインズ主義的福祉国家は退却を迫られる。あらゆる領域に、私たちの生の条件を変えるような、「新たなリスク」が出現している。そして、そうしたリスクに対応することを迫られている。つまり「新しい福祉」が必要なのだ。[4] だが、それはいかなるものなのか。いかなる公正原理において、編成されるものであるのか。

自立支援？

ところで「福祉国家」とはなにか。福祉を人が尊厳ある生活を送ることができることと定義するならば、あらゆる人々に対してそうした福祉を保障することを国家が義務として負うとする、そうした考え方のことである。では、そのためにいかなる保障がなされるべきであるのか。

すべての人に厚生（well-being）が提供されなければならないとしたら、どのようなあり方が公正であるといえるだろうか。社会保障においては「個々人の支払う保険料に応じた給付ではなく、個々人のニーズに応じた給付を約束するもの」でなければならないだろう。すなわち、福祉国家においては、「純粋な形での公正の原則はニーズの平等であって、それが支払能力の不平等に優先した」のである。[5] 塩野谷祐一も指摘するように、社会保障の領域こそ、K・マルクスのいう「能力に応じて働き、必要に応じてとる」分配が曲がりなりにも実現している世界なのだ。[6]

とはいえ、社会保障を受けることは正当な権利であるはずだが、現実にそうした状況は揺らぎつつある。たとえば、「福祉依存」といったことがしばしば問題として持ち上がる。福祉の利用者に対する偏見の目は厳しい。権利はあるかもしれないが、それは義務・責任とともにあるべきはずのものであり、当然果たすべき義務が果たされていないのではないか、と疑われている。

そうしたこともあってか、近年目立つのは、「自立支援」という言葉である。例えば、「児童自立支援施設」、「若者自立支援センター」、そして「障害者自立支援法」などである。[7] 自立支援によって意味されているのは、仕事につき、自らの労働によって賃金を得て、それで自立した生活を営むことである。どうやら果たすべき義務とは、労働することのようであり、それは「互恵性原理」と呼ばれている。だが、果たしてこうしたやり方が、福祉を必要としている人々に「やさしい」ものであるのだろうか。なぜ、労働か。なぜ、自立か。本稿では、こうしたことについて、考察してみたい。

二　福祉国家の擁護か、福祉国家の刷新か？

ブルデューとギデンズ

福祉国家は解体の危機に瀕しているが、ではポスト福祉国家として、いかなる道が存在するであろうか。ここでは福祉国家改革に関する議論を幅広く取り上げる余裕はない。そこで、福祉国家の危機的状況に直面して、二人の社会学者が示した反応を取り上げたい。P・ブルデューとA・ギデンズである。ブルデューの「実践の理論」とギデンズの「構造化理論」に類似性があることは、多くの論者によって指摘されるところである。[8] だが、両者の現状認識と福祉国家に対する態度はかなり対照的なものである。ブルデューはネオ・リベラリズムを厳しく批判し、福祉国家をなお擁護しようとする。対してギデンズは、福祉国家の刷新を唱える「第三の道」の理論的指導者として広く知られるようになった。まずは両者の議論を、公正な社会について考える手がかりとしたい。[9]

ネオ・リベラリズム批判

ブルデューは、ある時期まで社会運動に一定の距離を取るスタンスを示していたし、そのことを明言してもいた。だが、二〇〇二年の死に至るまでの後半生では、彼は積極的に行動した。大きなきっかけとなったのは『世界の悲惨』として結実した研究ではないか。この研究では、現代世界に生きる人々が対象とされてインタビュー調査が行われているが、いわば社会の周縁に追いやられた人々、社会的に排除された人々に対するインタビューも含まれている。

ブルデューは鋭くネオ・リベラリズムを批判する。なぜならば、ネオ・リベラリズムこそがそうした世界の悲惨を生み出しているからだ。市場万能主義を信奉するネオ・リベラリズムは、徹底したコストのカットを断行し、リストラを進めようと試みる。結果として、実際にこの間の日本社会でもみられたように、労働の不安定化が進行する。すると、どうなるか。安定した生活を望めない状況では、人々は「未来に対する統制力」を弱めてしまう、とブルデューは述べる。[10] 今日、明日の生活もままならないなかでは、確かに将来のことを合理的に考えることなど適うはずがない。そうして人々は、「あきらめ」、あるいは「夢への逃避」を余儀なくされていく。たとえば、現代の日本社会も、「将来への希望を持てる人と将来に絶望している人に分裂していくプロセスにある」と指摘されもする。[11]

こうした状況に対してブルデューが必要であると考えるのは、生活の物質的基盤を確保するための安定した仕事である。やるべきことは雇用を保障することなのだ。こうしたことが、ブルデューを福祉国家の擁護へと導く。「現状の国家を肯定しているわけではない」と断りつつ、「国家こそが人間の連帯を作り出すことができる」と主張する。「国民国家は数世紀をかけて、社会保障制度や労働法などの成果をもたらしてきた。こうした歴史的既得権益を守る福祉国家こそが唯一、野放しの経済の過酷なメカニズムに抵抗できる。『小さな政府』という考えは誤りです」(朝日新聞二〇〇〇年一〇月一〇日)。

「第三の道」

一方、福祉国家の危機に直面して、ギデンズはどうするべきだと考えるのか。社会民主主義の価値をなお保持しようとするギデンズにとって、ネオ・リベラリズムは到底選ばれるものではない。だが、旧来の社会民主主義のままでは福祉国家の危機的状態から脱することはできない。そこで、「刷新された

「社会民主主義」としての第三の道が唱えられることになる。第三の道は、公正と効率の両立を目指す。旧来の社会民主主義からは平等と弱者保護といった価値を、他方でリベラリズムからは自由と責任といった価値を受け継ごうとする。[12]市場の活力を活かしつつも、それらの暴走を引き起こさないように、国家がある程度の介入を行い、また、市場と国家の間に存在する市民社会の力の活性化を図る、そうした政治が目指される。具体的には、「積極的福祉」、「社会投資国家」といったアイデアが提示される。

このように、第三の道は旧来の社会民主主義とネオ・リベラリズムとはまったく異なったものというよりは、それらの「上に位置する」ことにより、右と左の対立を超克しようとする試みである。[13]そうであるだけに、福祉国家の刷新としての第三の道は、左右両派から批判の集中砲火を浴びることになる。とりわけ左派からの批判が厳しい。左派からするならば、第三の道は社会民主主義の装いを凝らしてはいるものの、その本質はネオ・リベラリズムとなんの変わりもない。福祉国家を擁護する立場をとるブルデューも、ギデンズの「第三の道」に対して、罵倒に近い言葉を浴びせかけている。ギデンズは、ネオ・リベラリズムに加担する「文化的生産者」、「御用学者」にすぎない、と。[14]

三　労働と福祉

「完全雇用」という理念

前節で確認したように二人の社会学者の福祉国家の危機に対する態度は対立しているのだが、果たして私たちの進むべき道は福祉国家の擁護であろうか、あるいは福祉国家の刷新にあるのであろうか。いずれであれ、私たちはいま岐路に立っている。より公正な社会を実現するためにはかなり根本的な転換が必要であるのかもしれないが、以下では問い直すべきいくつかのポイントについて検討することとしたい。

まず、根底にある経済の問題を取り上げる。(15) ギデンズが旧来の社会民主主義と異なったものとして第三の道を提起するのも、「効率」を無視することができないゆえである。したがって、市場万能主義を認めるものではないにせよ、市場に親和的な態度が取られる。なぜならば、市場こそがもっとも効率的であることを実現するものだという信念を共有しているからである。つまり、経済成長が必要だと考えられているのだ。なぜか。経済成長することなしには、豊かさを維持することはできないと想定されているからである。経済成長することがなければ、当然、雇用も拡大することはない。経済成長は、人々の自由を拡大してくれるものである。しかも、経済成長によって全体がより豊かになれば、貧困等の問題も改善される。全体のパイを大きくすることによって、個々への配分も増やすことができるという考えだ。

他方で、経済成長はもはや必要ない、あるいは目指すべきではない、と主張する人々もいる。とくに、環境問題への関心から「持続可能性」を重視して、それまでの主流とは異なった別の経済学を提唱するエコロジー経済学者はそのように主張する。日本でも、たとえば、広井良典の定常型システムとしての「持続可能な福祉社会」とは、そうした展望を示したものであろう。それは、「(経済の)量的拡大を基本的な価値ないし目標としない社会」である。(16) あるいはまた、すでに十分な生産力に達しているので、経済成長一点張りの方向が目指されるべきではないという主張もあるだろう。(17)

ところで、福祉国家を支えてきた理念の一つとして、確かに「完全雇用」というものがあったはずだ。働くことができるあらゆる人に仕事が与えられることである。仕事さえあれば、仕事をすることによって得られる賃金によって自立した生活を営むことが可能となる。

福祉国家と労働倫理は「曖昧な関係」にある、とバウマンは指摘する。[18] 一方で、福祉国家を認める人々は、労働によって生活が成り立つことこそが正常であるとの前提を置く。つまり、福祉国家において、働くことは義務なのだ。他方で、福祉国家は、すでにみたように、あらゆる人に、つまり「働く人」であろうと「働かない人」であろうと、尊厳ある生活を権利として保障するということを認めている。つまり、その二つには本質的な矛盾があるがゆえに、福祉国家は人々を労働へと強制的に導く装置であるのか、あるいは資本主義の過酷さから保護するシステムであるのかといった論争が続けられることを避けることができないのだ。

だが、いずれにせよ、現在では完全雇用を実現することはきわめて難しい状況にある。生産性は増大しているが、いまではそのために労働市場が拡大されることはない。むしろ、コストカット、ダウン・サイジングが進められている。多くの人は不安定な非正規雇用に追いやられ、常勤の職にある人々も絶えず人員削減の不安に脅かされている。

ワークフェアとベーシック・インカム

完全雇用が実現できないという状況のなかで、どのような政策の可能性があるだろうか。労働ということを一つの焦点として、ケインズ主義的福祉国家以後の社会福祉・社会保障をめぐって二つの方向性があらわれ、盛んに議論されるようになった。「ワークフェア」と「ベーシック・インカム」である。[19]
一つには、就労促進を目指そうとする方向であり、ワークフェア、あるいは「福祉から労働へ」と呼ばれる政策がとられる。先陣を切ったのはアメリカであり、イギリスがその後に続いた。ワークフェアは、要するに福祉の給付に対して、就労ないし就労への努力を義務づけるものである。たとえば、第三の道においても、「権利」と「義務」が強調される。働くことができなければ仕方がない。だが、働くことができるならば、働くことは義務なのだ、と。権利を主張するならば、義務を果たすべきである。したがって、この義務を果たさない人々に対しては、ペナルティが与えられてもいたし方ない、とされる。実際、イギリスでは、T・ブレア率いたニュー・レイバー（新労働党）が、「ニューディール」と呼ぶ政策を実行して、とくに若年層の就労支援を進めた。これを真似たのか、日本でも、ワークフェア的政策がとられようとしている。

ワークフェア政策は、福祉依存を断ち、就労を促進させるためのものではあるが、それは単に生活の糧となる賃金を得るためのものではない。労働を通じて社会参加が可能となり、排除された人々を社会的に包摂することもまた、大きな目的とされているのである。だが、福祉への条件を厳しくしていくと、それは強制の色彩を帯びていく。ワークフェアを否定的にみるならば、そうしたことがもっとも問題となろう。

このように、就労と福祉を結びつけたのがワークフェアであるが、それとは反対に、労働と所得保障をまったく切り離してしまおうとする社会政策の構想が登場した。ベーシック・インカムである。ベーシック・インカムは、働いていようと働いていまいと、あらゆる人に少なくとも生活するに足る一定の所得を保障するというものである。ベーシック・インカムの機能として、この「生きる権利」をどのような人に対しても保障するということは大切なことである。だが、それだけではない。ベーシック・インカムによって、人々は自由を獲得するという側面もまた重要であろう。

労働と所得を切り離すというベーシック・インカムは、ある意味で「能力に応じて働き、必要に応じてとる」ということを実現するものであるといえるのかもしれない。しかしながら、これまで自明とされてきた労働中心主義から抜本的な転換を図るものであるだけに、さまざまな疑問・批判も提出されている。[20]とはいえ、世界的にベーシック・インカムへの関心はかなり高まっている。

労働の意味

だが、それにしてもなぜ、「働く」ということが近代社会においてこれほど重要視されてきたのか、そしてワークフェアに典型的にみられるように、いまなおそうであるのはなぜなのか。

バウマンによれば、近代における「労働倫理」とは以下のようなものである。[21]それは「働くことは善であり、働かないことは悪である」という一つの「戒律」である。この前提をなすのは、人々はよく暮らす（厚生）ために必要なものを獲得する、そのことのために賃金に価することをしなければならないということ。そして、すでに得たもので満足することなく、働き続けるということ。すなわち、働くということ自体が、「崇高で賞賛される活動」であるというのである。こうした労働倫理が成立するのは、ほとんどの人々は労働する能力を有しており、他者から承認される価値のある労働は有給労働である、ということが暗黙の了解となっているからである。

この労働倫理という戒律が、働くことの意味を付与する。働くことによって生活の糧を得て、自立しなければならない。働くことによって、何らかの形で社会に貢献することができ、社会とつながることができる。働くことによって自己を成長させることができ、自己実現を図ることができる。働くことは生きがいとされるのだ。

福祉国家は、こうしたきわめて特殊な労働観との結びつきにおいて存立している。だが、労働は人々を従属させるものだとして、働くことの意味を批判的に捉える論者もいる。杉村芳美はそれらを「労働からの解放論」と名付けている[22]。これらの論者は、労働の意味に対して否定的である。労働が私たちにとって尊いものとされたのは、近代において作り上げられた観念にすぎない。それは人々を労働の奴隷とするものである。ゆえに人々は労働から解放されるべきである、と主張される。

完全雇用の実現の見込みがない現在、「労働からの解放論」のように労働の意味を否定するかどうかはともかく、労働の見直しが必要なことは確かであろう。仕事には有給以外の労働もある。仕事以外のことを通じて社会参加もできるし、社会貢献もできるだろう。そして、むろん、仕事以外のことに生きがいを見出すことも可能なはずだ。

たとえば、働ける人、あるいは働きたい人は働けばよい。だが、無理して働く必要もない。P・ラファルグ（『怠ける権利』）やB・ラッセル（『怠惰への讃歌』）はすべての人が幸福になるためには、働きすぎるべきではない、つまり「怠けよ」と告げていた。怠けることは自由の獲得を意味する[23]。

労働中心主義を見なおして、労働市場以外の場所に、人々の有意味な活動を求める考えも拡がっている。たとえば、ベックが提起する「市民労働」もそうしたものであろう。さらにまた、「真なる第三の道」を提示しようとするP・ハーストらの「アソシエーティヴ・デモクラシー」やC・ウィリアムズらの「ポスト生産性主義」は、自発的な非営利組織による活動に社会を再組織する可能性を見ている[24]。

四　平等と社会的包摂

新しい平等？

ところで、グローバリゼーションの進行とともに、経済的な競争は激化し、世界的に格差が拡大していくばかりである。では、不平等の問題はいかに考えられるべきであるのか。「平等」は福祉国家を支持する社会民主主義がもっとも強調してきた理念であったはずだ。

旧来の社会民主主義を批判する人々は、「結果の平等」を行き過ぎた平等＝悪平等であると考える。宮本太郎は、日本において一九九〇年代の終わりから、結果の平等が行き過ぎており、それは悪平等であるとの言説が広がっていったことを指摘している。[25] グローバリゼーションの波に呑み込まれた日本経済は、生き残りをかけて競争を推奨するべきである。結果の平等が強いられるなら、人々の競争に対するインセンティヴを失わせ、経済を活性化するような活動を阻害することになる、というわけだ。

経済成長の必要性を強調する人々は、このように平等よりも自由を重んじる。市場における自由な活動こそが市場を活性化し、よりよい効率がもたらされると信じているからである。そこで、「結果の平等」ではなく「機会の平等」が主張されることになる。

第三の道は、社会民主主義の平等という価値を捨て去ろうとはしないものの、旧来の社会民主主義が強調した結果の平等を受け継ぐことはしない。第三の道においても、結果の平等にとって代わるものとして、機会の平等が強調される。ギデンズは、「社会民主主義者は機会の平等により結果の不平等が生じることも甘受しなければならない」、とさえ述べている。[26] だが、むろん、無条件で結果の不平等を受け入れるべきである、と考えられているわけではない。では、平等の問題にとって、なにが重要であるのか。

J・ロールズは人がどのような生き方をするにせよ、おおよそ誰もが必要とする事物を「基本財」と名づけ、この基本財の平等と自由の平等を実現することを「正義」であるとした。これがリベラリズムの「正義論」として、福祉国家を理念的に支える思想として大きな影響を与えることになった。このロールズを批判しつつ、新たな正義論、平等の考え方を示したのはA・センである。彼は、「何の平等か」という問題を提起した。センにとって解かれなければならない問題は、人によってニーズは異なるということだった。たとえば、身体に障がいのある人々は、そうでない人々とは異なったニーズをもつだろうということだった。同じ基本財を有していたとしても、両者では「できること」に大きな違いがあるかもしれない。ならば、そのことを考慮せずして、真の平等を実現することはできないだろう。そこで、センは「機能」と「潜在能力」（ケイパビリティ）という概念を導入した。[27] 機能とは、ある人が「何ごとかをなしうること」を意味し、潜在能力とはそうした機能の集合である。むろん、こうした潜在能力には人によって大きな違いがある。したがって、センにとって、平等であるべきものこそこうした潜在能力である。すなわち、諸個人の「福祉＝厚生」の平等が追求されたのである。

こうしたセンの考えを受け入れて、ギデンズは「可能性の再配分」ということをいう。ギデンズは幸福であることの条件として特に自己実現を重視する。平等と不平等は、自己実現に関わる問題と捉え返される。ゆえに、自己実現を達成するための可能性こそ平等にすべきであるという考えが提示される。

ギデンズにとって重要であるのは、市民の能力を活かすことであり、たとえそれが不平等につながったとしても、排除される人々がいなければそれは平等とみなすべきであるという新たな平等の考え方を唱える。つまり、平等の問題は社会的包摂の問題に置き換えられることになる。

積極的福祉

こうした平等の考え方が認められるとするならば、福祉のあるべき姿は「消極的福祉」から「積極的福祉」へと転換されなければならない、とギデンズはいう。(28) 不足、貧困、病気、不潔、怠惰といったネガティブなものに代えて、自主性、健康、教育、幸福、イニシアチブといったポジティブなものに置き換えるのが、積極的福祉である。要するに、積極的福祉の核心にあるのは、諸個人の持てる能力を開発する、そのことを支援することにほかならない。

こうした考えにもとづいて、福祉国家に代わる「社会投資国家」が提案される。社会投資国家は、経済的給付や優遇処置に依存するのではなく、「人的資本」に投資すべきだとするものである。つまり、弱者を救済するためのセーフティネットではなく、諸個人の能力を開花させるためのスプリングボードであることが求められることになる。人々の「必要」に対応するだけではなく、「自由」を獲得するための支援を積極的に進めるのだ。

五　自立、自律、自己責任

こうして人々が「自立」し、「自己実現」を果たすように、その持てる潜在能力に対して平等に支援すること、このことが公正な社会であるとされる。先に、福祉国家に対するブルデューとギデンズの対応の違いをみたが、実のところ、労働による自立、そして社会的包摂へということを主張する点では、ブルデューとギデンズに大きな違いはない。福祉国家を擁護するブルデューは当然にしても、ギデンズの「第三の道」においても「就労」ということが強調されるところであるのはすでにみたとおりである。自己の可能性を開発し、自己実現を図る。そしてまた、そのことによって社会に対して何らかの貢献をなしていくこと。むろん、これ自体は決して悪いことではないのかもしれない。だが、気をつけなければならない。自立を強調することが、ただちに自己責任に結び付けられていくことに対してである。ネオ・リベラリズムの「自己責任」論は厳しく批判されたはずだ。

それでなくとも、現代社会に生きる私たちは、さまざまな不幸な出来事を個人的な失敗として受け入れがちである。ベックは現代社会の特徴としての「個人化」について述べ、ギデンズは自分で自らの物語を作っていかねばならない「再帰的自己」について指摘しているが、そうした状況では、人々は自らにふりかかった出来事を、個人の選択の結果として解釈していくことになるのである。[29]

自立、そして自己責任が強調されるとどうなるか。そうしたことがもたらす現実を、たとえば、アメリカ社会に見ることができる。「歴史上もっとも豊かな国にあって、五人にひとりの子どもが貧困状態にあり、六五歳以上の高齢者の一〇%、障害者の三分の一が貧困と分類されている。就労年齢にある重度障害者は多くの場合、職場で障害手当を得ると社会保障制度による医療手当を失うというジレンマを抱え、三〇〇〇万人以上の国民に医療保険がない[30]」。なぜここまで福祉・社会保障が貧困なのか。アメリカでは自立という価値があまりにも強調されるからだ。そして、自立のできない人、すなわち「働かない人」に対する憎悪には激しいものがある。[31]

第三の道のやり方に対しては厳しい批判もある。例えば、渋谷望と酒井隆史はN・ローズを引きながら、第三の道は人間化されたネオ・リベラリズムに過ぎないとして批判する。第三の道は倫理に訴えかけて、人々を「自律」した倫理的存在とする。そうしたうえで、人的資本とみなされた人々は、自己の能力を開発することに向かって、働き続けることになる。(32)

J・ヤングも第三の道のやり口を厳しく批判する。すなわち、ニュー・レイバーのワークフェア政策は「過食症」（過剰包摂）である、と告発する。(33) 確かにそれは労働に就かせることによって人々を社会に包摂しようとするのだが、そのやり方は貧困にあえぐ人々に低賃金で長時間労働である仕事を強制しているにすぎず、包摂というよりも新たな排除である。結果としてそれは、一度飲み込んだものを、再び吐き出しているようなものだ。そして、不運にもまったく仕事につけない人、一時的に仕事につけたとしても使い捨てられた人はどうなるのか。バウマンのいう「人間廃棄物」とされるしかないのか。イギリスではニューディール政策によって失業者は減ったとされているが、就労できた若者の多くは、結局のところパートタイム等の不安定な仕事に就いているのが現実である。

六　弱者の哲学へ

もう一度、本稿の課題に立ち戻ってみよう。それは、ポスト福祉国家が叫ばれる状況のなかで、あらゆる人が尊厳ある生活を営めるようにするためには、どのような支援のあり方が公正なものであるのか、ということを考察することにあった。

福祉国家の危機にあって、福祉国家をあくまで擁護するのか、福祉国家を刷新する道を進むのか。いま、そうした二つの選択肢が提示されている。だが、その両者は、労働によって人々の自立を促すということを基本に据えている点では選ぶところがない。

果たして、このようなあり方が公正な社会と呼ぶにふさわしいものであるだろうか。むろん、働くことによって生活の糧を得て自立するという近代の労働倫理は、依然として、多くの人々に受容されているように思われる。したがって、ここでそれを一概に否定しようとするものではない。だが、見てきたように、「働く」ということ、そしてそのことを前提とした社会の仕組みについて、見直すべきことは多々あるはずだ。

自立を支援するという名のもとに、働き、自立することが強要される。だが、そもそも自立するということがどうあっても困難である人はどうなるのであろうか。たとえば、ケアする人の手によって支えられることがなければ、そもそも生きていくことがかなわないような重い障がいのある人々である。こうした人々は、「規格外」として特別扱いされるのみなのか。

先に言及したリベラリズムの正義論において、障がいのある人々がその射程には含まれていないことはよく指摘されるところである。センはそれを批判して、障がいのある人々のことを射程に含めて自らの潜在能力アプローチを提示したはずであった。だが、センにしても、自律した主体とみなすことができない人、たとえば重度の知的障がいのある人を排除している、という指摘がある。[34]そうした人々は、自由に選択し、その選択に責任をもつということができないから、とされる。

「自立」、「自己実現」を強調し、そのことが当然であるかのごとく考えられているが、それは強者の立場にたった思想といえるのではないか。だが、世の中は、そのような強者ばかりで構成されているわけではない。そしてまた、だれもが弱者になる。たとえば、つねにケアを必要としている人、他者に依存せずには生きていくことができない人もいる。また、他者をつねに支えていくケア労働に従事する人もいる。そうした人々の視点から正義論を展開したのがE・キテイである。[35]

M・ヌスバウムは、センの共同研究者として、潜在能力アプローチをともに展開した人であるが、彼女はセンとは微妙に異なった立場を取る。福祉のサービスを受け取るだけの存在とされた障がいのある人々も、公正を実現する社会の主体である、と主張する。[36] 確かにそうした人々は自立した存在ではないかもしれない。弱者であるのかもしれない。だが、そうした弱者もまた、主体であるということが認められなければならない。

上野千鶴子は、「弱者が弱者のままで、尊重されることを求める思想」としてのフェミニズムについて述べているが、確かにそうした思想が必要であろう。[37] 福祉は、自立した強者ではなく、依存する弱者の視点から考えられるべきものであろう。

だが、これはきれいごとにすぎないのだろうか。必ずしもそうではない。二〇一一年三月に日本で暮らす私たちは東日本大震災を経験することとなった。あまりにも多くの被害をもたらした不幸な出来事であった。だが、すべてを失うかのような苛酷な状況にもかかわらず、被災者の方々はパニックや暴動を起こすでもなく、事態を冷静に受け止め、互いに助けあって行動していた。また、多くの人々がそうした被災者を支援しようとただちに動き始めた。そして、そこに希望を見出した人も多かったはずだ。[38] 「格差社会」、「無縁社会」などといったことが言われるなかで、「他人とつながりたい、他人を助けたいという欲望がエゴイズムの欲望より深いという事実」を見出したであろうから。[39] R・ソルニットが指摘するように、おそらくはそれこそが人間の本質であり、むしろ弱肉強食の世界こそ虚構なのであろう。[40]

註

（1）Z・バウマン『政治の発見』中道寿一訳、日本経済評論社、二〇〇二年。

（2）内閣府により平成二〇年に全国二〇歳以上の人三〇〇〇名を対象として実施された「社会保障制度に関する特別世論調査」。ここでは例としてこの調査を用いたが、他の多くの調査でもほとんど同様の結果が示されている。

（3）むろん、現実に増税が議論されると反対も多いのだが、日本の場合には、政府に対する根強い不信感の存在も差し引いて考えなければならない。すなわち、税金が高くなっても、無駄が多く、福祉や社会保障を充実させるための適切な使い方がなされないのではないかという不信である。

（4）Peter Taylor-Gooby ed., *New Risks, New Welfare*, Oxford University Press, 2004.

（5）Z・バウマン『新しい貧困——労働、消費主義、ニュープア』伊藤茂訳、青土社、二〇〇八年。

（6）塩野谷祐一『経済と倫理——福祉国家の哲学』東京大学出版会、二〇〇二年。

（7）イギリスなどでは、障がい者もワークフェアの対象とされた。すなわち、働くことが可能と認められる障がい者は、働くことが求められた。日本でも二〇〇六年には障害者自立支援法も施行された。この法律においては、障がいに対する医療費に関して障がい者自身も一割の自己負担が求められている。これに対して、障がい者団体などから強い批判の声が上がり、二〇一〇年に長妻昭厚生労働大臣（当時）は、この法律の廃止を明言した。法律は作り直されることになるが、新たな法律ではいままで対象に含まれていなかった発達障がいも対象とされるようだ。

（8）そうした指摘の代表的なものとして、宮島喬編『文化の社会学』有信堂高文社、一九九五年や、John Urry, "Duality of Structure: Some Critical Issues," *Theory, Culture & Society*, 1(2): 100-106, 1982 がある。

（9）ギデンズとブルデューの現状認識と、それにもとづいた福祉国家に対する考え方の違いについては、冨田和幸「「左派的左派」と「左派右派を超えて」——ブルデューとギデンズ」『ソシオロゴス』三〇号、二〇〇六年、三四—四九頁において詳細な検討がなされている。

(10) このことは初期のアルジェリアでの研究から主張され続けていることである。また、ブルデューのこの分析はバウマンのお気に入りらしく、たびたび引用されている。

(11) 山田昌弘『希望格差社会――「負け組」の絶望感が日本を引き裂く』筑摩書房、二〇〇四年。

(12) A・ギデンズ『第三の道』佐和隆光訳、日本経済新聞社、一九九九年。

(13) C・ムフ『民主主義の逆説』葛西弘隆訳、以文社、二〇〇六年。

(14) P・ブルデュー／L・ヴァカン「『多文化主義』と『グローバリゼーション』――地球規模の新ウルガタ聖書」三浦信孝訳、加藤晴久編『ピエール・ブルデュー――一九三〇―二〇〇二』藤原書店、二〇〇二年、一九一―二〇一頁。

(15) 福祉国家と経済成長はもともと切り離せない関係にある。経済成長のための装置としての福祉国家については、武川正吾『社会政策のなかの現代』東京大学出版会、一九九九年に詳しい。また、経済成長が必要か、そうではないのかということをめぐってなされた稲葉振一郎と立岩真也の対話が参考になる。稲葉振一郎・立岩真也『所有と国家のゆくえ』NHKブックス、二〇〇六年を参照のこと。

(16) 広井良典『定常型社会』岩波新書、二〇〇一年、一四四頁。

(17) 立岩真也『自由の平等――簡単で別な姿の世界』岩波書店、二〇〇四年。

(18) Z・バウマン『新しい貧困――労働、消費主義、ニュープア』伊藤茂訳、青土社、二〇〇八年、八八―八九頁。

(19) さらにいえば、それら二つにアクティベーションを付け加えることもできる。アクティベーションは、おもにスウェーデンにおいて実施されてきた。雇用と社会保障や福祉を結びつけるという点ではワークフェアと同じであるが、アクティベーションは就労を義務づけたりするものではなく、労働市場の活性化と連動して生活保障を実現することに重きが置かれている。

(20) 日本でもベーシック・インカムの研究が盛んになり、論文や書物も多く発表されるようになった。また、ベーシック・インカムの導入をその政策として主張する政党も現れている。社会学者の間にも、ベーシック・インカムへの関心は広まっている。たとえば、ベックはベーシック・インカムに近い市民労働という構想を提示しているし、バウマンはC・オッフェに言及しつつ、ベーシック・インカムへの賛意を示している。

(21) Z・バウマン『新しい貧困——労働、消費主義、ニュープア』伊藤茂訳、青土社、二〇〇八年、一四一―一五頁。

(22) たとえば、A・ゴルツ『労働のメタモルフォーズ』緑風出版、一九九七年、D・メーダ『労働社会の終焉』法政大学出版局、二〇〇〇年、今村仁司『近代の労働観』岩波新書、一九九八年などを挙げることができる。杉村芳美「人間にとって労働とは——「働くことは生きること」」、橘木俊詔編『叢書・働くということ第1巻　働くことの意味』ミネルヴァ書房、二〇〇九年、三〇―五六頁を参照のこと。

(23) 井上俊『死にがいの喪失』筑摩書房、一九七三年。

(24) Ulrich Beck, *Schöne neue Arbeitswelt. Vision: Weltbürgergesellschaft*, Campis Verlag, 1999, Paul Q. Hirst ed., *Associative Democracy: The Real Third Way*, Routledge, 2001 および Colin C. Williams and Jan Windebank eds., *Poverty and The Third Way*, Routledge, 2003. また、宮本太郎「新たな公正原理としての社会民主主義」、生活経済政策研究所編『21世紀社会民主主義第8集』生活研ブックス二四、二〇〇六年、五六―五九頁を参照のこと。

(25) 宮本太郎『福祉政治——日本の生活保障とデモクラシー』有斐閣、二〇〇八年、一三三―一三五頁。

(26) A・ギデンズ『第三の道』佐和隆光訳、日本経済新聞社、一九九九年。

(27) A・セン『不平等の再検討——潜在能力と自由』池本幸生・野上裕生訳、岩波書店、一九九九年。

(28) A・ギデンズ『第三の道』佐和隆光訳、日本経済新聞社、一九九九年。

(29) U・ベック『危険社会——新しい近代への道』東廉・伊藤美登里訳、法政大学出版局、一九九八年、およびA・ギデンズ『モダニティと自己アイデンティティ』秋吉美都・安藤太郎・筒井淳也訳、ハーベスト社、二〇〇五年。

(30) M・A・ファインマン『ケアの絆——自律神話を超えて』穐田信子・速水葉子訳、岩波書店、二〇〇九年。

（31）T・ルッツ『働かない――「怠けもの」と呼ばれた人たち』小澤英実・篠儀直子訳、青土社、二〇〇六年。
（32）渋谷望・酒井隆史「ポストフォーディズムにおける〈人間の条件〉――エートス政治と「第三の道」」『現代思想』二八巻九号、二〇〇〇年、七八―九一頁。
（33）J・ヤング『後期近代の眩暈――排除から過剰包摂へ』木下ちがや・中村好孝・丸山真央訳、青土社、二〇〇八年。
（34）田中耕一郎「連帯の規範と重度知的障害者」『社会福祉学』五〇巻一号、二〇〇九年、一―一三頁。
（35）E・F・キテイ『愛の労働あるいは依存とケアの正義論』岡野八代・牟田和恵監訳、白澤社、二〇一〇年。
（36）Martha C. Nussbaum, *Frontiers of Justice: Disability, Nationality Species Membership*, Harvard University Press, 2007.
（37）上野千鶴子『生き延びるための思想』岩波書店、二〇〇六年。
（38）たとえば、作家である村上龍のニューヨーク・タイムズへの寄稿文がその典型であろう。Ryu Murakami, "Amid Shortages, a Surplus of Hope, "New York Times March 16, 2011.
（39）柄谷行人「書評　災害ユートピア」朝日新聞二〇一一年二月六日。
（40）R・ソルニット『災害ユートピア――なぜそのとき特別な共同体が立ち上がるのか』高月園子訳、亜紀書房、二〇一〇年。

第2章　地方分権は公正な社会を可能にするのか

定松　文

一　問題の所在――フランスと日本の間で

合理性や公正さの意味と方向性は、3・11以後の日本社会において、地域という生活社会に足場を置きつつ、身をもって考えられるようになったのではないだろうか。

クリュアスの女たちが原子力に関心をもつようになったのは、発電所が彼女たちの庭も同然の場所に建てられたからだ。だから彼女たちはマルヴィルに行ったのだし、今日では、全ての反原子力闘争は自分たちの問題でもある、というまでになった。こうなってはじめて、なぜエネルギーが必要なのか、経済成長率とはなにか、といった問題を提起することが可能となるのだ(1)。

原子力発電所設置によっておきる社会変動と土地収用は、地元にもたらされる経済的見返りによって補償されるものではない。サン＝イレールは、ル・ノジョンデの発電所が地元の雇用増大にはつながらないだろう、と考える。なぜなら、建設にかかわるのは大部分、移民労働者だろうし、また常勤の職員も同地域の外からくるフランス電力の社員によって構成されるからである。（中略）かれらは「かれらの仲間同士で固まって暮らすだろうし、彼らの思考様式に従って行動し、（中略）コミューンの商店でものを買うこともない」だろう。(2)

長い引用になったが、これは最近のものではない。一九七四〜七九年のフランスの一地方における反原子力闘争とその社会学的介入に関する『反原子力運動の社会学　未来を予言する人々』の中の地元住民のことばである。(3)そして、三〇年以上たった今、日本で、福島原発近隣在住であった子どもを持つ親たちと文部科学省の官僚との「二〇ミリシーベルト／年」の被曝量をめぐる公聴会や福島原発で働いてきた福島県外からの労働者たちの話のなかに、時間と場所を越え、同じようなことばが聞かれ、電力産業のテクノクラートと対峙する地域住民、その恩恵を受け、痛みを直接感じない遠隔の人々という同じような光景が展開されている。

一九六〇〜七〇年代のフランスにおける地方からの異議申し立て運動は、単に経済的後発性や地域開発の偏り、自治権といった経済的・政治的不平等のみを賭けて展開されていたのではなく、地方の言語と文化がパリ中心の「フランスの正統な文化」とは異なることと、それに起因する学歴や文化資本の差を是正し、地方の文化を多様性の一部として同列に置くことを賭けたものでもあった。そして、この時の運動の中心となった人たちが、今はそれぞれの地域社会で公共でも企業でも個人でもない結社（アソシアシオン）のメンバーとして活躍し、地方の社会生活を充実したものにしていることが散見される。

一方、二〇年以上前のフランス社会の「先進社会のジレンマ」(4)は現在の日本の状況と重なり合い、社会のかかえる問題点を投げかけている。3・11という震災と一連の原発事故後、原発を誘致しなければ

「生き残れない」と思った地方自治体の選択と、地方分権化されていない日本社会における経済と政治の仕組みのひずみが「産業の少ない」地方に累積していたことが明るみになっている。首都圏や製造業の中核地への電力供給ために一地方自治体が収奪され、疎外されている日本型「中心―周辺」社会である。そうであるならば、一九八〇年以前のフランスの地方行政、一九八二年以降のフランスの地域分権化とEUの地域政策にみるガバナンスが地域社会のあり方にどのような影響を与えているかを提示することは、今の日本の「中央―周辺」の非対称な権力関係と経済格差を是正していくヒントになるのではないだろうか。

産業の誘致や世界遺産の認定による観光資源をもとめる地方は、地域経済の責務をどの程度担わされているのだろうか。国境なき市場のグローバル化が進むなか、なぜ、地方は外的状況によって破綻してしまう財政の責務を負うような感覚を持たなければならないのか。フランスの地方の経済振興政策とガバナンスの変遷を見ていくことで、日本の地域社会のあり方、政府との関係における非対称性をどのようにして乗り越えることができるのか提示することを試みたい。

二　フランスの地方政策の変遷

フランスの地方自治体は表2-1に示したように、①市町村（communes）、②県（départments）、③地域（régions）の三層構造をなし、それぞれ異なる機能が付与されている。法的にみると、市町村、県は共和国憲法第七二条で定められた地方自治体である。地域は「市町村、県及び地域の権利と自由に関する一九八二年三月二日法　第八二―二一三号」によって設置された地方自治体であったが、二〇〇三年

表2-1　フランスの地方自治体（Les collectivités territoriales de la République 2011）

自治体	数	事務機能 分野	事務機能 内容
市町村 Communes	36791	教育	小学校・幼稚園の施設、通学交通機関
本土 Métropole	36568	社会福祉	保健所
海外県	112	住宅	居住条件計画
海外自治体とニューカレドニア	111	運輸・港湾	ヨットハーバー、交通機関は規模により分担
		都市計画	土地占有改革、建築土地利用許可
		民間経済への参加	目的に応じた援助、第三セクターの設立
県 Départements	100	教育	中学の施設
本土	96	社会福祉	ほぼすべての事務
海外県	4	国土整備	農村部整備援助計画・補助金、農地区画整理事業
		運輸・港湾	商業港・漁業港、養殖業者への援助、交通機関は規模により分担
		民間経済への参加	目的に応じた援助、第三セクターの設立
地域 Régions	26	教育	高校の施設、特別教育施設
本土	21	職業訓練・実習	ほぼすべての事務
海外地域	4	住宅	援助プログラム、土地取得補助金
コルシカ地方自治体	1	計画化	地域計画の策定と実施
海外自治体	6	国土整備	公共事業の調整、観光地整備
フランス領ポリネシア、ワリス・フテュナ諸島、マイヨット島		運輸・港湾	河川・運河の管理、湾岸漁業・養殖業への補助金、交通機関
サン・ピエール島・ミクロン島、サン・バルテルミー島、サン・マルタン島		民間経済への参加	経済発展のための援助、目的に応じた援助、第三セクターの設立
特別地位自治体	1		
ニュー・カレドニア諸島			

出典）Insee, Code officiel géographique

の憲法改正によって、憲法上の地方自治体となった（フランスの地域区分地図）。市町村は最も小さな行政区部分であり、幼稚園・小学校や保健所等の最も身近な生活圏の社会保障と社会資本の整備と調整を行う。県はフランス革命以後人為的に作られた行政区画であり、県庁所在地から馬車で二日間で往復できる範囲を基準にして全国を八〇県に区分した区域を起源とする。八二年以前は事前の後見監督(tutelle a priori)の権限の行使による地方行政を管理・監督する機能を持っていた。現在は中学校教育、ほとんどの社会保障関連の地方行政を担っている。地域は州とも訳され、事前の後見監督の廃止以後、行政の効率化と地方の民主化を促進するための地方行政区域になっている。職業訓練・実習、高校、公共事業の調整、観光地整備などを行っている。

第二次世界大戦後、フランスの地方政策が本格的に実施されるのは一九五〇年代からであり、地域政策を軸にした区類では、一九八二年と二〇〇三年の法律改正が分岐点になっている。これにP・ブゼの国家予算の改革の分析とF・シュルティユの「行政のヨーロッパ化」の分析を重ねて分類すると以下のように区分される。(5) 第一期政府主導の国土整備・地域振興期には①「行政の合理的統治の理想（一九六二～七二）」、②「反権力の改革主義（一九七二～八一）」、第二期の地方分権移行期（一九八二～二〇〇二）には③「政治的矛盾（一九八一～八四）」、④「近代化の妥協（一九八四～九一）」、第三期の政府と地方の補完性関係移行期（一九九二～二〇〇二）には⑤「国家改革への移行（一九九一～九七）」、第四期の財政改革と併行した地方分権期（二〇〇三～）には⑥行政のヨーロッパ化と「フランス行政モデル規範の歴史的転換（一九九七～二〇〇七）」という過程が横たわっている。これから、地方政策の変遷とその背景をこの歴史的区分に沿って概観してみたい。(6)

第一期　国家主導の国土整備・地域振興期（一九五〇〜八一）

第一期においては、国家主導の社会資本整備と国家内分業産業構造整備が行われ、その背景には製造業を中心とした高度経済成長と格差是正としての社会資本整備の必要性があったと考えられる。一九五〇年代後半、戦後復興をとげたフランスでは、「パリとフランス砂漠」[7]とたとえられるような、経済成長をしている地域とそうでない地域との経済格差が顕著となり、その是正のために国家主導の産業開発が必要とされた。一九五〇年二月、大統領主宰の閣議に提出されたE・クローディウス＝プチによる『全国国土整備計画』の報告書において国家主導の経済格差の縮小が提唱される。それと同時期に、地方の側からも五〇年代初めに、議員、企業、組合、公務員、大学人らによる「発展委員会」が生まれた。この地方団体はフランス北西部のブルターニュ利益検討・連絡委員会にならって、公共設備の公正な分散、地方レベルの計画立案を行っていた。こうして中央と地方の格差是正の機運の高まるなか、復興省に地域整備局が創設され、一九五四年以降国土整備政策、工業の立地移転政策、地方の産業振興政策が始まっていく。地方に道路や水道・ガスなどの社会生活の基盤整備と、地理と政治的条件に適合すると思うところの産業が導入され、これらを実行するため、経済省による財政的保障、「危機的な」地域に進出する企業のために設備助成金制度が創設され、一九八二年の地域圏の前身となる二一の地方振興区画が決定された。

こうした助走を経て、一九六〇年に国土整備各省連絡委員会、一九六三年に国土整備地方振興庁（délégation interministérielle a l'amenagement du territoire et à l'attractivité régionale: DATAR）[8]が創設され、地方分散型の産業振興、大規模整備工事の続行、約一〇市の均衡都市（mêtopole d'equilibre）の振興という三つの基本目標がかかげられた。具体的には、資金の潤沢な預金供託金庫が支援する水利・農村整備大規模工事の第三セクター――ローヌ川下流・ラングドック整備公社、コルシカ開発公社、プロヴァンス水路公社――が大規模整備工事を行った。経済社会開発基金によって北部と東部の工業振興に、設備特別助成金によって設備の更新や新規導入に補助金が提供され、南部と西部の工業発展が促進された。自動車産業、航空産業、家庭用器具産業など、現在の地方産業の分散は、この時代の国土の利用計画が元になっている。しかしながら、これらの産業再配置は地方住民の希望や意志とかならずしも一致したものではなかった。それが、冒頭の反原子力闘争だけでなく、南仏の炭鉱閉鎖闘争、コルシカのワイン生産の不正とその抗議など、地域住民の異議申し立て運動を創りだし、パリを中心とした文化とは異なる言語をもつ地域のナショナリズムと結びつき、一九七〇年代になるとブルターニュやコルシカではテロリズムに及ぶ運動もあった。

この時期にフランスの財政は経済的な観点と社会学的な観点から改革の必要性が高まり、「予算選択合理化」(Rationalisation des Choix Budgetaires: RCB) が一九六八年の政令で導入され、「行政の合理的統治の理想」(一九六二～七二) と呼ばれる一連の改革運動が行われていた。[9] これはプログラムと目的と方法の三点からなる大きな計画で行政と財政の合理化を図ろうとするものであった。しかし、第一次石油危機とそれに続く経済の停滞、産業の転換と企業の海外移転、エネルギーの転換、地方からの異議申し立て運動、政治指導者の交替といった国内外の複数要因によって、一九七四年以降、DATARの首相府からの切り離しがおこり、整備政策の国家主導を相対的に弱めることとなる。また、財政においても、巨大な官僚組織に対する反発もあり、「反権力の改革主義」(一九七二～八一) と呼ばれる権力の集中を避け、省庁の官僚から県・市町村の行政体への権限移譲が促進された。

第二期　地方分権移行期（一九八二～九一）

戦後復興から高度成長と景気後退期を担ってきた保守政権から社会党への政権交代によって、地方分権のための行政区画、地域の創設と権限委譲が一九八二年からはじまる。地方自治に、市町村、県だけでなく地域という広域体が加えられ、行政体としては四層構造になったのだ。「一九八二年三月二日法八二～二一三号 市町村、県及び地域の権利と自由に関する法律」ならびに「一九八三年一月七日法八三～八号及び一九八三年七月二二日法律八三～六六三号 市町村、県及び地域と国との間の権限配分に関する法律」によって、国と地方の行政の効率化と地方の民主化、地域住民の政治への直接参加の促進を意図するものであった。大きな改革点は、地域という行政区画ができたことと、事前の後見監督（tutelle a priori）が事務処理の法適合性の監督（contrôle de légalité）に変更されたことである。後者は、地方公共団体の事務執行について、法令に適合しないと判断されるときは、知事が行政裁判所に対し、その取消し等異議申し立てができる権限を持つようになったことであり、生活に関わる地方のことは地方で決めることができるようになった。具体的には、道路の整備や建物の建築に関して、以前は中央政府の許可が必要であったため、数年待たなければならなかったが、そういった非効率なことはなくなった。

また、フランスの地方分権化政策は、高等教育と研究者の不均衡配置の是正を含んでいることがある。この時期、イル・ド・フランスに六〇％以上の高等教育関連の人的資源の集中に関して、地方の産業の活性化政策として、企業の有無に左右されない研究と高等教育の地域化を図っている。教育を民営化することなく、教育と人的資源の重要性を国家戦略の中核におくこと、良くも悪くも文化政策を重要視することがフランスの特徴ともいえる。具体的には「大学二〇〇〇」計画において、北部パ＝ド＝カレ県沿岸と西部ラ・ロシェル市などに新しい大学機関が新設され、中小都市への技術短期大学部（IUT）

学科と上級技術者コースが開設され、パリへの一極集中を分散化している。財政や行政という視点だけでなく、行為主体の市民の偏りを軽減する視点が含まれているのが、フランスの地方分権の特徴であろう。

しかし、この時期の地方分権は不十分で、地方にとっては不満を残すものとなる。各分野の権限とそれに対応する財源の移譲はできる限り包括して、市町村、県、地域あるいは国のいずれかに配分すべきであるとする、権限の包括委譲の原則が明記されていた。それにもかかわらず、十分な財源移譲がなされなかったこと、地域の議員と政府の経済計画の不一致などのために、地方分権化によって実現するはずだった地方主体の経済計画と整備事業は中途半端なものに終わったのだ。中央と地方の「矛盾した政治」といわれるゆえんである。

経済の側面から考えるならば、この時期の改革は非常に厳しい状況であったとわかる。具体的な地域の産業経済をみてみると、一九八〇年代は工業移転による先端技術工業の国際分業が本格的に始まり、プラザ合意以降世界経済が変化していく過程で、フランスの旧来の工業地域の危機は深刻さをきわめていた。北部のダンケルク、西部サン゠ナゼール、南部ラ・シオタの歴史のある造船業、ロレーヌ地方の鉄鋼業、南部ドゥカズヴィルとカルモーの炭鉱閉鎖など産業構造の変化のしわ寄せは地域経済に打撃を与え、それらの閉鎖は多くの失業者を生み出すことにもなった。住民の意志の尊重するための分権化は進んでも、構造的不況と財源移譲の不備が実質的経済効果を低くしたのである。事実、一九九〇年の世論調査の結果では、イル・ド・フランスとローヌ゠アルプ、プロヴァンス゠アルプ゠コート・ダジュールの主要産業拠点となった地域および主要都市以外は人口減少と経済の停滞が明らかになり、経済格差は悪化しているところもあった。主体的に住民の自治が行えるという期待とはうらはらに、その地域社会をささえる産業と雇用という土台がゆらいでいたのである。

こうした経済・産業構造の変化と財政状況の悪化が、先にとん挫していた「予算選択合理化」(RBC)というパブリック・マネージメントの流れを再度つくり、行政の近代化あるいは合理化の名のもとに「近代化の妥協」(一九八四〜九一)は進んでいく。一九八六年の政権交代後は高速道路と超高速列車(TGV)計画への整備政策が国の大型優先事業となり、一九八八年の選挙後は、ドロールEC委員長のEC域内の整備および国境障壁撤廃にもとづく加盟国間協力計画を発表したこともあり、フランス政府はヨーロッパの中のフランスと地域のあり方という視座を大きく意識するようになったようだ。

第三期　政府と地方の補完性関係移行期(一九九二〜二〇〇二)

第二期がフランス国内事情から発した地方分権化の時期であったならば、第三期はヨーロッパ統合と連動しながらの地方と他の行政組織の関係を再編した時期、ヨーロッパ化であろう。この時期に、国家と地方の階層的になりやすい二項関係から、EU—国家—地域の多項的ガバナンス形態をとることとなり、EUの構造政策による域内の経済格差を是正する政策によっても地方は支えられことになる。地方から見ると、国家だけでなくEUに対しても社会的資本の再分配を要求することが可能になったのだ。

多項的ガバナンスへ移行する際に重要になった概念は、補完性の原理である。これは一九八五年にヨーロッパ評議会で採択されたヨーロッパ地方自治憲章(European Charter of Local Self-Government Strasbourg, 15. X. 1985)第四条第三項において「公的な責務は、一般に、市民に最も身近な地方自治体が優先的に履行する」と理念が明記され、地方分権において今日では重要なキイ概念になっているものだ。カトリック教会の社会教説に由来する概念と言われ、「決定はできるだけ身近な所で行われるべきだ」とする考え方である。そして一九九二年のマーストリヒト条約の前文で「決定はできるかぎり市民の身近なところで行われる」にも引き継がれ、第三条二項において「共同体はこの条約により附与された権限ならびに規定の目的の範囲内で活動を行う」とヨーロッパ共同体の活動に制限を付けている。したがって、EUにおいては、自助（個人での解決）、次に互助（家庭内での解決）、そして共助（市町村、県、地域、アソシアシオン、NPOで解決）、最後に公助（国家やEUでの解決）という課題の大きさに応じた、段階的解決方法をとり、そのなかに地域が組み込まれているのである。

この補完性の原則に対応するようにして、フランスの一九九二年二月六日法九二〜一二五号がある。これによって国の地方出先機関の事務が地域や県に移管され、結果的に地方自治体の長の権限が強化された。さらに一九九九年六月二五日法、国土整備と持続的発展に関する基本法において、地方自治体の業務の中に高等教育と研究、文化、情報化と交通網、スポーツ、自然・田園環境の領域がおかれ、この時事業に関しては地域協議会と地域知事の共同責任に委ねられた。権限という中に、責任も入り、身近な事業に関する企画遂行が地方自治体の責任のもとで行われるようになる。

こうした事務移管を促す様に、国家の予算の決定についても改革が行われている。ブゼのいうところの「国家改革への移行」（一九九一〜九七）「フランス行政モデル規範の歴史的転換」（一九九七〜二〇〇七）にあたり、世界的な公的機関の会計基準の変更と連動した公的予算になった。予算関連文書では、政府のバランスシート、損益計算書、キャッシュフロー計算書、付属文書が作成され、予算科目ごとに目標及び業績評価指標の設定が行われるようになった。二〇〇一年八月一日に制定された予算組織法（loi organique relative aux lois de finances: LOLF）により、議会によって予算を実質的に監督できるシステムになった。以前との比較で大きく変更されたのは、省など担当部署ごとの予算でなく、プログラムごとになった点である。これにより、プログラムごとの複数の目標及び業績指標が設定され、プログラム責任者は、その成果の責任を持つと同時に、章の歳出額を変更することが可能というプログラム内裁量が認められている。しかし、プログラムにおいて、人件費から他の費目への流用は可能であるが、他の費目から人件費への流用はできないことが問題となっている。事務移管で増えた公務員に払う給与について国家公務員と地方公務員では異なる差額など地方に負担が大きくなっている部分である。すなわち、国家の財政赤字を減らすために、事務移管の際に国家公務員を減らすことにも利用されているが、人件費はあらかじめの総量規制で、地方は自主財源を探さなければならない仕組みになっているのだ。[10]

第四期　大幅な地方分権―税源移転を伴う事務移転期（二〇〇三〜）

予算の仕組みや権限の委譲が一九八二年の地方分権の枠組みにしたがって行われてきた第三期であったが、二〇〇三年度の憲法改正によって、フランスはその地方分権をさらに進めることになった。二〇〇三年三月二八日法ではフランス共和国の基本理念を記した憲法第一条で「その組織は地方分権化される」(Son organisation est décentralisée) と地方分権の原則を明記した。[11] さらに補完性の原則も憲法におりこまれ、地域が憲法上の地方自治体と規定された。ついで二〇〇四年七月二九日法二〇〇四―七五八号「地方公共団体の財政自治に関する法律」、二〇〇四年八月一三日法二〇〇四〜八〇九号「地方の自由と責任に関する法律」等も制定されることによって、連邦制を拒みつつ共和国を堅持した、ヨーロッパ地方自治憲章に対応する政治的ガバナンスを敷いたことになる。ここでEUの「地方からなるヨーロッパ」「社会的ヨーロッパ」に対応する財政の主体性を含む地方自治、補完性の原則が法律として整備され、実質的にも施行されるようになった。

財政の改革も進み、二〇〇六年から前述した予算組織法に基づいた予算編成も行われ、予算の柔軟性が高まり、逆にミッションごとの議決になるため内容に関するチェック機能は高められることとなったといわれる[12]。さらに、二〇〇八年の憲法改正により、二〇〇九年の予算編成から、プログラムごとの責任者がつくられ、責務が連鎖する仕組みになり単年度予算のみならず複数年度予算編成が法定化することとなった。こうした責任を明確にしたうえで柔軟性と弾力性を持つ会計にし、縦割りの弊害は少なくなっているが、先にも述べたように、補完性の原則、地方自治の側面からは良い面ばかりではない。

国から地方自治体への事務移管にともない国家公務員が減らされ、補完性の原則により社会福祉の業務が地域や県に移管され、関連業務の財源委譲にもかかわらず、年々増加する社会福祉費は地方財政を圧迫する結果となっている。予算組織法によって帰属収支のバランスをとることが国や地方自治体に求められるということは、国家の産業と経済状況によっては地方に緊縮財政が求められ、共助とは異なる低賃金の下請け状況を地方に生み出しかねない、社会福祉や教育の質の保証が困難なる仕組みを作りだす危うさをはらんでいるのだ。

責任の連鎖においても、プログラムを計画した以上は実施され、何らかの成果や効果を生み出す責任が負わされている。観光分野が地域の事業になっているため、二〇〇〇年以降、各地で文化的フェスティバルが盛んになった。筆者の知っているコルシカの町々も、確かに、街路はきれいに整備され、夜も出歩きやすくなった。その一方で、主催者は報告書や領収書の整理に追われることもしばしばで、イベント化しなければならない、地方の資源を探し商品化しなければならないと、休むことができない疲弊感があることも確かである。

三　EUの構造基金と空間

さて、ここで、フランスの地方政策のヨーロッパ化の側面から検討するために、EUの地方政策についてまとめておきたい。EUとは、平和を守り経済と社会の進歩を促進するために結束した二七の加盟国から成り、条約や現状における欧州諸共同体（及び欧州連合）の法令および判例の総称であるアキ・コミュノテール（acquis communautaires）によって規定された事項を共有し、単一市場をもった国家の連合体である。フランスはEUの前身であるヨーロッパ経済共同体（EEC）からの加盟国であり、ドイツと並びEUの統合を牽引してきた。そのため、一九九〇年代以降のフランス政府と地方自治体の関係を見ていくうえで、EUとの関係は軽視できない。

EUにおける地域政策には構造政策がある。これはEU域内地域間の経済的・社会的不均衡の是正を行うことを目的とした、社会的資本の再配分の政策である。そして、補完性の原理に従えば、地方自治体や国レベルでは困難な、複数国家にまたがる領域あるいはヨーロッパ全域的視野を持って実施したほうが効率的で効果的な政策ということになる。

EUの構造政策は、「構造基金」（Structural Funds）、「結束基金」（Cohesion Fund）欧州投資銀行（EIB）による融資という手段によって推進される（表2-2）。

地域間の格差是正については、一九八六年の単一欧州議定書により欧州共同体設立条約に追加された第五章「経済的社会的結束」（Economic and social cohesion）において条約上の根拠が明確に定められ、マーストリヒト条約においても、構造政策は主要課題として位置づけられ、増額と結束基金創設等が行

表2-2　EU構造調整のための基金

構造基金	欧州地域開発基金 ERDF	地域間格差を縮小し地域経済の構造開発や構造調整を支援、経済的・社会的・地域的結束を強化するための資金を提供
	欧州社会基金 ESF	職業訓練や雇用創出施策のための資金を提供
結束基金		一人当たりGDPが域内平均90%未満の加盟国における交通インフラ整備や環境保全に資金援助

出典）EU Regional Policy Inforegio

われた。二〇〇〇年以降、拡大する予算の抑制のため、七カ年計画の「アジェンダ二〇〇〇」予算パッケージにおいて、予算および運営についての合理化を行い、現在に至っている（表2-3）。プログラムと予算に関しては、ヨーロッパ委員会の地域政策サイトInforegioから各国のウェブサイトにいくことができ、フランスに関しては「ヨーロッパ基金の恩恵」というページでプログラムごとの予算が明示され、何に使われているか誰もが見ることができるようになっている。

構造基金の実施においては、優先目的分野（構造基金予算の約九四%）が設定されている。まず、加盟国が地域開発計画を欧州委員会に提出し、加盟国と欧州委員会の交渉を経て、加盟国の提案した開発プログラムを欧州委員会が採択する、という手続きを経て交付される。これは加盟国内の事情に応じたもので、後進地域の開発と構造調整、構造的困難に直面する地域の経済的・社会的転換を目的としたもの、教育や職業訓練など雇用対策の三つがある。

現在のEUのなかでどのような地域政策がとられているのか。その基盤におかれている原理は二〇〇九年一二月に発効したリスボン条約の中で位置づけられた経済的・社会的結束と並んで「地域的結束」（Territorial Cohesion）であろう。リスボン条約の前提として、EUにおいて課題とされたのは、ヨーロッパ「社会」としての二一世紀の

表2-3　2007～2013年期の予算

目的	対象となる地域	予算	趣旨	基金
収斂	一人当たりGDPが欧州平均の75%未満の100地域、人口約35%	81.50%	最も開発が遅れている国や地域が、早くEUの平均に追いつけるよう支援。	欧州地域開発基金、欧州社会基金、結束基金
地域競争力強化と雇用拡大	上記に該当しない168の地域、人口65%	約16%	競争力や雇用水準、吸引力の強化を目的、経済的・社会的変化の予測、技術革新・企業家精神、環境保護、アクセス改善、適用能力の強化、雇用市場の開発の促進等。	欧州地域開発基金、欧州社会基金
欧州地域協力	国境地域の人口は181,700万人、人口の37.5%	約2.4%	国境を越えた多国間・地域間協力を促進。具体的には、都市、農村及び沿岸地域の開発、経済関係の強化、中小企業のネットワーク作り等の分野。	欧州地域開発基金

出典）EU　Regional Policy Inforegio

課題としてグローバル化への対応と国際競争力の確保である。その基盤としてヨーロッパ市民の連帯と協調が呼び掛けられ、教育と雇用の拡充があり、それは二〇〇〇年三月のリスボン一〇カ年計画（Lisbon Strategy）で掲げられた持続的な経済成長、完全雇用、社会的結束の強化という政策目標からもうかがえる。そして、二〇〇八年には「地域的結束に関する緑書」が提示され、その実現のために「地域的結束のための協力プラットフォーム」（The Cooperation Platform for Territorial Cohesion: COPTA）の体制が採られている。

それでは、EUにおける地域的結束とはなんであろうか。そこでは、EUの領土（territory）は多様性をもっていること、そしてその多様性は、EU全体の持続可能な発展に貢献できる重要な資産であることを強調する。各地域の政策は地域の特性と地域に生きる住民の主体的な参加によってなされるべきであり、EUはその調整と主体になれる市民の教育や情報通信などの基盤の整備をすること、それがEU全域の持続的発展に寄与することにつながる。「地域からなるヨーロッパ」の方向性が具体的なイメージになっている。

現在の計画的政策期は二〇〇七〜一三年であり、そこでは、執行手続きの簡素化・分権化ならびに、EUの政策目標が加盟国の国家戦略、そして地域政策へ反映される仕組みが浸透していっている。欧州委員会で戦略的目標を示す「共同体戦略ガイドライン」(Community Strategic Guidelines) が提示され、加盟国はこれに基づいて優先事項等を定める「国家戦略基準枠組み」と「実行プログラム」が導入されている。欧州委員会は、既に二〇一四年以降の地域政策も既に議論が始まっており、「欧州二〇二〇戦略」など単一の戦略枠組 (Single Strategic Framework) の仕組みとともに、地域特性に応じた柔軟な政策、領域的結束も保持する路線だ。

できるだけ身近なところで身近な政策を策定・実行するという原則をもつEUであるが、先のフランス共和国における分権化においても述べたように、社会福祉分野は地方自治体の政策分野に含まれる。EUは現在加盟国の財政危機からユーロに対する信用の問題もでてきており、これまでに述べた、理念的な地域政策や社会政策が地域の利益や個々人の生活を配慮した形で展開されるかどうかという疑問もある。実際に、加盟国の財政危機から、EUの権限が強まれば、フランス国内で起こっているような財政と人的資源の地方自治体負担の増加がでてくるだろう。ここでも、財政問題が前提となれば、地方自治体はEUの地域政策に適合した計画を立てて申請しなければ、予算が確保できないことになる。地域の多様性を理念的に認めつつも、財政面で計画の内容と幅をコントロールされてしまう地域のジレンマがあるのだ。

四　地方分権にみるフランス社会と公正さの条件

ここまで、フランスの地方分権化の経緯を政策の側面からみてきた。そこでは、フランスの内発的な制度の改革としての地方分権と、産業構造の変化と公的会計基準の国際潮流との連動やＥＵの政策という外部要因による大きな地方分権化の変遷が見てとれた。それでは、こうした地方分権化によって地域格差は是正されたのであろうか。表２‐４をみると、豊かになりながらも、二〇〇〇年以降は地域間格差が大きくなっていることがわかる。この背景にはフランスの産業構造の変化によって就労者の職業分野が変化し、失業者は増加し、経済成長も大きな伸びはなくなっているため、分権化だけでは格差の是正が難しいということが推察される。そして、二〇〇〇年以降に関しては、前述した予算組織法が地方の格差を創っている一要因と考えられる。確かに地方自治体に権限があるようにみえるが、ミッション自体は国で設定され、それに沿った形のプログラムしか組めず、分権化された際の公務員の給与、社会福祉関連支出の増加は、地方自治体の財政を圧迫しているであろう。そして、プログラムの責務を負わされた地方自治体は「うまくいかない」ことの責任を感じさせられてもいる。政府から押し付けられた土地利用や産業ではなく、地域の経済を活性化させるという名目で企業や発電所の誘致を「自ら選択している」かのように地域に強要する。結局のところ、財政は社会的アクターとその関係性を決定づける力があり、フランスやＥＵの地域政策におけるヴィジョンに基づいた財政が今の地方のあり方を決定する大きな要因となっているのだ。

生活圏とは異なる財政の論理で地域の諸計画や個人の生活が強くコントロールされているならば、公

表2-4　フランスの地域の１人当たりの可処分所得推移

地域	人口	1980	1990	2000	2010
可処分所得			12,570	15,091	20,182
アルザス	1,837,087	54,9	12,607	14,882	19,740
アキテーヌ	3,177,625	50,8	12,202	14,578	19,711
オーヴェルニュ	1,341,863	49,1	12,169	14,680	20,118
バス・ノルマンディ	1,467,425	48,0	12,532	15,000	20,142
ブルゴーニュ	1,638,588	49,9	11,602	14,214	19,067
ブルターニュ	3,149,701	49,6	12,491	14,925	19,986
サントル	2,531,588	51,3	11,799	14,421	19,146
シャンパーニュ・アデゥレンヌ	1,338,004	52,3	10,579	13,144	17,903
コルス（コルシカ）	**302,966**	**44,6**	11,963	14,441	19,130
フランシュ・コンテ	1,163,931	46,8	**15,362**	**18,428**	**24,139**
オー・ノルマンディ	1,825,667	49,9	11,391	13,588	18,216
イル・ドゥ・フランス	**11,659,260**	**66,7**	12,170	14,914	19,988
ラングドック・ルシオン	2,581,718	48,7	11,592	13,892	19,009
リムーザン	740,743	48,8	11,746	14,327	19,296
ロレーヌ	2,346,361	48,8	**10,313**	**12,253**	**17,259**
ミディ・ピレネー	2,838,228	49,3	11,852	13,855	19,142
ノール・パ・ドゥ・カレ	4,024,490	46,9	12,149	14,316	19,117
ペイ・ドゥ・ラ・ロワール	3,510,170	49,8	11,702	14,159	19,078
ピカルディ	1,906,601	47,0	11,913	14,141	18,760
ポワトゥ・シャラントゥ	1,752,708	47,7	11,841	14,177	19,246
プロヴァンス・アルプ・コートダジュール	4,882,913	52,0	12,397	14,917	19,506
ローヌ・アルプ	6,117,229	51,2	12,614	15,248	20,312
格差（最高値―最低値）		22,1	5,049	5,175	6,880

出典）Recensement de la population 2008-
人口は1980＝1982、2000＝1999、2010＝2008
*可処分所得については2000＝2001、2010＝2008、Source: INSEE, Division Statistiques Régionales, Locales et Urbaines-comptes régionaux des ménages provisoires-base 2000
**1980年の可処分所得は1982年で単位は千フラン。1990年の可処分所得は1994年のもの

表2-5　フランスの各種統計の年次推移

	1955	1965	1975	1985	1995	2005	2010
人口（千人）	43,228	48,562	52,600	55,157	57,753	60,963	62,799
合計特殊出生率	ND	2.73	2.47	1.95	1.78	1.87	1.99
就業率	ND	ND	68.6	67.9	68.3	69.6	70.4
失業率	ND	ND	3.5	9.0	10.1	8.9	9.1
15-24歳の失業率	ND	ND	7.1%	20.9%	20.6%	21.0%	23.7%
大学進学率	ND	ND	ND	ND	46	41	40*
GNP	7.4	8.0	12.4	7.1	3.3	3.8	2.3

ND＝no data
＊2008年
出典）INSEE, EUROSTAT（合計特殊出生率）

正さが保たれることは難しい。とくに、グローバル化した経済の中で細分化された分業体制においても地方分権によって公正さを保つことは困難である。そうであるならば、世界経済の中で、EU市民、国家「社会」の市民、地方自治体の地元の市民という多重の「市民」を生きる諸個人からなる社会において、個人と地域社会が経済のゆがみを全面的に引き受ける必要はないと市民が異議申し立てをできることこそが公正さを保つ鍵となるであろう。

実際に、地域住民からの地域分権化は、一九六〇〜七〇年の国家に抗する地域主義運動と連動して展開されてきた。分権化によって運動自体は求心力を失っている。しかし、長年、市民の結社（アソシアシオン）の形成に警戒的だったフランスだが、一九〇一年のアソシアシオン設立の法によって、官製ではない社会的な協働の団体が各種存在するようになった。高齢者や介護や生活支援、育児支援、地域の文化的フェスティバルの主催など、その活動によって共助の市民社会が保たれるようになっていることを見逃すべきではない。こうした、公的政策の行われる論理、空間とは異なり、かといって家族やその他の共同体の一次的紐帯にも還元されない、市民社会が存在するようになったことが、フランスで公正さが保たれる重要な基盤の一つになっているのではないか。地方分権は政策ではあるが、政策に回収されない個人的で社会的な軸をもち、公共政策と協働しつつも緊張した関係を保つことが重要であろう。

最後に、フランスの地方分権化の経緯を知ることで日本にはどのような知見があるのか付記しておきたい。それは、ここで具体的事例をあげられなかった地域研究から得たものでもあるが、地方自治を担う当事者意識が住民に比較的強いこと、そして制度や法律の不変を絶対視せず社会状況によって変わっていくものだという認識を持っていること、この二点において地域分権化や国家でも個人でもない社会空間の創造が可能だったということである。地域側から、市民から主権者として主張すること、理不尽なことには異議申し立てすること、変化を受け入れることが、公正さを求める地方自治を可能にする基盤の要件であることをフランスの地方分権化の歴史は教えてくれる。

註

(1) A. Touraine, Z. Hegedus, F. Dubet, et M. Wieviorka, La *Prophétie anti-nucléaire*, Edition du Seuil, 1980.（『反原子力運動の社会学　未来を予言する人々』伊藤るり訳、新泉社、一九八四年、九六頁）。

(2) 前掲書　九八頁。

(3) フランスの社会学者アラン・トレーヌは、一九六〇年代後半からの従来の労働者運動とは異なる社会的関係性への異議申し立てを行う運動に対して、「新しい社会運動」と呼び、『現代国家と地域闘争』、『声とまなざし』など運動に社会学的介入をしながら歴史の方向性に関与していく共同研究を行った。

(4) 一九八〇年代前半のフランス社会がかかえる諸問題を紹介した書。宮島喬・梶田孝道・伊藤るり『先進社会のジレンマ』有斐閣選書、一九八五年。

(5) Buze Philippe, "Les politiques de réforme de l'État sous la Ve République, *Cahiers français: La réforme de l'Éta* 324, Septembre-octobre, la documentation française 2008 8-15. および CHALTIEL, Flolence, "L'européanisaion de l'administration", *Cahiers français: La réforme de l'Éta 324*, Septembre-octobre, la documentation française, 2008, 34-38.

(6) 地方分権の変遷については、*Les collectivités locales en chiffres 2011* Direction générale collectivités locales、フランス憲法院（Conseil constitutionnel）HP、国民議会HP、上院議会HP、フランス大使館HP、INSEE、内務省、国土整備・環境省、林（一九九四）等を参考にしてまとめた。

(7) Peter Alexis Gourevitch, *Paris and the provinces: the politics local gouvernement reform in France*, University of California press, 1980.

(8) リール、ナンシー＝メッツ、リヨン、マルセイユ、トゥールーズ、ナント、ボルドー、ストラスブールという、以前から地方の中心的な都市であったが、鉄道網の主要な駅にもなり、今では地方の中核都市になっている。

(9) 一九六〇年代のアメリカに始まる「公共経営」(Public Management) や、九〇年代の英連邦諸国を中心とする「新公共経営」(New Public Management) など公共政策における民間経営の手法を取り入れる運動。詳しくは中西一「フランスにおける行政評価――自治体管理会計」会計検査院『会計検査研究』二七号、二〇〇三年、木村琢磨「フランスの二〇〇一年「財政憲法」改正について」『自治研究』七八巻九号、二〇〇二年を参照。

(10) 内閣府　政策統括官室（経済財政分析担当）「世界経済の潮流　二〇一〇年　II〈二〇一〇年下半期　世界経済報告〉財政再建の成功と失敗：過去の教訓と未来への展望」二〇一〇年

(11) 地方分権に関する改正点についてはフランス「公的生活」(vie publique) のHPで La révision constitutionnelle de 2003 として対照表がある。

(12) 内閣府　政策統括官室（経済財政分析担当）前掲書。

第3章　個人化社会における再生産——階級とジェンダーをめぐって

杉原名穂子

一　ヨーロッパにおける個人化と再生産

親の職業や地位といった社会的出自が、その子どもの選択や決定に影響を与えるのは公正ではない。その理念にもとづき近代社会は、自由で自律した個人がみずからの生き方を選択・決定する社会をめざしてきた。しかし、そういった公正な社会をつくる装置として期待された近代公教育が、実はその機能を果たしていない現状が明らかになり、一九六〇〜七〇年代にかけて、世代間の再生産メカニズムを分析する研究が進展する。たとえば、P・ブルデューの文化的再生産論は、特定の階級の子どもが家庭での文化的背景ゆえに、学校での進学コースを歩むのに有利となっていると指摘し、大きな影響を与えた。

一九九〇年代以降、新自由主義政策がすすめられていくなか、個人化についての議論が日本においても増加している。個人の選択可能性の増大という個人化の現象と、出自による決定という再生産の問題は、一見相反するように見える。はたして個人化の進行は再生産が弱化したことを意味しているのだろうか。あるいは、個人化社会は不平等の再生産に新たな問題状況を生みだしたのか。本章ではこのテーマについて検討を加えることにする。

個人化の議論は、U・ベックが著書『危険社会』で指摘し、注目を集めるようになった。そこでの個人化の概念は、階級や家族といった集団が流動化、不安定化し、個人が人生のさまざまな局面において、自分自身で選択・決定していく傾向が高まることを意味している。

もともと個人化自体は、近代社会にはなじみ深いもので、特に目新しい現象ではない。近代産業社会は伝統的関係から切り離された労働者を必要とする。地縁・血縁の絆や伝統・慣習で統合されていた地域共同体から個人が離脱することが、近代化の過程で進行した。ベックは、この段階では、個人は前近代的な関係からは分離したが、階級や家族といった中間集団に包摂されていたとし、それにくらべて現代社会で進行している個人化は、この中間集団も流動化したことが特徴だと述べ、現在を第二の近代とよぶ。

ベックが個人化を提唱することになった背景には、当時のドイツの社会状況があった。階級の不平等関係は基本的に変化がないのに、社会問題としての不平等はむしろ緩和している、この矛盾した事態が彼の目に新たな現象としてうつったのである。それには、経済状況が向上したことによる「エレベーター効果」が大きく関係していた。すなわち、生活水準が上昇し、収入や教育程度が「全部ひっくるめて一段上に上がった」ため、階級アイデンティティと階級との結びつきは弱められるか、あるいは消滅してしまった。

また、労働市場が多様化・細分化したこと、各自のライフ・スタイルが消費社会のなかで多様化したことも、階級アイデンティティを弱体化させた。すなわち、第一の近代といわれる時代では、階級は見える形で人々に経験されていた。製造業の大工場での非熟練労働者が比較的大量に必要だったために、学歴資格は不要で、学校文化（ミドルクラス文化）と労働者階級文化との対立も生じた。それらは、家庭や近隣関係、青年スポーツ団体における社会化を通して、次の世代の子どもたちに伝えられていった。

しかし、第二の近代では、製造業よりもサービス産業、高度で柔軟性のある専門的技能の重視、パートタイム労働の増加など、産業構造や雇用環境が変化した。学業成績は生き残りのための必要条件となって高学歴化が進行する一方、子どもの選択はより個人化、多様化し、集団的アイデンティティは弱体化した。そして人々は、階級にもとづく不平等があっても、もはやそれを階級問題として認識しようとせず、個人の問題として語ろうとする。「社会的不平等の個人化」が進行しているのである。[1]

A・ファーロングとF・カートメルもこの現状についてベックと共通の見解を示し、「認識論的誤謬」の問題が生じていると述べる。個人化がすすむ社会では、不平等な社会構造の再生産に変化がみられないにもかかわらず、認識がその現実をとらえられなくなっている。地域社会や階級の力が弱まり、自由が増大した社会のようにも見えるが、それは一種の幻想であり、固定したまま継続する不平等が覆い隠されているというのである。

われわれのみるところ、リスク社会は階級なき社会ではない。階級やジェンダーといった古い社会的な溝が、無傷のまま残されている社会だ。客観的にみれば、リスクの配分のされ方は最小限の変化しかしていない。しかし、社会から排除される危険性は、人生経路がバラバラにされつつあるため、それを同定することが難しくなっている。[2]

これらの議論には、不平等の根強さと同時に、個人がバラバラに細分化されていることへの危機感があらわれている。特に、Z・バウマンは現状に悲観的な認識を示し、かつての近代的な市民はもはやただの個人にすぎなくなっていると警鐘をならす。個人化社会は選択・決定の結果責任を個人に帰し、人々は類似した悩みをもっても、それを共通の大義にまとめあげ、変革を求めて他人と団結し行動をおこすことはない。「自由」「平等」「人権」などを掲げ、それを守ろうと闘争した時代にくらべ、いまや人々はそれらの価値観に寛容さと無関心さを同時に示す。「人間の自由解放は、人間を無関心にする」(トクヴィル)のが彼のいうリキッド・モダニティの現状なのだ。(3)

ベックは第二次大戦後の福祉国家化と豊かな社会の到来を個人化の背景にみた。人々は豊かさと社会保障にささえられ、階級に包摂されるのをやめ、個人として教育や市場労働や福祉制度に統合される。バウマンが一九九〇年代以降に展開した個人化論では、新自由主義政策がすすみ、個人の決定・選択が見かけ上増大するなか、公共圏の空虚化、不安や孤独、リスクの増大、排除される感覚などが強調される。そのスタンスに違いはあるが、両者とも不平等が根強く維持されているにもかかわらず、集合的アイデンティティが解体し、個人としてリスクに対処せざるを得ない点を問題提起している。(4) 個人化社会における再生産問題は、自己責任論が幅をきかせるなかでの対抗戦略を必要としている。

二　日本社会における個人化と再生産

戦後日本の社会学でも、階層の開放性や流動性、次世代への再生産というテーマは重要な関心事であった。高度経済成長期以降、経済水準の上昇と高学歴化が進行し、階級や格差をめぐる議論は後退する。総理府(現内閣府)が行う階層帰属意識調査をみると、調査開始の一九五八年では、自分は「中」であるとこたえる者は七二%だったが、七三年には九割を越え、こうした社会状況を背景に、中流社会論が唱えられることになった。

しかし、階層再生産に関する多くの研究によれば、この時期にも出身家庭による格差が根強く温存されていたことは明らかである。教育機会についても、量的には大きく拡大したが、階層間格差はそれほど平準化されなかった(5)。苅谷剛彦は、誰に対しても教育が開かれているというイメージが広がり、階層や人種による意識の断絶がみられない点が、欧米とは違う日本的な特徴だとみる。この「大衆教育社会」では、現実に再生産がみられても、それが人々の意識にのぼってこない(6)。

苅谷はまた、産業化と高学歴化の進行の仕方が、日本と欧米で異なることに注目する(7)。イギリスやフランスといった国では、産業化にともなう農民層の解体は数世代にわたってゆっくり進行した。高学歴化はまだ始まっておらず、労働者階級が学歴取得と結びつくことなく先に確立した。P・ウィリスが描いたように、イギリスの労働者階級の子どもたちは、学校文化と異なる文化を生き、肉体労働の道に参入していった。これに対し、日本では、一九五〇年代の後半から産業構造の変化と高学歴化がほぼ同時に進行した。農業からブルーカラー、ホワイトカラーへの移動はわずか二〇年あまりで急速に進行し、被雇用者となる農家の子弟は高卒という学歴取得をめざし、高学歴化もすすんでいった。苅谷は、学歴と階級の歴史的関係が以上のように異なることが、欧米的な文化的再生産論が日本に適合しない理由だとみる。

八〇年代以降、豊かさを謳歌する一方で、SSM調査(社会階層と社会移動に関する全国調査)や世論調査の分析から、所得格差の固定化が指摘されるようになる。子どもの教育達成と社会的出自の関連については、両親の職業や地域要因は影響力を弱めたが、両親の学歴は依然として規定力をもっていることが示される。そして、九〇年代に入ると、バブル経済の崩壊と雇用の流動化、非正規雇用の拡大により、格差への認識が広がり格差社会をめぐる議論が活発化する。出身階層による高等教育機会の格差は変わることなく存在し、階層構造の再生産が依然としてみられること、雇用の不安定化は均質な影響をもたらすのではなく、階層の低いものがよりその変化にさらされていることも明らかになる。[8]

では、個人化についての議論はこの間、どのように展開したか。

澤井敦は、原子化、私化といった類似の言葉が戦後の日本の社会学でみられてきたとし、その整理を行っている。一九五〇〜六〇年代の原子化をめぐる議論では、産業化が進行するなか、個人が伝統的関係性から分離する、いわゆる共同体の喪失がテーマとなった。ただし、当時の日本社会には個人がバラバラの根無し草になることをおしとどめる状況が存在していた。終身雇用制度、年功序列型賃金、福利厚生制度、企業別組合にもとづく労使協調などの特徴をもつ日本型雇用慣行は、失われた共同体の代わりに個々の労働者と家族を保護した。七〇年代になると消費活動が一層さかんになり、私化について語られるようになるが、そこでは疎外や不安といったテーマは語られず、私化された個人は心理的に安定していると評される。[9]

戦後の日本社会は、高度経済成長期以降、急激な産業化がすすんだ。それが急速だったために、共同体が解体し分離した個人はヨーロッパのような階級社会を形成しなかった。第一の近代で析出された個人は階級という中間集団でなく、企業に包摂されたのである。第二の近代での個人化は、欧州では福祉国家化による階級の弛緩として論じられるが、日本社会の場合、日本型雇用慣行が崩れ、企業社会にゆらぎが生じたとき、顕在化した。

日本の一九八〇年代以前の福祉国家体制は、ベックが述べていたような個人化を進行させるものではなかった。したがって、逆にいえば、一九九〇年代以降に、新自由主義的な政治・経済体制の拡大とともに、唐突と言ってもよいほど急速に個人化の過程が進行したところに、日本社会のケースの特徴があると言える。（中略）そして、このような変化のなかで、人びとはまた急速に、存在不安、つまり自分が帰属しうる集団や維持しうる関係そのものの存在を信頼できないという感覚を生活の基調音として感じるようになったのではないか。（傍点原文）[10]

ベックやファーロングらの議論では、豊かな社会における個人化がすすむことで主観と客観の乖離が生じ、階層再生産の構造が見えにくくなった。他方、日本では豊かさにもとづく中流社会論から、バブル経済が崩壊し新自由主義政策がすすむなか、格差社会に注目が集まり、潜在化していた再生産の問題がみえやすくなった。この再生産の顕在化は個人化と同時期に生じる。非正規雇用の議論は、格差社会の象徴的問題であると同時に、不安や孤独といったテーマとも結びつく。ニートはあたかもひきこもりと同義であるかのような言説が流布する。再生産を分析する際、心理的格差は重要な論点の一つになり、将来への展望や学習意欲、不安や排除の感覚にも子どもの出身家庭による違いがあり、意欲格差（インセンティブ・ディバイド）や希望格差について問題提起がされている。[11]

三　関係性へのまなざし

産業構造が変化し、消費社会化がすすむ現代社会では、諸個人は階級的運命にしたがって生きるのでもなければ、レールにそった人生を歩むのでもない。人々はその時その時で他者との関係を取り結びながら、自己を構築し人生設計を描いていく。

したがって、不確実で不透明な個人化社会では、他者との関係性というテーマが以前にも増して比重を高めることになる。ベックは、個人化社会では関係の希薄化と関係性への欲求の高まりという、相反する二つの傾向をうみだしていると述べる。たとえば、家族関係でいえば、一方では、家族内での個人化が進行するため、各自は自分の人生を探求しようとし、家族の解体の危機が増大する。他方で、孤独と不安が家族の凝集性を高める。「神も司祭も階級も隣人も、もうだめだ。その場合には、しかし少なくともおまえがいる[12]」。出生率は減少したが、子どもの意義は高まり、「孤独に対する最後の対抗物」となる。

近代における関係性の特質に注目した論者にA・ギデンズがいる。彼によれば、近代社会の特徴の一つは再帰性であり、現在はそれが高度にすすんだハイ・モダニティである。その特徴は、自己のアイデンティティも人間関係も「開かれている」ことである。すなわち、人々は自らのアイデンティティを途切れることなく、常に自己にといかけ、自己決定していく。婚姻や友人関係など、人々をつなぐ絆は「今日ではすべて純粋な関係性 pure relationship に近づいていく傾向にある[13]」。純粋な関係性とは外部への係留をすべて欠いた、いわば浮遊している関係性であり、その維持のために当事者によるたえまないコミットメントやそれによる信頼醸成を必要とする。

菅野仁は、ギデンズのハイ・モダニティ論を参照しながら、現在では、他者との関係性が子どもにとってますます重要になっていると指摘する。

ハイ・モダニティとしての現代社会においては、「身分」や「共同体規範」といった〈行為のマニュアル〉を準備してくれる社会的属性はほとんど無効化しており、人々は自分たちのコミュニケーション能力を頼りに身近な人びととの親密な関係の形成とその場における他者からの承認を得る必要があるのだ。（中略）

一九八〇年以降の「豊かな社会」の到来以降は、ある意味ではそうした経済的条件以上に、どのような関係の親密性を実現している夫婦の下に生まれるかということが子どもにとって決定的な意味をもつようになったといってもいいだろう。(14)

本田由紀は教育社会学の立場から、個人化社会における再生産について論じている。彼女によれば、社会の中での格差や不平等が拡大していることを、多くの人がリアリティをもって感じているが、同時に、自分の人生設計やそもそも自分が何者であるかについて、不透明で不確かになっているのが「ポスト近代社会」の特徴である。出身家庭が子どもの生き方におよぼす影響は拡大してきているが、それは、個々人の運命が生まれで決まってしまうという「決定論ではなく確率論的な事象」であり、特にレールがしかれているわけでもなく、歩む道が定まっているわけでもない。このような不定形で不確実なポスト近代を生き抜く上では、ネットワーク形成力や想像力といった新たな能力が重要となり、それは、かつての詰め込み型の教育にくらべ、個々人の幼児からの日常的な生育環境としての家庭の質的なあり方により一層大きく左右され、ひいては母親の教育責任を増大させる結果をうみだす。(15)

菅野は、「恵まれた家庭」というのは経済的な意味だけでなく、「家庭に居場所があるかどうか」「やすらぐ関係とスペースがあるか」「家にいてもつまらないかそうでないか」が重要だという。本田は、恵まれた家庭を築くために、母親がますます子どもにかかりきりなるよう迫られるのではと危惧を抱く。個人化社会が関係性の比重を増す社会であるならば、そこでの再生産の問題は、経済資本や文化資本だけでなく、家庭での親子関係、いわば社会関係資本がいかにそのプロセスに関係しているか、いかなる問題があるのかあらためて検討する必要がある。

四　社会関係資本とジェンダー

社会関係資本という概念

社会関係資本（social capital）という用語は、J・コールマンやブルデューが初期の論者である。この概念が一躍脚光をあびるようになったのは、一九九〇年代、R・パットナムがその著作で、地域コミュニティがもつネットワークや規範がもたらす利益を論じて以降であろう。日本でも海外でも、政治、経済、健康、地域社会など多くの分野で調査研究が行われることになった。もともと、ネットワークや社会関係といった要因は社会学では伝統的なテーマであるが、社会関係資本という概念で新たに注目されるようになったのは、現在の社会状況を反映してのことと思われる。格差社会や個人化社会がもたらす不安感、孤独死や無縁社会にみられる孤独感や排除の感覚、それらがリアリティをもって生きられる現在、いかに人々の絆や関係性を構築していくか、社会関係資本醸成の政策や動きが必要だという問題関心が、パットナムの論稿によって刺激されたのである(16)。

ブルデューの影響から、子どもの地位達成を研究する上で、経済資本に加え、文化資本に注目が集まり、日本でも多くの調査がなされてきた。しかし、社会関係資本については、その概念の定義や測定の難しさもあり、それほど調査や議論はすすんでいない。不平等の再生産と社会関係資本についてここで網羅的に論じることは不可能なので、一つテーマをとりあげ考察していきたいと思う。前節でふれた女性（母親）の問題である。

パットナム以降、社会関係資本研究が隆盛を迎えるなか、ジェンダー研究は奇妙に沈黙をたもっているという見解がある。[17] それは、社会関係資本研究がジェンダー・ブラインドである、というだけでなく、ジェンダー研究者も、この概念を用いる有効性をはかりかねているからだろう。女性は伝統的に主体としてふるまうよりも、他者に配慮し、他者との関係を構築する活動を多くになってきた。つまり、社会関係資本を創出・蓄積する活動は、女性にとって女らしさの性役割と結びついた活動なのである。そのようななかで、社会関係資本がもたらす利益が強調されることは、女性を伝統的な役割にますますおしこめてしまうことになりかねない。ジェンダーの不平等を反映するだけでなくそれを永続化するのに貢献するおそれがあるのである。

たとえば、コールマンは、子どもの学業に影響を与える家族的背景として、経済資本、人的資本（主に親の教育程度をさす）、社会関係資本の三つをあげ、なかでも社会関係資本がはたす役割を強調する。「両親の人的資本が多くても、あるいは少なくても、家族関係というかたちをとった社会関係資本によって補完されないなら、子どもの教育上の成長には無関係なのである」。[18] 親自身の学歴よりも、親がどの程度、家庭にいるか、そして子どもに対して注意をはらっているか、が子どもの学業成績に関係しているという。また、コミュニティや学校での関係が密な方が子育てにもよい結果をもたらすとも指摘する。

コールマンは、親の学歴や経済状況が低くても、子どもの教育に熱心であれば、社会関係資本で補完できるというが、ブルデューは、社会関係資本をうみだすには時間とエネルギーの投資が必要であり、特に経済資本が関与する度合いが大きいことに注意をうながす。「社会関係資本は経済資本の仮装した資本である」[19]。子どもの貧困論では、経済状況が厳しい家庭では、経済的な苦境だけでなく、母親が子どもに関わる時間が非常に少ないことが、子どもの学業や進路に悪影響をおよぼしていると危惧されている[20]。

このように、社会関係資本の格差が子どもの格差をうみだしているという議論をみると、本田が指摘した問題を思い起こさざるを得ない。いかに子どもの側にいるか、目をかけ気配りをし、情報収集にいそしむか。家庭で豊かな社会関係資本をうみだす役割は、もっぱら女性がになわざるを得ない社会の仕組みが厳然としてある。その仕組みに無自覚なままでは、個人化の進行と社会関係資本の強調により、女性はますますその役割に縛りつけられることになる。

社会関係「資本」という用語には、それがうみだす利益にもっぱら注目が集まり、それがもたらすマイナス面については十分に関心がはらわれないおそれがある。不平等の再生産メカニズムを検討する場合には、資本の創出や伝達に働く権力作用を明らかにしなければならない。ブルデューの文化的再生産論が大きなインパクトをもちえたのは、文化資本が伝達されていくなかで、集団間の力作用や、不平等な事態を人々の目から隠してしまう正統化作用を指摘したからである。社会学的な研究では、やはりその視点を忘れてはならないだろう。社会関係資本の検討も、ただ単にどのように資本が創出され配分され、それがいかなる利益をうみだすか、という分析だけでは不十分なのである。そこにおける公正な配分とは何かが考えられなければならない。

ジェンダーの再生産

教育達成とジェンダーの問題は、従来は教育年数の男女格差や専攻分野の偏りといったことにもっぱら焦点があてられてきた。[21] しかし、一九九〇年代以降、高等教育への進学率が上昇するなか、その格差は徐々にではあるが縮小してきている。一九八五年には短期大学に進学する女性は二〇・八％、四年制大学へ進学する女性は一三・七％と、女性の教育年数は男性よりも短いのが特徴だったが、一九九八年には短大と四大の数字が逆転し、以降、女性の四大進学者は増加の一途をたどる。また、大学生の専攻分野も、二〇〇一年以降は社会科学系を専攻する女子学生が人文科学系を抜いてもっとも多くなり、かつてのように女性＝文学部、という図式ではなくなっている。

もちろん、男女で教育資源の配分が依然大きく異なること、今後の経済状況によっては女性への教育投資も予断を許さないことは確かである。しかし、ここで問題にしたいのは、女性の教育状況がここ二〇年ほどで大きく変化したにもかかわらず、それは就業状況の変化をさほどもたらしていないという事実である。

図3-1は、子どもが生まれる前後で女性の就業がどのように変化したかを長期的に示したものである。これをみると、一九八五（昭和六〇）年から二〇〇四（平成一六）年までの二〇年間、第一子を出産した女性の就業継続率にほとんど変化はみられない。育児休暇を取得する女性の割合が増加しているにもかかわらず、である。出産退職する母親はむしろ増加傾向にある。「教育投資された高学歴女性の就業行動は、現在のところ子どもの出産が大きなネックとなり、構造的な変化はみられない」のが現状である。[22]

機会や資源、権利の平等な分配は、女性の場合、ケア活動があるため、自由平等を実現する有効な手

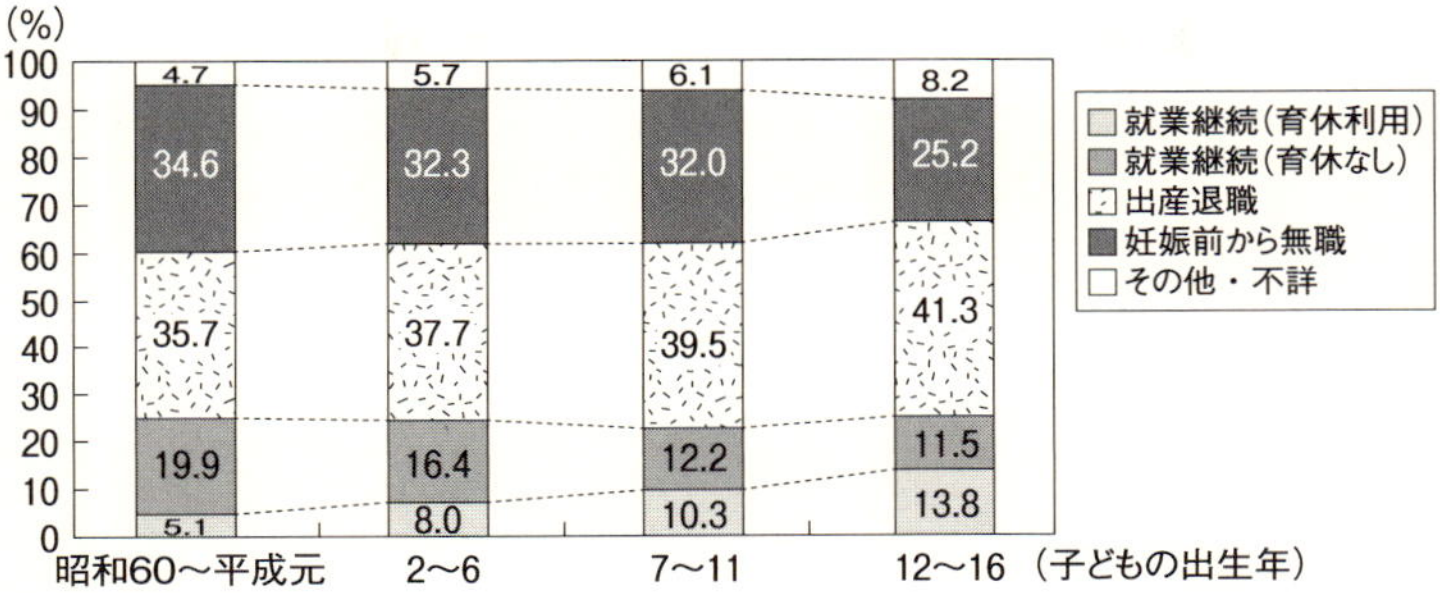

図3-1　子どもの出生年別第一子出産前後の妻の就業経歴

（備考）　1．国立社会保障・人口問題研究所「第13回出生動向基本調査（夫婦調査）」より作成。
2．1歳以上の子を持つ初婚どうし夫婦について集計。
3．出産前後の就業経歴
就業継続（育休利用）　—第1子妊娠前就業～育児休業取得～第1子1歳時就業
就業継続（育休なし）　—第1子妊娠前就業～育児休業取得なし～第1子1歳時就業
出産退職　—第1子妊娠前就業～第1子1歳時無職
妊娠前から無職　—第1子妊娠前無職～第1子1歳時無職

出典）内閣府男女共同参画局『男女共同参画白書平成21年度版』

立てとなっていない。この問題は、フェミニストたちがかねてより提起してきた。E・F・キテイは、アメリカ社会で既婚女性をめぐる差別的な状況がほとんど変化していないと鋭く指摘した論者である。平等をとなえてきたフェミニズム運動は、普遍的な人権の概念にのっとり、女性の地位の向上に取り組んできたが、既婚女性の問題をなんら解決していない。その主な原因は、ケア活動を女性がになうことを従来の平等理論は考慮してこなかったからだとキテイは述べる。彼女によれば、ロールズの格差原理は、ケア活動を行う人や、他者に依存して生きざるを得ない人、たとえば、高齢者や障がい者などの問題を無視して論じられてきた[23]。これは、公私の分離を維持して、私的領域については問わないまま、公的領域での自律した個人間の公正な配分だけを検討するという、リベラリズムに共通する問題である。

内閣府が二〇〇九年に行った調査では、「固定的な性別役割分担によって、自分の希望とは違う選択をしたことがあるか」という質問に対し、「仕事を続けたかったが辞めざるを得なかったことがあった」という回答がもっとも多く、一二%の女性がそのように回答している。(24) 個人化がすすみ自己の決定可能性が高まった社会であっても、職場でも家庭でも強固な性別役割分担があり、女性本人の望む生き方を妨げている現状は変わらないままである。そして、結果的に婚姻率の低下や少子化を招いている。女性が短大進学ではなく男性と同じように四年制大学に進んだとしても、「文学部への追放」(ブルデュー)から脱し、社会科学系や理科系にすすんだとしても、関係性に縛り付けられ、育児や介護の問題で就業を断念したり、子どもの教育に追い立てられる女性の問題は、依然として残っている。むしろ、個人化がすすみ、「自己責任」が論じられ、関係性の重要性がうたわれていけば、ますます女性は固定的な妻・母役割から逃れられなくなる。

大卒女性は高卒女性らにくらべ、子どもの側により長くいようとする傾向があるが、これについて、自分の獲得した教育資源を労働よりも育児の生産性の方にむけているとも解釈できる。(25) いわば、女性は自身が獲得した資源を、家庭での社会関係資本に転換し、子どもの人的資本を増加させている。女性みずからその活動を選択し、当人の幸福にもつながっていると是認する人もいるだろう。しかし、他に選択肢がないなかでの、いわば強いられた選択であるならば、やはりそれは公正ではないのである。

では、社会関係資本のジェンダー間の公正な配分を考える上で、何を検討しなければならないか。

まず、女性と男性での資本創出活動の量の配分を考えなければならない。男性が家事・育児に関わることの必要性はかねてより指摘されているが、ただ家庭参加だけが問題なのではない。地域や学校への参加も考慮される必要があるだろう。

それは、単に量の配分だけではない。一般に、女性は男性よりも保持する社会関係資本の量が多い、といわれているが、量だけでなく、質に注目しなければ不公正なジェンダーの問題は見えてこない。女性の活動のタイプは、ケア、共感、思いやりなど、「その日その日をうまくやっていくこと」に関わっており、財や地位など女性自身の他の資源に転換されないのが多い(26)。そこから生じる不平等にいかに対処するかが課題の一つとなる。

社会関係資本が作用する場についての検討も必要となる。たとえば、有配偶女性の就業を促進するのは、育児資源の有無（夫婦の親の同居や夫の帰宅時間など）といわれているが、親の同居は三〇代の妻の育児のサポートにはよいが、逆に介護の問題から、五〇代の女性の就業率をさげる傾向もある。これは地域による違いとも関係し、首都圏など大都市部では三〇代前半で女性の就業は低くなり、地方都市では五〇代での就業率が急激にさがることから、都市部では育児が、地方では介護が、有配偶女性就業の最大のネックとなっているともいわれている(27)。

個人化社会では、リスクへの対処を個人に帰す傾向があるが、必要な資源の調達を個人にまかせるのではなく、ましてや妻や母といった女性にではなく、社会的に提供することがやはり重要である。それは単に、保育や介護サービスの問題にとどまらず、子どもの教育にもあてはまる。社会関係資本の格差が子どもの格差につながらないように、また、ジェンダー格差の縮小をめざして、家庭、地域、学校での資本配分のあり方を考慮していくべきであろう。

五　公正な社会をめざして

本章では、個人化社会における再生産の問題について考察してきた。現代社会や階層問題に関するさまざまな議論から、以下の認識がみてとれる。個人化が進行する現在、不平等はますます拡大しており、再生産も弱化するどころか、家庭要因の影響が以前にまして増大する傾向がある。人間関係は純粋な関係性に近づき、個人レベルでも社会レベルでも他者との関係性の比重が高まり、それらがアイデンティティ構築や学習意欲、学力や能力、進路決定に関与する度合いも強まっている。ただし、個人化の進行ゆえに、その格差は「自己責任」の名のもと、本人（および家族）の努力や対処に帰せられるおそれがある。

したがって、出身家庭による格差の縮小をめざす取り組みは、依然として必要である。家庭要因がますます比重を増しているのであれば、就学前や就学初期の子どもへの経済的援助、教育プログラムといった政策は引き続き重要であろう。同時に、不平等の個人化に対抗し、社会問題としてフレーム化することも一層、必要になっている。

個人化に対抗するものとして、公共圏の構築やコミュニティの活性化、他者との絆の再構築などが重視されつつあるのも、現代社会の特徴である。社会関係資本への注目は、その傾向のあらわれともいえる。社会関係資本への政策的注目度も高まっている。確かに、家庭の経済状況が子どもの社会関係資本の多寡を決定する効果を弱めることは重要である。しかし、ジェンダーに無自覚なままで社会関係資本の醸成がとなえられることは、ジェンダー不公正を何ら解消しない。その問題に注意を払いながら、社会関係資本が再生産メカニズムにいかに関与しているかを分析していくことが課題である。

註

（1）ウルリヒ・ベック『危険社会——新しい近代への道』東廉・伊藤美登里訳、法政大学出版局、一九九八年。

（2）アンディ・ファーロング／フレッド・カートメル『若者と社会変容——リスク社会を生きる』乾彰夫・西村貴之・平塚眞樹・丸井妙子訳、大月書店、二〇〇九年、二五頁。

（3）ジークムント・バウマン『リキッド・モダニティ——液状化する社会』森田典正訳、大月書店、二〇〇一年。同『個人化社会』澤井敦・菅野博史・鈴木智之訳、青弓社、二〇〇八年など。

（4）ベック自身も、一九七〇～八〇年代の豊かさにもとづく個人化に対し、一九九〇年代初頭以降、新自由主義がもたらす不安定な状況にもとづく個人化について語りうると述べ、バウマンと類似の問題関心を示している。ただし、ベックの個人化論は、客観的な制度に議論の中心があるといえる。澤井敦「原子化・私化・個人化——社会不安をめぐる三つの概念」『法学研究』八四巻二号、二〇一一年、二六三頁参照。

（5）岩井八郎、片岡栄美、志水宏吉らは、一九八七年に、「階層と教育」研究について初めて本格的なレビューを行い、その趨勢を明らかにしている。岩井八郎・片岡栄美・志水宏吉「『階層と教育』研究の動向」『教育社会学研究』第四二集、一九八七年、参照。ただし、多くの階層研究ではさまざまな効果や複雑な変動が明らかにされており、メリトクラシーが緩やかに浸透していることも言える。たとえば、直井優・藤田英典編『講座社会学一三　階層』東京大学出版会、二〇〇八年、参照。

（6）苅谷剛彦『大衆教育社会のゆくえ』中公新書、一九九五年。

（7）苅谷剛彦「高度流動化社会」直井優・藤田英典編、前掲書、所収。

（8）以下参照。佐藤嘉倫「現代日本の階層構造の流動性と格差」『社会学評論』五九巻四号、二〇〇九年。原純

輔・盛山和夫『社会階層――豊かさの中の不平等』東京大学出版会、一九九九年。

(9) 澤井敦、前掲論文。

(10) 同右、二六七頁。

(11) 苅谷剛彦『階層化日本と教育危機――不平等再生産から意欲格差社会へ』有信堂高文社、二〇〇一年。また山田昌弘『希望格差社会――「負け組」の絶望感が日本を引き裂く』筑摩書房、二〇〇四年など。

(12) ベック、前掲書、二三〇頁。

(13) アンソニー・ギデンズ『モダニティと自己アイデンティティ――後期近代における自己と社会』秋吉美都・安藤太郎・筒井淳也訳、ハーベスト社、二〇〇五年、九七頁。また、純粋な関係性については、以下も参照。同『親密性の変容――近代社会におけるセクシュアリティ、愛情、エロティシズム』松尾精文・松川昭子訳、而立書房、一九九五年。

(14) 菅野仁『ジンメル・つながりの哲学』日本放送出版協会、二〇〇三年、二二六―二二七頁。

(15) 本田由紀『多元化する「能力」と日本社会――ハイパー・メリトクラシー化のなかで』NTT出版、二〇〇五年。また、同『「家庭教育」の隘路――子育てに脅迫される母親たち』勁草書房、二〇〇八年では、母親の問題を分析している。

(16) 社会関係資本については、以下の文献を参照。ロバート・D・パットナム『孤独なボウリング――米国コミュニティの崩壊と再生』柴内康文訳、柏書房、二〇〇六年。稲葉陽二『ソーシャル・キャピタルの潜在力』日本評論社、二〇〇八年。稲葉陽二・大守隆・近藤克則・宮田加久子・矢野聡・吉野諒三編『ソーシャル・キャピタルのフロンティア――その到達点と可能性』ミネルヴァ書房、二〇一一年、など。

(17) B. O'Neill, & E. Gidengil, *Gender and Social Capital*, Routledge, 2006.

(18) ジェームズ・S・コールマン「人的資本の形成における社会関係資本」野沢慎司監訳『リーディングス　ネットワーク論――家族・コミュニティ・社会関係資本』勁草書房、二〇〇六年、二二四頁。

(19) P. Bourdieu, "The Forms of Social Capital", in *Handbook of Theory and Reserch for the Sociology of Education*, ed. J. G. Richardson, Greenwood, 1986.

(20) 阿部彩『子どもの貧困――日本の不公平を考える』岩波新書、二〇〇八年。

(21) 「ジェンダーと教育」研究は主にその問題をとりあげてきた。以下のレビュー論文で、その動向がまとめられている。森繁男「『ジェンダーと教育』研究の推移と現況――『女性』から『ジェンダーへ』」『教育社会学研究』第五〇集、一九九二年。中西祐子・堀健志「『ジェンダーと教育』研究の動向と課題――教育社会学・ジェンダー・フェミニズム」『教育社会学研究』第六一集、一九九七年。

(22) 平尾桂子「人口変動とジェンダー・家族――女子教育の効用とその変化」『教育社会学研究』第八二集、二〇〇八年、一〇二頁。

(23) エヴァ・フェダー・キテイ『愛の労働あるいは依存とケアの正義論』岡野八代・牟田和恵監訳、白澤社、二〇一〇年、三二頁。

(24) 内閣府「男女のライフスタイルに関する意識調査」二〇〇九年。

(25) 平尾、前掲論文

(26) V. Lowndes, "It's Not What You've Got, But What You Do With It: Women, Social Capital, and Political Participation", in *Gender and Social Capital*, ed. B. O'Neill & E. Gidengil, Routledge, 2006.

(27) 小西功二「女性就業率向上の阻害要因分析――地域特性に応じた対策が必要」『Business & Economic Review』一九巻五号、二〇〇九年、参照。

第Ⅱ部　教育における平等と公正をめぐって

第4章　教育におけるジェンダーとペアレントクラシー
——親が娘と息子にかける教育期待の違い

中西　祐子

一　ペアレントクラシー時代の到来

二一世紀に入るころから、日本国内では子どもたちが育つ家庭環境の格差の問題がクローズアップされるようになった。出身階層と教育達成の問題は古くから社会学者が扱ってきた研究課題であるが、世の「格差社会」問題への注目の高まりと同時に、教育と家庭環境の問題も人々の注目を集めるようになったのである。

なかでも「ペアレントクラシー」の概念は、今日の日本社会を分析する上で重要なキーワードといえよう。ペアレントクラシーとはイギリスの社会学者P・ブラウン(1)が作り出した造語である。ブラウンはポスト近代社会を迎えたイギリスにおいて、子どもの学校における成功やその後の教育達成には、本人の能力と努力といったメリトクラティックな要因よりも、それらの獲得を可能にしやすくするための親の持つ知識や教育熱心さが重要であることを指摘したのである。

イギリスだけでなく今日の日本社会もまたこのペアレントクラシー社会といえる。学歴獲得を通じた成功物語という「大きな物語」が消滅し、もはや誰もが学歴獲得競争にたきつけられているわけではない現代社会は、学歴獲得競争への参加がもっぱら「個人や家族の自由な選択」のもとに行われる社会である（参加の自由化）。そして義務教育段階の公立学校にまで学校選択制が導入され始めた今日、子どもたちの人生は以前に増して多様な選択肢のもとにさらされている（選択の多様化）。では、こうした「自由」で「多様」な社会を子ども一人の力で乗り切ることは果たして可能なのだろうかというと、その答えは「否」であろう。こうした時代のなかで子どもの人生に対する親の一定以上の関心と知識の有無というものが子ども自身の未来に少なからぬ影響を持ち始めているのである。

たとえば著者が共同研究者とともに二〇〇六年に行ったインタビュー調査[2]では、ある母親が子どもの進学先の学校選択の難しさについて次のように語っていた。

（自分の）時代は当たり前のように公立にいくし、中学（も）高校（も）公立行くし。大学になったら自由にって言う感じはあったんですけど。（今の子どもたちは）東京とかだと私立に自由に行ける学校がたくさんあるし。選択肢がありすぎるかも。逆に迷っちゃうかなみたいな。（中略）それだけ特色のある学校がいろいろ増えてくると、それを選ぶ親の目っていうのも親が勉強しなきゃなっていうのが出てくるので。それによって極端に言えば子どもの進路も決まっちゃうじゃないですか。（中略）高校になって「自分の好きなとこ選びな」っていうのは簡単なんですけど。中学校とかでね行きたいところって言っても（子どもたちは）「受験って何？」ってようなレベルなので。かなり親の判断を入れなきゃいけない部分が出てくるのかなって。

すなわち現代日本社会において、「子どもの選択」は「親の選択」でもあるのである。このように「親の判断」如何によって、「子どもの進路が決まる」日本社会、これはまさしくブラウンが言ったところのペアレントクラシー社会そのものである。そしてそのことを認識している一部の親たちを中心に、子どもたちに対する熱心な教育的働きかけが行われていることがうかがえるのである。

もっとも、こうしたペアレントクラシーの議論だけでは説明しきれない現象もある。たとえば今日もなお日本では、男女の四年制大学進学率には一割以上の格差がみられる。二〇一〇年度の四年制大学進学率は男性五六・四％であるのに対して女性は四五・二％というようにである。実は他のOECD諸国の状況を見るとこれほどまでに四年制大学進学率の男女格差がみられる国はないことも知られている(3)。そのうえ他国においては、むしろ女性のほうが四年制大学進学率は高いのである。言い換えると日本はOECD諸国内で最も男性に比べて女性の高等教育機会が閉ざされた国なのである。

さて、現代日本社会が親の教育熱心度に応じて子どもの教育達成が左右される社会であることは確かであったとしても、ペアレントクラシーに関する従来の議論は、こうした男女の教育達成の差異を生じさせている原因のひとつが家庭のなかにおける息子と娘に対する親の働きかけの違いにある可能性について、ほとんど言及してこなかった。しかし、同じ親に育てられたからといって、子どもたちが親から受ける教育期待や働きかけは必ずしも同一ではない。そのもっとも典型的な例が子どものジェンダーによる違いであるが、ペアレントクラシー論もこの意味において、従来の多くの階層と教育研究と同様に、同一世帯内において行われる子どもへの働きかけは同一であるという前提に立って議論が組み立てられてきたといえるのである。

日本では、以前から息子と娘に対する親の学歴期待に大きな違いがみられることがジェンダー研究者によって指摘されてきた。息子には四大卒を期待するのに、娘の学歴は短大程度でよいとするといったようにである。あるいは小さな子どもたちが行っている習い事ひとつ取り上げてみても、多くの男子がサッカーや野球をする一方で、女子はピアノやバレエをするケースが多いといったすみわけがみられることもよく知られた事実である。

では、実際に今日の日本社会において親の期待というものは、子どものジェンダーに応じてどのような格差が生じているのだろうか。本章はこの点に焦点をあててペアレントクラシーとジェンダーの問題について考察するものである。考察にあたっては著者が共同研究者とともに全国四カ所（新潟・東京・福岡・長崎）で行ってきた二〇〇二年の質問紙調査データと、二〇〇六年のインタビュー調査データを分析する。(4)

二　親からの期待の男女差

さて、筆者たちが二〇〇二年に行った親に対する質問紙調査では、今日においてもなお子どもに対する学歴期待には息子と娘の間で格差があることが確認できる（表4-1）。たとえば息子には七割以上の親が四年制大学進学以上の学歴を期待するのに対し、娘に期待する者は半分にも満たない。現実社会において短大が縮小したことにともない今日娘に短大進学を期待する親は少なくなったが、代わりに期待されるようになったのが専門学校への進学である。さらにこうした意識の違いは親たちの子どもたちに対する教育的働きかけにも反映されている。たとえば子どもたちを実際にどのようなタイプの学習塾に行かせているかを尋ねてみると、受験準備のための塾に通っている子どもたちは娘より息子のほうが多

表4-1　子どもへの学歴期待と子どもの性別

（%）

	息子	娘
（N）	（926）	（900）
義務教育	0.9	0.6
高校	13.3	16.1
専門学校	2.1	20.8
短大・高専	10.8	14.2
四年制大学	66.6	46.7
大学院	4.4	1.7

$p < .001$

表4-2　子どもの学習塾のタイプ（複数回答）と子どもの性別

（%）

	息子	娘	p
進学準備のための学習塾	28.3	19.9	**
補習塾	8.0	10.7	
塾には通っていない	35.4	32.7	

$^{*}p < .05$, $^{**}p < .01$, $^{***}p < .001$

いことがわかる（表4-2）。

つまるところ、より高度な学歴を取得することや、より選抜度の高い学校に進学することを期待され、経済的にも支援を受けやすいのは娘よりも息子であるということがここからわかるのである。具体的にどのような形で差が表れてくるかについては、二〇〇六年に行ったインタビュー調査で得られた次の二人の娘を持つ父親の語りに端的に表れているといえるだろう。

> （子どもたちが）男の子だったら（中略）どういう道へ進むにしても大学へ。（中略）恐らく男の子だったら、ソフトですけどそっちのほうへ誘導するように話をし、行動し、そしてまた実際そういうものを聞かせ見せるというようなことにもっと積極的になったんではなかろうかと思いますね。

この父親の二人の娘たちは、一人がすでに高等専門学校に進学しており、もう一人の娘は当時高校生であったが、二人目の娘も卒業後は専門学校に進学する可能性が高いという話であった。父親自身の最終学歴は四年制大学卒であるものの、四大には進学しようとしない娘たちについて父親は特に強い働きかけはせず、その一方で「もし息子だったら四年制大学に是が非でも進学させただろう」と話すのである。制度上は男女平等教育が導入され、進学「機会」の上での男女格差がなくなったはずの戦後日本社会においてもこのような「娘は無理に四大に進学させなくてもよい」という意識が親の間に存在するのである。そのことは以前より指摘されてきたことではあるが、その名残が二一世紀に入ってもみられるということである。要するに親の子どもの教育に対する働きかけというものは、明らかに子どものジェンダーによって影響を受けているのである。同じ親のもとに育った場合でも、息子たちは娘よりも四年制大学進学へと積極的に誘導されやすい。いうなればそこにも親の期待や働きかけの格差というものが生じているわけであり、まさしくペアレントクラシーの一つの形態といえるのである。

三　家庭の階層によって男女の子どもの教育に対する期待の違いはどのように変化するのか

ところで、こうした親の子どもの教育に対する熱心さというものが子どものジェンダーによって左右される程度には家庭の階層差が影響しているとも指摘されてきた。たとえば尾嶋史章[5]は、日本の経済状況が悪化した二〇〇〇年代初頭以降、家計状況を理由に「大学進学をあきらめる」と述べる高校生が男子生徒よりも女子生徒に増えていることを報告している。すべての子どもの教育費を十分に支払えるだけの余裕がある世帯であればこうした「息子と娘の格差」は現れにくいかもしれないが、ひとたび経済状況が悪化し、複数いる子どもの全てに等しく教育費をかけることができない世帯が増えると、親たちは子どもたちのなかから誰かを選びだし、その子どもに集中して教育費を与えるしかない。そしてその時に「息子だけでも四年制大学に進学させなければ」という考えが選択基準となる可能性が少なくない

表4-3　息子と娘に四大進学を希望する割合（世帯収入別）

(%)

	息子	娘	p
400万円未満	48.7	21.4	***
400～600万円未満	69.2	36.3	***
600～1000万円未満	80.1	55.1	***
1000万円以上	90.3	82.5	

*p＜.05, **p＜.01, ***p＜.001

のである。二〇世紀末以降の日本経済の悪化は各世帯の家計を圧迫し、それが女子の大学進学を抑制する要因として働いているのである。今日においてもなお女子の大学進学率が男子のそれに追いつかない理由は、旧来の社会通念上の男女格差に加えこうした経済要因が加わっていると考えられるのである。

では具体的に家庭の経済階層の違いによって子どもの教育達成に対する期待のジェンダー差というものはどのように変化するのだろうか。表4-3は著者たちが行った質問紙調査において息子と娘の四年制大学進学を希望する親の割合がどの程度であったかを世帯収入カテゴリー別に示したものである。ここから明らかなのは、世帯収入が一〇〇〇万円以上の世帯に至ってようやく息子と娘に対する大学進学への期待の有意な格差は消滅するということである。明らかに世帯収入が低い親のほうが男女の子どもに対する教育期待の格差は大きく、たとえば四〇〇万円未満の世帯では息子に対する期待と娘に対する期待の格差は二倍以上にものぼる。

要するに現代の日本社会では、かなりの高収入層にでも生まれない限り、女子生徒がその男きょうだいと同等の学歴期待（それは「学校歴」（大学差）のような微細な差異も含む）をもたれることは依然として少ないのである。逆にいえば大多数を占める家庭においては、子どもの学歴期待になんらかのジェンダー差が生じているというわけである。

子どもを四年制大学まで進学させるには、それまでにかかる教育費も含め相当な費用がかかる。特に日本の高等教育は諸外国に比べて奨学金等の整備が整っていないことや、多数の私立大学が大学進学者の数を支えていることから、家計の格差が進学可能性を左右しやすくなっているとも指摘されてきた[6]。こうした事情が低世帯収入層の娘に対する大学進学への期待を低めているともいえるのである。

四　男女の子どもに対する学歴期待の違いはどこから生じるのか

では親たちの息子と娘に対する学歴期待の違いの背景には具体的にはどのような理由があるのだろうか。著者たちが行ったインタビュー調査では、「女の子は大学に行く必要はない」と娘の四年制大学への進学を真っ向から否定した者は誰一人としていなかった。しかし息子との双方を持つ親の場合、親自身も無意識のうちに両者に異なる期待を抱いているケースがいくつも見られた。

本稿ではインタビュー調査対象者全体の二九名のうち、男女双方の子どもをもつ一五名の親たち（うち父親は一名）を取り出して子どもたちへの学歴期待の違いがどのような事情を背景に生み出されているのかを考察することにする。先行研究では家庭の経済状況の違いが息子と娘に対する学歴期待の違いを生み出す重要な要因であることが指摘されているが、著者たちのインタビュー調査では各世帯の収入について直接は尋ねることはしなかったため、ここでは各家庭の階層の違いを表す指標として経済階層に代わって回答者本人である親の最終学歴に便宜的に着目することにする。本稿で分析対象とする親たちの最終学歴は、高卒が七名、短大卒が五名、四大卒が三名であった。

経済的合理性による選択

さて、一五名の親のうち、子どもの大学進学の可能性を経済的な問題と絡めて話していたのは三人の子どもをもつあるシングルマザーであった。この母親は暮らし向きについても「苦しいほうだ」と答えていた。なお、当人の最終学歴は高卒である。この母親の息子一名、娘二名のうち一番下の娘以外はすでに高校を卒業しているが、高卒後社会人となっている上の娘が進路を選択するにあたっては次のような過程があったと話している。

（長女は）一応は大学っていうふうに考えていたみたいですね。栄養士のこと考えていたみたいなんですけど。やっぱり早く収入を得てほしいっていうのがあったし。一緒にそういう関係の本とか読むと勉強もとにかく大変だし栄養士になっても職種っていうのが結構限られてて、収入も重労働の割には見返りがないよねって話をしたら、わざわざそこまで勉強してっていうよりは、もう早く社会人になって収入を得て生活することが大事だからって感じに落ち着きました。（中略）大学っていうのは、本当に今、当然のようにありますけど、わが家はとにかく母子家庭で収入がないっていうのがあったから、もう奨学金で（大学に行けるか）っていうことも考えてたみたいですけどね。（でも大学進学には）特にこだわりはなかったみたいです。

このように「特にこだわりはなかったみたい」だといわれる長女の大学進学ではあるが、高校卒業後は就職するという進路を選択するにあたっては、この母親が同時に語るように「わが家はとにかく母子家庭で収入がない」ということや「早く収入を得てほしい」という家計の状況がその選択に少なからぬ影響を与えていることは想像に難くない。またここで重要なのが本人が当初なりたかった栄養士という仕事が「重労働の割には収入の見返りがない」という話が持ち出されている点である。わざわざ大学に進学して学費を払うだけの価値があるのかと考えると、「早く社会人になって収入を得て生活すること（のほう）が大事」いう判断が親子の間にあったというわけである。

ところで以上のように長女の高卒後の進路選択にあたり「母子家庭で収入がない」ことが大きな影響を与えていたと話すこの母親は、別のところで高卒後に専門学校に進学した長男については「可能ならば大学に進学させたかった」とも話していた。もちろんそこにはこの長男が若干の障がいを抱えており高卒後に社会に出るよりは大学に進学したほうがその才能を伸ばせそうであると判断した事情もあるようである。したがってこの家庭において長女が高卒後、当初の希望であった大学進学から方向転換して就職したことや、その一方で息子に対して母親が「大学に行ってほしかった」と思っていることは、単純に「男には学問が必要だが女にはいらない」といったセクシズム的発想に基づくものではない。むしろこの家庭で行われたのは経済合理的な選択、あるいは経済合理的な家計の配分といったものである。もっとも同時にそれは、現代日本社会において依然として、女性の大卒学歴がいまだに「見返りが少ない」ことを反映した「合理性」でもある。要するに労働市場全体において女性の労働力や高学歴が必ずしもペイするわけではないというジェンダー構造が、とりわけ世帯収入の少ない層を中心に娘の四年制大学進学を控えさせる行動へと向かわせているということである。

「本人の望む選択」という正当化

一方、経済的な問題を抱えていない世帯でみられるのは、息子は一家の稼ぎ手としての役割を担うことが重要であるとみなされる一方で、娘には「好きなことをすればよい」と自由な選択が許されるダブルスタンダードである。たとえばある大卒の母親は高校生の息子と娘の将来について次のように語っている。

男の子だから大学を出て人（を）養わなくちゃいけないっていうふうに、わりあいと男の子だとそういうことを親が言いがちなんだけど、それってもうこの世の中に変だよねっていう話を今日たまたま朝ね、電話をかけてきたお母さんとしてたんですけど、やっぱりそういうことをちょっとこう親が考えがちになるんですよね。上の子は女の子だからっていうんじゃないんですけども。でももし高校出てこういうことをしたいって言ったら、本人がやりたいんだったらば、一回社会に出てみるのもいいんじゃないかな。

この母親は、現代社会において「男だから／女だから」と子どもたちの未来に異なる期待をすることは本来的には「変だ」と感じている。しかし、「女の子だからっていうんじゃないんですけども」と断りつつも、娘の場合は高卒後すぐに大学に進学するのではなく、一度就職しても「本人がやりたいんだったらば」よいのではないかと話すのである。しかしながら、もし「高卒後社会に出たい」と言い出したのが息子であったら、おそらくこの母親も子どものその意思を全面的に受け入れることは難しいのではないかと思われる。

こうした息子に対する四年制大学卒学歴獲得への過度の期待と、それとは逆に娘の進学に対する期待の緩やかさという格差は、高度経済成長期以降の日本社会で作り上げられてきた男女の近代的な家族役割規範を基盤とするものである。もっともそのとき、息子には「家族を養う」という近代的役割が期待されているのに対し、現代の娘には家事や育児などの役割が期待されているわけでは必ずしもない点は着目に値する。その意味においてこの「娘にはやりたいことを」という意識は一見、近代的女性役割に束縛されがちだった親世代にとっては新しい女性像と映るかもしれない。しかし同時にそれは、息子たちあるいは娘たちの夫となるであろう者たちには「家族を養う」という役割を不可避のものとして期待しつづけることと表裏一体である。娘たちが「本人の望む選択」を推奨される背景には彼女たちが決して一家の稼ぎ手としては期待されないことが大前提としてある。万が一、将来娘たちがシングルマザーや未婚のままでいることを希望しても、経済的に許されないというリスクをともなうのである。今日の日本社会において「娘には大卒学歴はいらない」「学歴を持つことはむしろその後の人生に逆効果」と考える親は少なくなったが、それに代わって登場しているのが「本人が望むなら大学に行かなくても良いだろう」という期待の緩やかさというものである。もちろん娘の学歴達成に対する期待の緩やかさというものは以前より親の間でみられるものではあったが、今日的特徴をそこに加えるならば「今の時代は女の子こそ多様な人生が可能だから」という論理でそれを正当化する親が少なくないことである。すでに類似の現象は杉原名穂子[7]によって指摘されている。杉原によると子どものリスク管理教育は特に娘に対してのものの方が現代社会の流動化に対応しきれていない恐れがあるという。

先に触れた二人の娘を持つ父親の「息子だったら是が非でも大学進学に誘導する」という発言もこれとよく似た原理に基づくものと考えられる。経済的に子どもたちを大学に進学させる余裕がある家庭においても、親が子どもに期待する将来像から逆算して四大進学をどの程度強いるかの違いがあることが男女の四大進学率の格差が解消しない要因となっているのである。

「自宅を離れる」というハードル

一方、地方都市に住む一部の親の間に特有にみられたのは、未婚の娘を自宅外で一人暮らしさせることへの抵抗というものであった。たとえば息子二人、娘一人の計三人の子どもを持つ短大卒の母親の一人は、娘が将来大学進学に際して自宅を離れる可能性について次のように述べている（Qはインタビュアー、Aはインフォーマントの語りを示す）。

Q　一番下のお子さんまで大学は外に行かそうっていう感じですか。それとも上のお兄ちゃんだけ。女の子二人も。

A　ああどうなんでしょうかね。分からないですね。そのときになってみないと。わたしはどうかな。主人が出さないんじゃないですかね。女の子、（だとなにかあると）怖いしなあって。

大学全入時代を今にも迎えるといわれている今日であっても大学へのアクセシビリティが全ての者に平等に開かれているわけではない。なぜなら大学が集中しているのは東京や京阪神地区などの大都市圏に偏っているからである。したがってその他の地方の高校生は地元の国立大学かごく少数の私立大学に進学する以外は自宅を離れなければいけないのである。こうした事情が大都市圏外の地方に住む高校生の大学進学可能性にマイナスに働いているであろうことは否めない。とりわけ女子の場合は先にあげた事例において母親が「主人が出さないんじゃないですかね。女の子、怖いしなあって」と語るように、未婚の娘の身体管理権を有する親という、家父長制的な家族規範に縛られた親が、成績の上では進学可能な他県の四年制大学への進学を推奨しない場合もあると考えられるのである。

またそれだけでなく、子どもを大都市圏に下宿させることの経済的コストと子どもが将来獲得するであろう学歴がもたらすベネフィットを天秤にかけ、娘を大都市圏に下宿させることが果たしてペイするかという問題から「娘を下宿させてまで進学させること」を見送る家庭もあるだろう。あるいは、現代的な親子関係の変化という点からいえば、石川由香里(8)が指摘するような、娘にこそ将来自分たちに対するケア役割を期待し、自分たちのそばに置いておきたいがために他地域への大学進学を推奨しない場合も考えられる。

このように、娘の身体の管理、経済的コスト、ケア役割への期待とその原理は異なるが、これらはみな大都市圏外の地方に住む女子の進学に特有に影響するハードルといえる。

娘への相対的無関心

第四のタイプとしてあげることができるのは、娘の学歴に対する親の相対的無関心というものである。とりわけに一部の父親を中心にみられたのが、娘の人生に対する相対的な関心の低さというものであった。

息子の大学進学や一定以上の収入を持てるように親が水路づけることについて多くの親が重要視している一方で、娘については子どもがある程度の年齢に達していても「(自分たちが)のんびりしている」「まだあまり考えていない」と答える親がいた。あるいは父親が回答者の場合は娘の将来の人生に対して「女の子なので自分にはよくわからない」と息子よりも距離をとるような発言も見られた。

このことは教育熱心な母親が「異性の子どもである」はずの息子の人生に対して、「男の子なので自分にはよくわからない」と思考を停止してしまうことはまずもってみられないこととは対照的である。

ペアレントクラシーとは子どもに対する親の関心の深さと働きかけの熱心さによって子どもの教育達成が左右される原理を指すものであるが、自身の教育達成とその後の職業達成について父と母双方からの関心が持続しやすい息子は娘よりもその恩恵を強く受けているのが現代社会なのである。

五　ジェンダーとペアレントクラシー

日本における四年制大学進学率の男女格差はいまだOECD諸国内で突出したものとなっている。日本ではなぜ、このような教育達成における男女格差が依然として存在し続けるのだろうか。本稿の分析結果のなかでまず重要なのは、今日の日本社会においては、親たちが意図的に男女の子どもに異なる処遇を与えようとしているわけではないということである。しかしながら親たちは「子どもたちはみんな一緒」「男の子だから、女の子だからというのはない」といったん言明しておきながらも、さらに追求していくと息子と娘に異なるレベルの期待をかけていることが浮かび上がる。経済的に苦しい家庭では限られた経済資源の子ども間での配分や女子の高学歴がコスト（学費）に見合うベネフィット（給与）を保障されるものであるかということから経済合理的に判断されるものであり、一方、経済的には子どもたちを大学に行かせる十分な余裕がある家庭であっても、親が「娘の望むように」と自由に選択させたつもりであるものの背後に近代的家族役割規範が隠れていたり、あるいは「娘の身体の管理権を有する親」という家父長制規範が地域移動を妨げたり娘そのものへの関心の相対的低さといった要因が左右するのである。

たとえば息子と娘が一人ずついる短大卒のある母親は次のように話す。

Q　お子さんにどのくらいの学歴をつけることをのぞんでいらっしゃいますか。
A　やっぱり大学。
Q　あの、上も、下も。
A　そうですね。
Q　どうしてあの、大学までは必要、という感じですか。
A　就職とかがあるから。今、就職とか難しいじゃないですか。だから、高卒でもいいところに就職できたら良いけれど。女の子だったら、うん、高卒でもいいかなと思って、それで公務員とかね、行けたらそれも良いかもしれないけれど……。

母親はいったん二人の子どもには「やっぱり大学」に行ってほしいと答えたものの、突き詰めていくと、「女の子だったら高卒でもいいかと思って」とも話している。しかし息子に対しては「やっぱり大学」「でも高卒でもいいかも」という二つは併存しない。それが息子たちを四大進学以外の選択肢がない道へと強制的に導いていく一方で、娘たちの場合は大学進学であろうと高卒就職であろうと現状をある種、柔軟に解釈した「納得の論理」が持ち出されるのである。娘たちは多様なオプションが保障された、より恵まれた立場にあるように一見見えるかもしれない。しかしそれは実際には高等教育を享受する機会を正当な理由を掲げて閉ざしてしまう「論理」でもある。

制度上は男女の教育機会の平等が確保された現代社会において、これまでジェンダーと教育格差の問題が論じられる場合には、学校教育内部における「隠れたメカニズム」とのかかわりで議論がなされることが多かった。対して本稿で言及したのはいわば家庭の内部における隠れたメカニズムの存在といえる。学校内部における隠れたメカニズム同様、家庭内部における隠れたメカニズムもまた男女の教育機会が形式的には確保された今日において教育「結果」の不平等を生み出す要因として働いている。そして現代社会における社会の公正性とは、この「結果」の平等をめぐる議論でもある。

本稿では、格差社会とのかかわりの上で昨今着目を浴びている「ペアレントクラシー」の概念に着目し、家庭教育環境の格差、言い換えると「親の知識の過多や、子どもの教育に対する熱心さ」の違いがどのように家庭をつうじて男女の大学進学率の格差につながりうるのかについて考察してきた。従来このペアレントクラシーの概念が扱われる際には、同一世帯内での格差というものには焦点があてられてこなかった。しかし同じ世帯、同じ親のもとに育つ子どもであっても、子どものジェンダーに応じて異なる資源投資（親の働きかけの違いや教育費のかけ方）が行われているのである。ペアレントクラシーという用語が「親の熱心さに左右される社会」のことを意味するのであれば、子どものジェンダーの側面においてみられる格差もまさしくペアレントクラシー社会の側面として、その問題性を明らかにする必要があるといえよう。

註

（1） Phillip Brown, "The 'Third Wave': Education and the Ideology of Parentocracy", *British Journal of Sociology of Education*, 11, 1990, 665-685.

（2） 本稿で分析するインタビューおよび質問紙調査はともに科学研究費の助成を受け、石川由香里（研究代表者）・杉原名穂子・喜多加実代と共同で行われたものである。調査結果の全体については石川由香里他『格差社会を生きる家族――教育意識と地域・ジェンダー』有信堂高文社、二〇一一年を参照のこと。

（3）OECD *Education at a Glance* 2009, p. 62 Chart A3.1：http://www.oecd.org/dataoecd/41/25/43636332.pdf（二〇一一年四月二〇日閲覧）

（4）二〇〇二年に行われた質問紙調査は保育園と幼稚園の四歳児クラス、小学二年生、五年生、中学二年生の子どもを持つ親を対象に新潟市、東京都都区部、福岡市、長崎市において行われたものであり回収数は一八五〇名（回収率四一・〇％）であった。二〇〇六年に行われたインタビュー調査はこれら四地点に住む質問紙対象者のなかからインタビュー調査に協力を申し出てくれた親二九名を対象にしたものであり、うちわけは母親が二四名、父親が五名であった。

（5）尾嶋史章「社会階層と進路形成の変容」、『教育社会学研究』第七〇集、二〇〇二年、一二五―一四一頁。

（6）たとえば、阿部彩『子どもの貧困』岩波新書、二〇〇八年、本田由紀『家庭教育の隘路』勁草書房、二〇〇八年、石川由香里「進学に向けての地域格差とジェンダー格差――背後にあるケア役割への期待」石川由香里他、前掲書、六一―八〇頁、など。

（7）杉原名穂子「個人化する社会と親の教育期待」石川由香里他、前掲書、一六九―一八六頁。

（8）石川由香里、前掲論文。

第5章　家庭教育への要請と母親の就業
――母親の就業を不利にする教育のあり方をめぐって

喜多加実代

一　新自由主義的動向と家庭教育への要請

家庭の収入、親の学歴や職業などの階層的要因が子どもの学力や学歴達成の格差を生み出すことが、今日では一般にも広く知られるところとなっている。さらに、他章でも指摘されているが、教育において個人や各家庭の選択や責任を強調する新自由主義的動向や、「ペアレントクラシー」と言われるような子どもの教育に対する家庭の影響の増加によって、子どもの教育格差が拡大しつつあるとも言われている。

教育をめぐる近年のこうした動向は、「家庭教育」を重視する趨勢と、その方向性や時期において重なってもいる。これについてはすでに本田由紀が詳細に論及しているが、一九九〇年代後半から中央教育審議会や教育再生会議等で、家庭の教育力の低下に懸念が表明されるとともに、子どもの基本的生活習慣、礼儀作法や規範意識、主体性や意欲の醸成を旨とし、その醸成の場として家庭の役割を重視する提言がなされた。また、それを受けて文科省が教材を作成したり、キャンペーンを行うなどの政策が推進された。また、こうした政策だけでなく、親たちの間でも家庭教育が重視されるようになっている。このように、教育における個人の選択が重視され教育格差が拡大することが懸念されるなか、一定の親たちが、自分の子どもが不利にならないよう配慮する必要を一層強く感じているためである。本田は、その一つの象徴として、二〇〇〇年代にビジネス系の雑誌が子どもの教育に関する増刊号や系列誌を創刊していることを挙げている(1)。

家庭の置かれた状況によって、望ましいとされる家庭教育を行うことが容易かどうかは異なるだろう。しかし、提言は、様々な家庭的背景をもつ子どもにどのように公的に教育的達成を保障するかを考慮するより、家庭の教育力の低下に懸念を表明している。家庭教育の強調は、子どもの教育における問題を、家庭的背景による格差や教育の公正性と関連づけるのではなく、各家庭内部の問題として提示する効果をもっている。

二　母親の就業に関する問題設定と前提

本章では、母親の就業の有無や就業形態の違いに焦点を当てて教育上の格差との関連を考察する。家庭的背景として注目されることが多いのは、冒頭で述べた家庭の収入、親の学歴や（父親の）職業であるが、後述する先行研究からは、母親が専業主婦である家庭で、小・中学校受験率が高く、通塾時間が長く、学歴が高くなる傾向が報告されている。しかし、専業主婦家庭の方が有利であるということの事実は、しばしば、家庭や親子関係それ自体に内在する力（＝教育力）であるように認識され、母親の関与に道徳的価値づけが付与されることもある。母親が就業するかどうかは母親個人の選好と見なされ、学校での有利さという力関係としてではなく、子どもの養育や教育に望ましいかどうかという視座から語られがちでもある。家庭教育の強調は、この傾向に拍車をかける可能性もある。

研究史的にみても、母親の就業は、特に乳幼児期の子どもの発達や養育にとってどのような影響があるのかという視座から問われてきたという経緯がある。研究が蓄積された現在、母親の就業は子どもの発達に関しては（右で指摘した教育格差の知見とは異なり）明確な影響を与えないとする結果が多いことがわかっている。しかし、この問題設定も、母子関係に内在する望ましさを想定したものになっているといえよう。それゆえ近年では、学歴や職種などの階層的要因による差なども考慮した分析がなされつつある。(2)

一方、教育格差や階層的再生産に関する研究で、親の「職業」として子どもの学歴や地位達成への影響が検証されてきたのは、通常、父親の職種や就業上の地位であった。そして職業上の地位達成については、父‐息子間での職種や地位の移動の有無が（時に父‐娘でのそれが検討されることはあっても）暗黙に想定されてきたといえる。これに対して、母親の職業については、現在でも出産等を機に仕事を辞める女性が多く、また高学歴の女性がその後再就職せず専業主婦でいる割合が高いこともあり、フルタイムか、パートか、専業主婦かという就業形態の別が主に用いられている。確かに、父親の職業と同様にその職種や地位が参照されることもあるが、多くの場合それは就業形態と組み合わせて検討されている。(3) 職業上の地位達成には学歴達成以上にジェンダー間格差と相違がみられる。それゆえ、階層的要因として父母の「学歴」が検討される場合は、しばしば互換的に、またはどちらがより強く影響しているかといった観点で研究されるのに対し、父親の職業と母親の職業は異なる観点から研究されてきたといえる。またそれが分析上も妥当であった。父親の職業という要因とは異なる母親の就業の影響を、家庭や親子関係における望ましさとしてではなく、教育で作用する条件として検討することが必要である。

階層的要因が子どもの教育達成に影響するあり方を、P・ブルデューは「文化資本」、B・バーンスティンは「言語コード」という概念を用いて、学校で使用され「正統」とみなされる知識や言語に上層階級の子どもがなじんでいる有利性として考察した。家庭の影響力は、それまで、ともすれば望ましい教育環境の有無や、親や子ども自身の学歴への個人的選好として捉えられがちであったが、彼らはこれらの概念によって、学校との関係で有利に作用する条件として捉えた。また、特定の知識や言語使用が、実際には階層と結びついた不平等や力関係を包含しながら、外観としてはそうした力関係を払拭した「正統性」を帯びる機制も明らかにしたのである。[4] これらの研究を評価しつつ、A・ラリューは、後続の研究がしばしば「文化資源の所有と、文化資源から社会的有利性を実際に実現させることとを混同している」と批判し、文化資本概念の潜在力を更に引き出すことを試みた。[5] ラリューは、特に学校との関係（linkage）において、各家庭が階層と結びついた有利性をどう活用するか、またはどのように不利な状況が作られるかの詳細を示した。

本章では、こうした研究の視座を参照しつつ、母親の就業形態が、どのように有利または不利な条件として作用するか、また道徳的価値を帯びて表れるかを検討する。加えて、以下の二つの可能性についても検討する。子どもの教育に関する専業主婦家庭の優位を報告する研究をかんがみると、家庭教育が強調されるとともに家庭の影響力が強まることで、両親が揃いかつ性別分業を行う家庭が好ましいモデルとなり、それが性別分業と男女間格差を温存させる可能性が憂慮される。しかし、家庭のあり方については、これとは全く対照的な可能性についての見解も提示されている。子どもの教育を意識し、小・

中学校を受験したり学校外教育を利用したりする家庭が増加するのに伴い、母親の就業は今や必ずしも不利にならないという指摘がある。また、家庭教育の強調は、父親の子どもへの関与を要請し、これが性別分業的でない家庭を望ましいものとする可能性がある。

以下では、三において、先行研究から学歴達成と母親の就業に関する問題を概観する。四では、従前からの公教育でも母親が専業主婦であることを想定した関与が求められてきたこと、それゆえ母親が就業する家庭が一定の不利をこうむった可能性を指摘する。五において、教育の新自由主義的傾向のなかで増加したと言われる小・中学校受験に関して、母親の就業が不利になる状況を検討する。そして六において、母親の就業が不利にならないとする指摘や、父親の教育への関与について考察する。

三　子どもの学歴達成と母親の就業

子どもの学歴達成（最終学歴）と母親の就業との関連については、関根さや花が二〇〇〇～〇三年の全国調査からロジスティック回帰分析を行い、父親・母親の学歴や父親の就業上の地位等の要因以外に、専業主婦家庭の子どもが高学歴になりやすいことを指摘した。海外の先行研究では、母親が専門・管理職である場合には専業主婦と並ぶという結果が出たが、上記調査結果では専業主婦の家庭が優位な結果となった。「母親は専業主婦として文化的資本を子どもに投入するほうが、働いて経済的資本を与えるよりも子どもにとって有効であるということである」と関根は述べている。(6) ただし、統計的には有意でないが、女子については、母親が専門・管理職である場合に、専業主婦である場合より高学歴である傾向が示された。母親の就業が特定の条件の下で有利に働く可能性が、若干ではあれ、示唆された結果といえよう。

関根は文化的資本についてこれ以上は述べておらず、論文要旨では「子どもの教育達成においてどのような母親像が好ましいのか」と問題を設定している(7)。しかしこの結果に対して、ラリューが提案したように、母親の就業状況が、学校との関係においてどのように有利または不利な条件として作用するかという問いを向けてもよいであろう。五で紹介する平尾桂子の研究は、専業主婦家庭の方が子どもの通塾時間が長くなる理由を、この有利な条件という点から考察しているが、次節ではまず、従前からの公教育が性別分業を前提とした母親の関与を求めてきた面を指摘する。そして、子どもの不利や親の葛藤がそこから生じる可能性を示すとともに、その事態が家庭的背景の不平等という形ではなく、親の責任や教育意識の問題として受けとめられやすいことも示す。

四　公教育における母親の関与

本節で利用するのは、共同研究者と筆者が、新潟、東京、福岡、長崎で行った学齢期の子どもをもつ親へのインタビューデータである(8)。インタビューにおいて、就業する母親の何人かが困惑を表明したことに、ＰＴＡやクラブ活動への親の協力が専業主婦家庭を想定したものになっているということがある。

Ａさんは PTA 活動にも関心があり役員も引き受けるつもりがあったが、午前の会合では出席できず、それでも名前だけ役員の登録をするよう頼まれた。せめて仕事を早退して参加できる夕方に会合を開催できないか相談したが断られたという。そのため会合には一度も出席できず、もう一人の役員に全て押しつけたかのようでジレンマがあったと語った。これとは対照的に、Ｂさんからは「働いてるかたが多いので、なるべく負担にならないように」とPTA行事が見直された例が述べられたが、逆に言えば、これは以前の関わり方では「負担」になるという関係者の認識を示してもいよう。

ラリューもまた、学校に都合のよいPTAのスケジュールに母親たちが合わせなければならない状況を指摘し、本来は参加困難な学校ボランティアのために、仕事の日程をなんとか調整した母親の例を紹介している。その一方、こうした活動への参加が、学校を親に身近なものにするだけでなく、母親同士の交流を深め、教師だけからでない情報の多元化に役立つことも示唆している。インタビューでも、授業参観では見えない日常の様子がわかると考えて役員を引き受けたという回答、学校が荒れつつあるので早めに状況を把握しようと知り合いの母親同士で役員を担当したという回答などがあり、親たちもこうした意義を感じていることもあるようだった。一方では、就業の有無にかかわらずPTA活動に特段の意義を感じていないと思われる回答や、役員の煩わしさを述べる回答もあったが、Aさんのような事例では、関与の仕方を自分で決めることが難しくなっている。

子どもの部活については、看護師として働くCさんが、親への要請に応える困難を語った。朝六時からの練習の弁当作り、練習場でのお茶出しなどはCさんには無理であり、そのため子どもに「頼むから(部活を)やめてくれって言っちゃったんです」という。自身の就業について「そういうとこはちょっとつらいところ」と述べ、これがもとで、「いろんなものに興味を持ってもらいたいと思うんですけど、どうも興味を持たせずにとめてしまっている」「(子どもの)興味をつぶしてしまっている」と懸念する。子どもは自分で弁当を作るなどして部活を続けることができたのだが、「最後、やっぱり(親が)何もしてないわよ、みたいなことを言われたりもした」という。

親が部活や課外活動にかなりの関与を求められる事実は、多くの回答者から言及された[9]。母親が就業している場合でも、それは必ずしも葛藤を伴わない、時に楽しいものとして語られることもあったが、Cさんのような場合には、子どもの活動を制限したり一定の範囲で活動を選ばせたりすることにもつながる。先のAさんも子どもがクラブ活動の加入を希望した時、親の参加の程度や内容を確認したと述べた。

Cさんの事例からもう一つ示唆されるのは、活動に参加する親には、参加できない親の事情が見えていないか、見えていても不当と感じられているということである。少なくともCさんにはそのように体験された。これと同様の構図が、子どもが学級などで問題を起こしているような深刻な事例では一層強化されて生じるように思われる。そうした子どもの親が授業参観や保護者会に出てこない事態について複数の回答者が言及したが、それは出てこない親の「意識」の問題のように聞こえてしまうことがままある。例えば回答者の一人Dさんは、当該の親について「生活もやっぱりどんどん苦しくなっている」面もあろうとむしろ事情を考慮するのだが、六年間授業参観に来ていない事実から親の関心の薄さを推論し、「子どもが悪いのでなくて親が悪いと思う」と述べた。

このような構図は、久冨善之らの研究でも示唆されている。久冨らは、学齢期の子どもをもつ生活困難層のインタビューと教師のインタビューを並行して行い、教師は確かに「鋭く親と子どもの姿をとらえていると思う」としながら、しかし久冨らが認識した親たちの姿とのずれを指摘した。すなわち、教師は「自分のめざす子ども像と目の前の（生活困難家庭の）子どもたちとの大きなへだたりをどうするかで苦闘している」が、「彼らの現実の生活困難やそこに至るまでの不幸の重なり、その中でのがんばりと『この子だけは』という強い願い、それらが他の機関や専門職において把握されているようには（中略）見えていない」と思われたのである。(10) もちろん、親の関与の水準や問題の深刻さにおいてCさんの事例とこれらの事例は異なる。しかし、あるべき規範からの逸脱が前景化され、それができない状況や親や子を不利にしている条件が顧みられず、親や子（特に親）自身に問題と責任が帰されてしまう類似の事態が指摘できよう。

五　教育の新自由主義的動向における母親の関与

小・中学校受験と母親の就業

前節では、従前からの公教育でも生じた可能性のある母親の就業による条件の差を示したが、本節では、教育の新自由主義的動向を踏まえ、小・中学校受験や塾利用における母親の就業による違いを検討する。

私立中学校への通学者の割合は、二〇〇七年で七・一％であり、二〇年前の三・一％の二倍以上になっている。義務教育段階における受験は、実際には首都圏や関西都市部など特定地域に限定された現象であり、確かにこのことも一方で強調する必要があろう。しかし他方、首都圏や東京に限っていえば、二〇〇七年の首都圏での中学受験率は二〇・六％、東京では二六・三％と、当該地域の中学進学に影響力をもつ数値になっているといえる。その受験率も上昇しており、首都圏は二〇年前の八・六％、東京は一二・六％（東京）からかなりの伸びを示している。(11)

片岡栄美は、二〇〇六年に実施した関東圏の保護者調査から、子どもが小学校または中学校を受験する割合は、父母の学歴が高い、世帯収入が多い、父親がホワイトカラー層であることに加えて、母親が専業主婦である場合に高くなることを確認した。中学受験については、「ロジスティック回帰分析の結果から、第一に『母親が専業主婦』の家庭（中略）、第二に母親が高い学歴であること（中略）が、この受験に有意な効果をもつ要因となっており」、受験が「階層現象であると同時に、父母のジェンダー分業が有利に作用する、親の教育選択となっている」と片岡は述べている。[12]受験を決めたのも母親というパターンが多いという。

岩田香奈江は、地方都市徳島市での中学受験と母親の就業との関係を分析した。他の階層的要因を考慮したロジスティック回帰分析の結果では、やはり専業主婦家庭で受験（予定）率が優位に高くなることを指摘した。受験（予定）率の単純比較では、専業主婦、専門職フルタイム、それ以外のフルタイム、パート・自営の順であった。専業主婦の母親に次ぐ、専門職フルタイムの母親の子の受験（予定）率の高さは、母親自身の学歴や世帯収入の効果であるとされる。[13]片岡と同様の結論をここに当てはめることができると同時に、母親が就業していても子どもの受験率が高くなる家庭があることも示された結果といえよう。

小・中学校受験において受験者の母親に専業主婦が多いことは、受験関係者や親自身の間でも一種の「通説」のように扱われており、それが受験対策本や雑誌記事で言及されることもある。例えば、雑誌記事では、受験に詳しい幼稚園経営者に「『母親が高学歴なのは有利だけれど、仕事を持っているのはおおむね不利ですね』ときっぱり言われた」[14]というものから、こうした「通説」を逆手にとった『アエラ』の以下のような記事もある。「『お受験』といえば専業主婦の専売特許だったはず。だが、『少しでもいい教育を』。睡眠時間を削って、夫も実家も動員。働く母親も諦めないのだ」（「公立校不信で『やるしかない』――働くママもお受験参戦」[15]）。また、塾長などの発言を引いて、母親の就業が入試で不利になることを巷説として否定するもの、学校側の考え方が変化し不利ではなくなったと指摘するものも見られる。しかし『アエラ』の同記事内にも、「『履歴書に保育園と書かない方がいい』とアドバイスされた」という記述もあり、その真偽はともかく、一つには、入試選抜の際に母親の就業がマイナスに評価されることが親や受験関係者に意識されていることがわかる。また、専業主婦の家庭で小・中学校受験が多いという事実自体が、就業する母親に子どもの受験を抑制させることも考えられる。

このように一方で専業主婦の母親の有利さが指摘されつつも、小中学校受験は、関与する（母）親の態度としても、そこに関わる家庭層の拡大という意味でも、よりノーマルなものとして提示されるようになっている。受験に関する雑誌記事は二〇〇〇年代になって数が増え、その内容にも変化が見られる。『アエラ』は、一九九〇年後半には「お受験」に関わる母親の「私立信仰」や「ブランド好き」を揶揄した記事を掲載していたが、二〇〇〇年代には先の記事も含め、公立校不信や学力不安にも言及しながら妥当な選択として受験を描くようになった[16]。他誌ではこれ以上に公教育についての危機感を煽る記事も多く見受けられる。小・中学校受験は、特定層の専業主婦が熱狂的に関与する社会現象としてではなく、（母）親であれば考慮し、関与する可能性のある対象として扱われている。また、こうした受験記事が、男性が主な講読層である雑誌に多く掲載されるようになったことも変化として挙げられる。小・中学校受験において指摘される、専業主婦（性別分業）家庭の優位性と、就業する母親の家庭への拡大や父親の関与の増加という、ジェンダー平等の面からみれば相反する傾向が、雑誌記事の変遷にも見て取れる。この点については六で検討する。

受験時の学習支援・生活支援と母親の就業

専業主婦家庭が有利とされるのは、入試でその点が考慮される可能性がある以上に、むしろ子どもの受験勉強の環境を整えることに母親が多大な作業を要請されるためでもある。平尾桂子は、大手塾の塾長が記した中学受験対策本を例に取り、学習状況のチェックやプリントの整理などの学習支援から、通塾のための弁当作りや生活管理までが母親に期待されていると述べている。

平尾のこの指摘は、母親の就業と子どもの通塾との関連を分析する研究で言及されたものである。同研究では、一九九五年の母子の調査を分析し、専業主婦の家庭とフルタイムで働く母親の家庭には有意な差があり、専業主婦の家庭の方が子どもの通塾時間が長いことが確認された。専業主婦とパートタイムで働く母親の家庭に有意な差はなかった。平尾の関心は、学校外教育の利用が拡大し家庭の収入格差を反映する状況のなかで、母親の就業による収入増加が子どもの通塾を促し子どもの教育環境に有利に作用することがあるか、ということであった。この調査の分析結果としては、親の教育アスピレーションや父親の学歴を統制した上でも、専業主婦家庭であることが子どもの通塾を促すこと、その点から言えば、母親の就業による収入増加が必ずしも子どもの教育環境を有利にしないことが確認された。その理由の一つとして平尾が想定するのが、先の受験対策本に記されたような母親の関与の大きさである。塾という家庭外の機関を利用する場合も、逆説的なことに、「親（母親）の、より一層のコミットメントが必要」ということだという（（　）は原文のまま）[17]。

前項で挙げた『アエラ』の記事には、「睡眠時間を削って、夫も実家も動員」とあるように、就業する母親本人の努力やその間の仕事の抑制、他の家族成員の動員によって、子どもの学習支援や生活管理等のサポートをいかに行ったかが書かれている。同誌には類似の記事が二〇〇五年と二〇〇七年にも登場し、そこでは就業する母親がむしろ有利になる面があるとも述べられている。この有利になるとされる面については六で検討するが、仮に有利になるとしても、それはこれまで専業主婦の母親に要請された支援を何らかの形で行った上でのことといえる。また、前項で述べた入試との関係でいえば、母親が就業していても学校行事に積極的に参加する姿勢をアピールするといった点での不利な条件の克服も述べられている。

このような母親の関与や、それが可能な専業主婦家庭であるということは、象徴的な正統性も帯びることが推測される。例えば、平尾の紹介した受験対策本やこれらの雑誌記事でも通塾の際の弁当作りが言及されるが、弁当作りは単に子どもの食事の便宜ではなく、親の教育意識や望ましい家庭のあり方と結びついて要請されていることが、別の受験対策本の記述からうかがえる。「晩ごはんの時間になって（塾で夕食をとるわけだ）、机の上に母親による手作りの弁当箱を広げるのはまず成績のいいグループで、反対にコンビニに走るのは成績の劣るグループになる。（中略）一家団欒の食事で子どもは育つ。体だけではなく、その団欒が心の栄養となるのだ」。「夕食時には父親は仕事で家にいなければ、せめて母親と子どもたちは揃ってとるようにしたいものだ[18]」。ここでは、夕食の時間に塾に通わせること、父親が夕食時に不在であることは現実的に仕方ないことと見なされるが、母親が仕事のために弁当が作れないことや夕食時に不在である可能性はほとんど斟酌の余地を与えられていない。

前節で検討したのと同様、学習支援や弁当作り、また学校行事への参加は、家庭の置かれた条件による都合や、それによって子どもの有利不利が生じる不平等の問題としてではなく、親の意識や教育的望ましさの問題として表れる。もし仮に入試場面で母親の就業がマイナスの評価をされるようなことがあったとしても、それが教育的望ましさの指標として正統化されかねない機制があるといえよう。だからこそ、就業する母親は、専業主婦家庭には向けられないであろう疑念が自らに向けられることを想定し、学校行事への参加をアピールするなどの戦略をとってもいる。

六　母親の就業と父親の関与

母親の就業、母親の職種・就業上の地位

三に挙げた関根の研究及び関根が参照した先行研究や、五で挙げた雑誌記事などでは、母親の就業が有利に働く可能性が示唆されていた。その理由として雑誌記事で挙げられたのが、子どもの受験に過剰に入れ込まない、自身の仕事のノウハウを生かす、父親の関与を促すということであった。しかし、「過剰な関与」が子どもを追いつめることが指摘される一方、そうしない形での学習状況のチェックも含めた支援は必要とも言われる。そもそも一九九〇年代の記事では、小学校受験やそのための通塾が過剰な関与と見なされており、その区分は恣意的なものとも考えられる。

仕事でのノウハウを生かすことについては、学習支援の上で「『段取り力』や仕事と家庭の両立で身についた『隙間時間の有効利用術』」が役立つ、塾選びや塾教師への依頼、入試面接などで「仕事で鍛えた交渉力や情報収集力が生かせる」と書かれている。また右記ともつながる子どもとの関わり方では、部下を育てるのと同様に、問題があった際に様子を見ながら解決策を考えて奏功した例が挙げられている。[19]しかし、仕事と家庭の両立のための隙間時間利用はともかく、段取り、交渉、また特に部下の育成がある仕事とは、女性の就業全般から鑑みれば、就業上の地位が高いものである可能性も想定される。

関根の分析や、関根が参照した先行研究でも、学業達成に母親の就業が不利にならないのは、その職業が専門・管理職である場合であった。また、岩田の研究でも、受験率の単純比較では、専門職の母親の家庭の受験率が専業主婦家庭に次いで高かった。父親の職業が子どもの教育に影響するのと同様、母

親の職種や地位も影響しはじめた（または影響する場合がある）とも考えられる。確かに就業上の地位が男性との差を縮めること、また職業という要因が、父親と母親で同様のものになることはジェンダー平等の観点では望ましい。しかしながら、これは、子どもの教育に関して母親の就業自体が不利益になる事態は変わらないまま、一部の就業者が、その階層的要因のためにその不利益から免れるということである。母親の就業自体は不利に働くままであるなら、それは必ずしもジェンダーの平等に向かうものとは言えないだろうし、子どもの教育の平等にとってはどちらにせよ問題が残る。[20]

父親の関与

母親の就業が父親の子どもへの関与を促す可能性については前項で触れなかったが、父親の家庭への関与という点でのジェンダー平等化の可能性と併せて、ここでまとめて検討したい。前述したように、受験や学校選択に父親が関わる重要性がビジネス誌の特集などで取り上げられるようになった。『アエラ』の記事でも、他誌の記事でも、母親に任せきりにすることが受験ではマイナスになるという言及もある。

しかし、理念的にも、また現実的には一層、この点で必ずしも母親が就業する家庭が有利にはならないように思われる。ここでは、ベネッセ教育研究開発センターが二〇〇四年に全国の小学校四年生から高校二年生を対象に実施した調査から、まず先に現実の状況を指摘したい。同調査は親子の会話について聞いているが、その結果は、報告書に以下のようにまとめられている。「父親との会話をみると、小・中学生ともに母親が『専業主婦』の家庭の場合、父親との『勉強や成績のことについて』の会話の割合が高い特徴がみてとれる。（中略）母親が『専業主婦』の家庭は、父親が教育熱心のようである」。[21]

表5-1　父親と勉強や成績の話をする頻度（父親学歴別）

	小学生		中学生	
	平均	N	平均	N
父大卒	2.54	1088	2.51	1537
父非大卒	2.34	2702	2.21	2492
t値	5.47***		9.40***	

***p＜0.001

調査結果では、母親の就業は、子どもと母親自身との会話頻度としてより、父親の会話頻度に差をもたらしていたのである。母親との会話については、中学生では母親の就業形態による差はなく、小学生でも、母親が常勤の場合にわずかに少ない傾向が見られる程度であった。そして記事で想定された可能性とは逆に、専業主婦家庭の方が勉強や成績について父親との会話頻度が高いという結果になった。

また、同調査を二次分析したところ、この勉強や成績についての父親との会話は、父親の学歴によっても頻度が異なっていた。(22) 表5-1は、「ぜんぜん話をしない」「あまり話をしない」「ときどき話をする」「よく話をする」の四択の回答をそれぞれ一〜四点として、父親の学歴別に平均値を示したものである。同調査では、父母それぞれの学歴を大卒か否かの二択で聞いており、小・中学生とも父親が大卒の場合に平均点が高い、すなわち会話頻度が高くなっている。しかし、同学歴カテゴリー内で比較をしても、母親の就業形態による差が生じ、やはり専業主婦の家庭で父親との会話の頻度が高くなった（表5-2）。専業主婦家庭で父親との会話が増えるというこの調査結果を説明するのには、ラリューの以下のような観察が有用であるように思われる。ラリューは、インタビューや参与観察から、父親の教育への関与が、母親によって采配されたり調整されたりすること、父親が学歴を、母親が学校生活での詳細や友人関係をといった異なる関与をする傾向があることを指摘して

表5-2　父親と勉強や成績の話をする頻度（父親学歴、母親就業形態別）

	小学生				中学生			
	父大卒		父非大卒		父大卒		父非大卒	
母親就業形態	平均	N	平均	N	平均	N	平均	N
常勤	2.47	467	2.29	1157	2.48	681	2.17	1168
パートやフリー	2.49	182	2.30	462	2.44	383	2.15	616
専業主婦	2.66	274	2.47	574	2.63	301	2.37	343
F 値	3.32*		6.68**		3.80*		6.52**	

*p＜0.05、**p＜0.01

いる。この結果からすれば、父親の子どもの教育への関与は、親の学歴を背景とした教育的関心と関連するとともに、母親の関与を補う形でなされるのではなく、母親の支援の下でなされている。それゆえ、この父親の関与も、必ずしもジェンダー平等とは結びつかない。

そして、おそらく理念的にも、現在父親に求められているのはこの類の教育的関与であろう。つまり、子どもへの支援を一方（母親）だけが負担せずに分担しているかではなく、負担の比重はともかく、父親に教育的関心があり子どもに関わっているかどうか、が問われているのではないかと思われる。

本章では、母親の就業の有無が、どのように有利または不利な条件として作用するか、また道徳的価値を帯びて表れるかを検討してきた。そして従来からの公教育でも、教育の新自由主義的動向のなかで増加する小・中学校受験や塾利用でも、性別分業的な家庭が実質的な有利さばかりでなく、教育的望ましさという価値を入手しやすいことを見てきた。母親の就業形態による不平等は、不平等としてではなく、その家庭や母親本人の教育意識や責任の問題として受け止められがちである。母親の就業が必ずしも不利にならないという指摘によって、また父親の教育的関与が推奨されることによって、母親の就業による不利は一層見えにくいものになっている可能性もある。家庭的背景の影響力が強まることが指摘される一方、その家庭のあり方が、家庭の教育力や教育的・道徳的望ましさから語られる状況がある。条件の不平等という見方を対置していく必要があろう。

註

（1）本田由紀『「家庭教育」の隘路――子育てに脅迫される母親たち』勁草書房、二〇〇八年。

（2）末盛慶「母親の就業は子どもに影響を及ぼすのか――職業経歴による差異」『家族社会学研究』一三巻二号、二〇〇二年、及び福田佳織・畠山千佳・高橋道子「母親の就業は娘の被養育経験認知、内的ワーキングモデル、子どもへの敏感性に影響を及ぼすのか」『学校教育学研究論集』一一号、二〇〇五年で先行研究が概観されている。末盛の研究では、この階層的要因を考慮する必要が主張され、それも含めた検証がなされている。

（3）親子間の一致や相違を検討する場合も、母‐娘間の場合は、職種や地位の移動以上に、その就業形態が同じかどうかが問われることが多い。福田他同論文、木脇奈智子「女性のライフスタイルと母娘関係――高学歴女性の事例調査から（家族の基礎的研究）」『家族関係学』一四号、一九九五年、神田道子・女子教育問題研究会編『女子学生の就業意識』勁草書房、二〇〇〇年。今田幸子は、就業形態も含めた母‐娘の職種・地位の関連を検討し、母と娘では職業や就業形態が異なり移動率が高いことを指摘した。それは「階層再生産するだけの職業機会が女性には開かれてこなかった」ためであろうとしている。今田幸子「地位達成過程――閉ざされた階層空間」『現代日本の階層構造4――女性と社会階層』東京大学出版会、一九九〇年、五七頁。

（4）宮島喬『文化的再生産の社会学――ブルデュー理論からの展開』藤原書店、一九九四年、参照。

（5）Annette Lareau, *Home Advantage: Social Class and Parental Intervention in Elementary Education*, Rowman & Littelefield, 2000, p. 178.

（6）関根さや花「子に対する母親の影響――世代間移動に関する要因分析」『経済学研究論集』三〇号、明治大学大学院、二〇〇九年、一一〇頁。
（7）同論文、九七頁。
（8）本データは、本書四章で使用されたものと同じインタビュー調査に基づくものであり、調査対象者は母親二四人、父親五人である。二四人の母親の就業状況は、フルタイム就業、パートタイム就業、専業主婦、その他様々である。この調査結果については、石川由香里他『格差社会を生きる家族――教育意識と地域・ジェンダー』有信堂高文社、二〇一一年でもまとめている。ただし、調査対象者の表記は同書とは異なり、本稿では事例紹介順に対象者をA～Dとアルファベットで表記した。
（9）部活への親の関与の程度を、専業主婦家庭を想定した従前からのものとすることにも留保が必要かもしれない。インタビューでも、自分の子ども時代と比べて親の参加が増えたという回答が複数あった。
（10）久冨善之「学校から見えるヴェール一重――教師・学校にとっての生活困難層」久冨善之編『豊かさの底辺に生きる――学校システムと弱者の再生産』青木書店、一九九三年、一五九―一六〇頁。
（11）ベネッセ教育研究開発センター『中学校選択に関する調査報告書』ベネッセ教育研究開発センター、二〇〇八年。
（12）片岡栄美「格差社会と小・中学受験――受験を通じた社会的閉鎖、リスク回避、異質な他者への寛容性」『家族社会学研究』二一巻一号、二〇〇九年、二三―二四頁。
（13）岩田香奈江「母親の就業と子どもの受験――脱近代型〈教育する家族〉の出現」安河内恵子編著『既婚女性の就業とネットワーク』ミネルヴァ書房、二〇〇八年。
（14）『婦人公論』九二巻一四号、二〇〇七年、四五頁。
（15）『アエラ』一四巻一九号、二〇〇一年、八頁。
（16）この急激な変化には、一九九〇年代後半の小学校入試詐欺事件（一九九七年）・幼児殺人事件（一九九九年）

と、二〇〇二年の新学習指導要領の実施という背景もあるかもしれない。一九九九年の事件は、園児が同級生の母親に殺害され、推定された動機から「お受験殺人」として話題となったものであり、幼児教育の加熱が問題化された。他方、新指導要領については、授業時間や学習内容が削減されたことで、学力不安が喧伝された。他誌の動向も含めて考えれば、この短期間での変化を、ライターの交代や偶然にのみ帰すべきではないと思われる。

(17) 平尾桂子「家族の教育戦略と母親の就労――進学塾通塾時間を中心に」本田由紀編『女性の就業と親子関係――母親たちの階層戦略』勁草書房、二〇〇四年、一一〇頁。

(18) 逸見浩誉・留莅子『受験突破の新思考力開発』たま出版、二〇〇三年、一七九―一八〇頁、一九二頁。

(19)『アエラ』一八巻六六号、二〇〇五年、一六頁、一八頁。同、二〇巻四〇号、二〇〇七年。

(20) 神原文子は、家庭的背景による教育格差に言及するなかで、現実には少数派だが、母親が専門職で、家事・育児を父母で分担する家庭の子どもが高い学歴達成をすることを示唆している。神原文子『家族のライフスタイルを問う』勁草書房、二〇〇四年。

(21) 黒沢幸子「第二章自分自身をとりまく人間関係第一節周囲とのかかわり」ベネッセ教育研究開発センター『第1回子ども生活実態基本調査報告書』二〇〇六年、六〇頁。

(22) 分析に当たっては、東京大学社会科学研究所附属社会調査・データアーカイブ研究センターSSJデータアーカイブから「第1回子ども生活実態基本調査二〇〇四」(ベネッセコーポレーション)の個票データの提供を受けた。なお、引用した報告書では、「よく話をする」と「ときどき話をする」に回答した割合で比較しているが、ここでは平均値で比較した。

第6章　多文化社会と教育の社会的公正
——ニューカマーの子どもが抱える学習困難

鷹田　佳典

一　ニューカマーの増加と新たな課題

グローバル化の進展と共に、日本で暮らす外国人および外国につながる人々も増加、多様化している。なかでも、近年その存在感を増しつつあるのが「ニューカマー」と呼ばれる人々である。早くは七〇年代後半の中国帰国者に始まり、八〇年代のインドシナ難民、そして九〇年代に入ってからは、入管法の改正に伴う日系南米人の大量流入と、ニューカマーの数は増加の一途をたどってきた。

こうしたニューカマーの急増は日本社会に様々な課題を投げかけることになったが、そのひとつが日本の学校への外国人児童生徒の受け入れをめぐる問題である。というのも、ニューカマーの子どもたちは、その大半が日本語を全くか、あるいはほとんど話せない状態で来日してきたからだ。[1]それはまさに日本が初めて経験する事態であった。

それから約二〇年が経過した。最初は手探りで行われていた外国人児童生徒への教育も、国や地方自治体、学校の継続的な取り組みによって少しずつ整備、改善がなされてきた。だが、子どもたちをめぐる教育の現状を見渡してみると、そこには多くの課題が残されていることに気づく。例えば、高校や大学への進学率は日本人のそれと比べると明らかに低いし、不就学や不登校の問題も深刻である。[2]

こうしたことは、日本において、外国人の子どもに対する公正な教育というものがいまだその基礎で十分に実現されていないという可能性を示唆している。というのも、公正な教育が実現されるためには、単にすべての生徒に同等の教育資源・機会が提供されるだけでは不十分で、結果の平等をも目指しうるような現実的可能性が与えられなければならないからである。[3]

では、日本の学校で学ぶ外国人の子どもたちが直面している教育上の諸問題は、どのような要因によってもたらされているのか。それらを明らかにし、解決の方途を模索することは、多文化化が進行し、文化的出自を異にする人々との「共生」のあり方が問われている現在、きわめて重要な意味をもつと考えられる。

そこで本章では、外国人集住地域のひとつである東海地方T市[4]のX中学校（公立）を中心的な事例として取り上げ、日本の学校に在籍する外国人児童生徒たちが抱える「学習困難」の諸要因について検討する。また、そこでの議論を踏まえて、今後の日本社会における教育のあり方を、公正という観点から考えてみたい。

二　X中学校における外国人生徒の受け入れに向けた取り組み

X中学校はT市内でも指折りの広い校区を持つ学校で、遠方からも多くの生徒たちが通学している。

その中には外国人の子どもたちもいるが、数はそれほど多くなく、しばらくは一桁台が続いていた。しかし、二〇〇八年に日本語指導が必要な外国人の数が一〇名に達し、県から教員が加配されることになる。それに合わせて国際教室も開設され、A教諭[5]が担当、二〇一一年で四年目になる。

現在、同中学校には全部で一二人の外国人生徒が在籍している。内訳は、一年生四人（ブラジル人四人）、二年生三人（ペルー人二人、ブラジル人一人）、三年生五人（ペルー人一人、ブラジル人四人）である。数名を除き、彼／彼女ら（以下、彼らと表記）のほとんどが、日本生まれか、幼少期に日本に来日した子どもたちである。

外国人生徒たちの日本語能力はまちまちだが、日常会話には不自由しないという生徒であっても、授業についていくのは難しいことが多く、その場合には国際教室で「取り出し授業」が行われる。国際教室で中心的に行われているのは日本語指導と教科指導である。取り出しでは、主に国語と数学の指導が行われている。以前は社会や理科も教えていたが[6]、英語が専門のA教諭にとって、あまり教科を広げてしまうと教諭自身が「分からなくなってしまう」こともあって、現在は国語と数学の二教科に絞っている。また、英語（外国人生徒の英語力は比較的高い）、国語、数学ができると、市内の定時制高校（外国人生徒の多くはこの高校に進学する）に入学する道が開けるから、ということもある。可能であれば「全教科、懇切丁寧に教えてあげたい」ところなのだが、とにかくそこまで「手が回らない」というのが現状である。

次に取り出す生徒の数であるが、最初は二人ぐらい取り出しをしていたが、それでは思うような指導ができないということもあり、今は一人ずつ取り出して個別に指導を行っている。生徒が「もっと国際教室に来たい」と言っても、「他の子も教えなければいけないから」と我慢してもらっている。もしかすると生徒は「納得はしていないかもしれない」と同教諭は語っている。

実際の授業は、「個々の生徒のレベルに合わせてすごいことをやっているわけではな」く、宿題をみたり、教科書を読んだりしながら、「基本の基本の基本」を教えるという感じである。先に述べたように、生徒たちの多くは所属学級での授業についていくのが困難な状態にあるため、まずは教科書の内容が理解できるレベルに生徒の学力を引き上げ、それによって「達成感」を持てるようにすることが当面の到達目標として設定されている。

A教諭は南米での生活経験もあり、生徒たちの母語に堪能である。しかし、国際教室で指導を行う際は、基本的に日本語を使用し、生徒があまりに分からないときだけポルトガル語やスペイン語を使って説明を行っている。したがって、国際教室が生徒たちにとって、母語使用の場になっているわけでは必ずしもない。

以上、X中学校の取り組みを概観してきた。国際教室ができる以前は、外国人生徒の数が一〇人に満たなかったため、県からの教員加配がなく、彼らの指導は主に市から派遣される教育相談員によって行われていた。ただ、相談員は学校に常駐しているわけではなく、巡回での指導となるため、教育的関わりという点ではどうしても限定されたものにならざるをえなかったと思われる。したがって、新たに国際教室が設置され、教員が配属されたことによって、外国人生徒たちはより整備された環境の下で勉強に取り組むことができるようになったと考えることができる。

しかし、このように専任教員が配置され、国際教室が開設されるなど、受け入れ体制が徐々に整ってきてはいるものの、同中学校の外国人生徒たちは学習面で多くの困難や課題を抱えており、満足のいく「学校的成功」[7]を得るには至っていないというのが現状のようだ[8]。では、何が彼らに学習上の困難をもたらしているのか。それは単に、外国人生徒たちの努力不足が原因なのか。それとも、彼らの個人的な能力や資質に還元することのできない社会的・構造的要因が関係しているのだろうか。

三　外国人生徒の抱える「学習困難」の諸要因

観察と聞き取りの調査から見えてきたのは、外国人生徒たちの抱える学習困難が、多岐にわたる要因によってもたらされているということである。それらは高橋明子が指摘するように、「複合的に絡み合って幾重にも重なり、マルチバインドになって子どもたちを過重に苦しめている(9)」。多少羅列的な記述になってしまうが、以下、X中学校の外国人生徒の教育上の達成を困難にしていると考えられる諸要因についてみていくことにしたい。

国際担当スタッフの少なさ

まず、国際担当の教員が一人しかいないために、外国人生徒の指導に十分な時間とエネルギーを割くことができないという問題がある。既述のように、国際教室での取り出し指導は基本的にA教諭が一人で行っている。そのため、どうしてもやれることには限界が出てくる。例えば、指導する教科も、現在は国語と数学の二つだけである。前節で確認したように、できれば全ての教科を丁寧に指導したいというのが同教諭の思いであるが、そこまでの余裕がないからだ。確かに中学生ともなれば、その学習内容はかなり複雑で高度なものになるし、さらに自分の専門外の教科であれば、授業の準備の大変さは容易に想像がつく。

しかも、同教諭の学内における仕事は国際教室での指導にとどまらない。それとは別に、一般教室で英語の授業も受け持っているし、部活の顧問や生徒会の仕事もある。そのため、「他にスタッフがいれば仕事を振り分けることもできるのだが、全部を一人でやっているので、全部が手薄になってしまうという部分が」どうしても出てこざるをえないのである。教諭が今後望むことのひとつとして、国際担当スタッフの増員（例えば、現行の県の加配基準は外国人生徒一〇人で一人になっているが、これを五人に一人にしてほしい）を挙げているのも、こうした現状を踏まえてのことである。

母語能力の未発達

外国人生徒の日本語能力がそれほど高くないことについてはすでに述べたが、では、母語の方はどうだろうか。この点については、来日時期が比較的遅い（小学校高学年ぐらい）生徒の場合、母語の力はしっかりしていることが多いようだが、それでも、全体的に見るとその能力は決して高くはなく、日常会話はそれなりにできても「読み書きはあまりできない」レベルである。ボキャブラリーもそれほど豊かではないという。

X中学校では母語の使用を特に禁止しているわけではないが、外国人生徒の数が少ないことや、国際教室での取り出し授業のほとんどが日本語で行われていることもあって、学校で母語を使用する機会はあまりない。もちろん生徒たちが母語を使う場は学校だけに限られないが、それでもこうしたことは、彼らの母語能力の低さと無関係ではないだろう。

さて、第二言語の習得や教科学習には一定程度の母語能力があると有効と言われているが[10]、そうであるとすれば、こうした外国人生徒の低い母語能力が、日本語の発達を遅らせ、さらには教科学習における困難をもたらしている側面もあるのではないか。この点については、第一言語の土台がある程度できていれば、たとえ日本語で分からない概念が出てきても、母語でそれを置きかえることによって理解できるようになるのだが、そうした母語の土台がないか、あっても不安定な場合、なかなかその上に日本語が積み上がっていかないということである。それは、逆に言えば、母語能力が一定の水準に達していれば、日本語の習得や教科学習においても効果的な達成が期待できるということだろう。実際、X中学校で優秀とみられている二人の外国人生徒のうちの一人は、母語の土台がしっかり確立された生徒である。(11) これらのことを踏まえるならば、外国人生徒の学習困難は、単に日本語能力の問題ではなく、母語の問題とも関わっていると言えよう。

ロールモデルの不在

生徒が学習に対して高い意欲を維持するためには、到達目標とそこに至るまでの経路がある程度明確に意識されていなければならない。だが、外国人生徒の場合、進むべき目標を見定め、それに向けて努力するということは簡単ではない。その理由のひとつが「ロールモデルの不在」である。

例えば、教師が外国人生徒に、「高校や大学に行って学歴や専門的な知識を身につければいい職業につける」と話をしても、そうしたメッセージはなかなか伝わらない。もちろんそこには、まだ中学生なので将来の具体的なイメージが持てないということがあるのかもしれない（その点は日本人生徒も大差ない）。だが、こと外国人生徒に関して言えば、彼らの身近に、自分も頑張れば「ああいうふうになれるんだ」と思えるようなロールモデルがないことが、要因として強く作用している。

これはしばしば指摘されることであるが、(12) 親やきょうだい、親類、近隣住民、学校の先輩など、外国人の子どもの周囲にいる人たちのなかに、学業を通じた社会的成功（この場合には、高校や大学を出て、正社員として安定した仕事に就くということ）を実現しているケースはごく限られている。そのため、どのような勉強をすれば、高校・大学へと進学し、そこから「よい職業」への道が開けるかについて、具体的なイメージを持つことができない。こうしたロールモデルの不在ゆえに、教師の右のような助言がなかなか生徒たちの教育に対する動機づけに結びつかないのである。

四　学習困難と「家族問題」

学習困難と聞くと、私たちの目はとかく学校の取り組みやそれを支える自治体の施策の中身に向きがちだが、高橋明子が指摘するように、外国人の子どもの学校生活が「家庭を原点とし、家庭という場に支えられて成り立っている」ことを考えれば、「学校だけにその要因を求めるのではなく、やはり家庭へと立ち戻って」みる必要があるだろう。[13] 実際、今回の調査で気付かされたのも、外国人生徒たちの家族的背景が彼らの学習困難と深く関わっているということだった。

脆弱な経済基盤

子どもの教育に影響を与える家族問題のひとつは、経済的基盤の脆弱性である。日本で働く日系南米人の大半は、派遣など間接雇用の工場労働などに従事しており、長時間勤務にもかかわらず、家計収入はさほど高くない。しかも、景気の悪化によって解雇されやすい非正規、間接雇用の状態で働く者が多い。実際、二〇〇八年に起きたリーマンショックによる不況の影響を真っ先に受けたのが、彼ら外国人労働者だった。製造業が盛んなT市では、リーマンショックの影響は深刻だったようで、外国人労働者の多くが職を失った。その結果、ブラジルに帰国したり、職を求めて県外に移ったりするケースが相次いだという。

こうした日系南米人の脆弱な経済基盤は、子どもの教育に深刻な影響を与えている。同中学校には例えば父親の仕事が安定していて、普通に働けていれば「絶対いい高校に行ける」と思われていた外国人生徒がいたが、父親がリーマンショックの影響で解雇され、内職をしても生活できないということで帰国してしまうというケースがあった。また最近では、父親がその労働で十分な収入を得ていて、子どもも学力、やる気ともにあり、私立の高校に進んで入学金まで収めたが、あの東日本大震災の影響で父親が解雇され（品物や材料が届かず、工場の稼働がストップし、「今のところ仕事がないから来なくていい」と言われた）、懸命に仕事を探したが見つからず、結局帰国を余儀なくされたというケースもあった。

これらのケースでは、子どもの進学を希望しながらも、経済的な理由でやむなくそれを断念したのかもしれないが、ただ、全体としてみたときに、外国人の家庭が本当に経済的に困難な状況にあるのかは少し疑問だとA教諭は述べている。というのも、「入学金が払えない」と言いながらも、母国のケーブルテレビを視聴したり、携帯電話や車を持っている親たちがいるからだ。とすれば、子どもの教育にお金を回せないのは、純粋に経済的な問題というより、むしろ子どもの教育に対する親の意識の問題と捉えた方がいいのかもしれない。

不確かな滞在予定

また、親の不確かな滞在予定も、子どもの教育に大きく影響している。外国人生徒の保護者のなかには、今後の滞在予定がはっきりしていないという親が少なくない。実際、X中学校にも、小さいときに帰国したり、日本と母国を行ったり来たりしている生徒は多い。こうした頻繁な（しかも親の都合による）移動によって、子どもの学習の連続性はその都度断ち切られるし、それまでに築いてきた友人との繫がりも失われてしまう。また、第一言語が十分に確立されていない状態で、日本と母国を行き来することになれば、日本語も母語も共に満足に使いこなせない「セミリンガル」（ダブルリミッテッド）状態に陥ってしまう危険もある。「未来をどこでどう過ごすことになるか分からないという不安があれば、たとえば言語として何を学び、何を保持し、何をどう使っていくかも迷わざるをえない」からだ[14]。

このように、滞在予定が定まらず、常に（国内外に限らず）移動の可能性にさらされる結果、子どもたちは自分の将来が見えなくなってしまう。そのような状態で、学習意欲を維持することは容易ではないだろう。日本で、あるいは母国での進学を考え、懸命に勉強していたとしても、突然の移動によって、子どもたちは計画の大幅な変更や目標の断念を余儀なくされるからだ。

しかも、問題は学習面での困難にとどまらない。頻繁な移動とそれに伴う将来の見通し難さは、子どもたちのアイデンティティに深刻な影響を及ぼす。A教諭も語っているように、日本に滞在するのかどうかが不確かであるために、多くの子どもたちは、自分は一体どちらの国で、どういう人間になるのか分からないという不安を抱えているのである。

子どもの教育に対する親の態度と認識

三つ目に、子どもの教育に対する保護者の態度と認識の問題がある。右の経済的な問題とも関わるが、家計が厳しいこともあり、外国人の保護者のなかには、「中学を卒業したら仕事をしてお金を稼いでほしい」と、子どもの進学を望まない（就職を希望する）者が少なくない。また、教育委員会や学校が主催する進学説明会では、「うちの子はあまり勉強が好きではないし、生活態度も良くないから、私はそこまでしてお金を出して、この子に中学校に行かせようと思わない」と話す保護者もいる。

もちろん、このように子どもの教育に関心がない親ばかりではなく、逆に「自分たちは日雇い労働者だから、子どもは大学に行かせたい」とか、「子どもにはいい教育を受けさせたい」と考えている親は多い。だが、そうした思いがなかなか子どもの教育上の達成に結びついていないことも事実だ。その理由のひとつとして挙げられるのが、日本の進学方法や教育制度に対する外国人保護者の知識不足である。

A教諭に、外国人の子どもの親がどれくらい日本の学校システムを理解しているか尋ねたところ、上の子の受験を経験していれば多少は知っていると思うが、そうでなければ「一%か〇%ぐらい」という答えが返ってきた。例えば、保護者面談で高校進学の話になることもあるが、親たちは進学の仕組みを「全く知らない」ようで、中学校を終えれば普通に高校に行けると思っている保護者もいた。そこで、市の教育委員会で作成している資料（進学方法についての詳しい説明が多言語で書かれている）を使って説明が行われるが、保護者に日本の学校で学んだ経験がないことや、日本の進学システムが「複雑すぎる」こともあって、その内容を十分に理解してもらうことは難しい（いきなり「A日程とB日程」や「試験と内申書」などと言われても、外国人の親にはよく分からないだろう）。

家庭学習の難しさ

親が子どもの勉強を家庭でサポートできないという問題も大きい。学力向上のためには、学校以外での学習が重要になってくる。特に日本では、小学校の時から家で勉強する習慣を身につけ、家庭学習をこつこつ積みあげていかないといけない。そのためには親の働きかけやサポートが不可欠だが、外国人保護者の場合、種々の理由でそれが難しいことが多い。例えば、親たちの就労形態である。先に述べたように、日系南米人の多くは工場などで長時間労働に従事している。夜勤帯や休日に仕事をしている者も少なくない。そのため、家で子どもと過ごす時間がほとんどなかったり、あっても、仕事で疲労困憊していて、子どもの勉強をみるどころではなかったりする。

また、言葉の問題もある。日系南米人の保護者たちは、日本での滞在期間がかなり長い人でも、日本語があまり話せないということが多い。職場で日本語を話す必要があまりなく、周りには同郷人が数多くいて、日本人と付き合う（つまり、日本語でやりとりする）機会も少ないからだ。このように、日本語を解さない親たちにとって、日本の学校で学ぶ子どもの宿題や勉強を家でみてやることがいかに困難であるかは想像に難くない。また、多少日本語ができる親でも、学習面でのサポートは容易でないと考えられる。実際、筆者は国際教室で使われている教材の一部を見せてもらったが、そこに書かれている専門用語や固有名詞（例えば、「横○センチ、縦△センチの本の表紙の面積」や「凡そ」、「博多祇園祭り」など）をしっかり把握した上で子どもの勉強をみるのは、日常会話レベルの日本語能力では困難であるように感じられた。

家庭の崩壊

これまで子どもの学業上の成功を阻む家族問題についてみてきたが、そもそも、その家族自体が危機的状態にあるケースが多い。例えば、両親が離婚して母親は恋人と出ていき、父親が一人で育てているが、夜勤があるため、ほとんど子どもが一人で生活しているような家庭や、やはり両親が離婚し、子どもは恋人と出ていった母親のところに行くことを望んでいるが、父親が手放さないという家庭（しかも家には父親の恋人が同居している）、あるいはネグレクト状態で親が何も買ってくれないという家庭などである。

このような家庭環境では、当然のことながら、子どもが安心して勉強に取り組むことを期待するのは難しい。その結果、子どもたちは励ましてくれる者が身近に誰もいない状況のなかで、「自己肯定感」を抱けないまま、学習への意欲を次第に失っていく。彼らにとって家庭は、異国で学び、生きていくための精神的な拠り所としての役割を果しえないばかりか、ときには彼らの存在そのものを危険にさらすような場として経験されているのである（虐待事例はその典型である）。

以上、本節では、外国人の子どもが抱える学習困難と、彼らを取り巻く家族問題との密接な関わりについてみてきた。以前筆者が聞き取りをしたT市のある教育相談員が語っていたように、外国人の子どもが日本の学校にうまく適応できるかどうかという点では、「家族が安定しているかどうか」は決定的に重要である。「家族が安定していれば、子どもは学校で頑張ることが自分の役目だと思うことができる」からだ。

だが、そのような外国人家庭が一般的でないことは、すでにみてきた通りである。不安定な就労形態とそれに伴う脆弱な経済基盤、定まらない滞在予定、子どもの教育に対する意識の低さと日本の学校システムについての知識不足、不十分な日本語能力、複雑な家庭環境など、外国人の家族は子どもの教育に関わる広範な問題を抱えている。繰り返すように、子どもの学習困難というと、どうしても本人の能力や資質、あるいは学校システムに関心が向けられがちだが、こうした種々の家族問題がもつ影響の大きさを看過してはならない。

五　より公正な教育を目指して

ここまで本章では、X中学校を対象として取り上げ、ニューカマーの子どもたちが身を置く教育環境について事例記述的に検討してきた。もちろん自治体の施策内容や学校の取り組みの違いによって、外国人児童生徒の教育のあり方やそこで彼らが直面する問題も様々だろう。しかし、右でふれた問題の多くは、他の研究でもしばしば指摘されてきたものであり、その意味で、X中学校に限らず、日本の学校に在籍するニューカマーの子どもたちが多かれ少なかれ共通に抱えている問題であると考えることができる。最後に、ここまでに得られた知見を踏まえつつ、今後、外国人の子どもの教育においてどのようなことが求められているのかを、特に公正という点に留意しつつ考えてみたい。

制度面での充実と連携の模索

ひとつは、制度面での充実である。先のようにA教諭は、国際学級を担当するのが自分一人であるために、外国人生徒に対してなかなか極め細やかな指導ができないもどかしさを語っていたが、市内には日本語指導が必要な生徒の数が一〇人に満たず、県からの教員加配がない学校が多数ある[15]。教育相談員による巡回指導が行われているとはいえ、そのような少数校においては、指導不足はより深刻な問題になっていると考えられる。

ただし、予算的な問題もあって、人材面でのさらなる拡充を実現するのは簡単ではないだろう。そこで重要になってくることのひとつが、地域との連携である。そもそも、本章でみてきたように、外国人の子どもが抱える問題は「累積的」で「全体的」[16]なものである。二重、三重に困難な状況に置かれている彼らへの支援は、当然のことながら、学校（まして、国際担当の教師）だけの努力に任せておけるものではなく、文字通り社会全体で取り組んでいかなければならない種類のものである。このとき、有力なサポート源のひとつとなるのが地域である。

地域の活動やその重要性については既に多くの指摘があるが、[17]X中学校でも地域の活力を活かそうとする動きがある。その校区には外国人の子どもの支援に熱心な人がいて、時間が空いている退職者や主婦で、教員の資格を持っている人や教え方に習熟している人を集めてボランティアを組織し、外国人児童生徒の学習支援を行っているグループがある。A教諭は着任一、二年目にその活動を知り、以来、もっと勉強したいという生徒には、そこに行ってみることを勧めるようにしてきた。生徒たちはそこで学校の宿題をみてもらったりしているのだが、ボランティアから「頑張ってるね」と言ってもらえて「すごく精神的なサポートを得て」おり、彼らにとっては「心のオアシス」になっている。そうしたこともあって、X中学校では現在、このグループとの連携の可能性を検討している。

繰り返し述べてきたように、外国人児童生徒の抱える問題は、多岐にわたる要因によってもたらされたものであり、それは決して学校や行政だけで対応できるものではない。それらは、ここに挙げた地域（ボランティア）や、さらには外国人学校、企業など、様々な機関・組織との連携や相互交流を図りながら解決されなければならない問題なのである。

「形式的平等」から「実質的平等」へ

外国人の子どもたちの教育環境を改善していく上で、こうした制度の充実が不可欠であることは言うまでもない。しかし、それによって公正な教育が実現されるか、ということについては留保が必要である。というのも、ある制度なり仕組みなりが公正なものであるためには、「機会の平等」、さらに、「アクセスの平等」(equality of access)[18]が確立されていなければならないからである。制度や仕組みが整備され、それらがすべての人に原則利用可能になったとしても、個人的な努力ではいかんともしがたいような理由でそれらにアクセスすることが難しく、そのことで大きな不利益を被る人たちがいるとすれば、やはりそれらの制度や仕組みは公正なものと言えないだろう。

そして、本章において明らかになったように、外国人の子どもたちは、まさに「本人の努力によっては容易に克服できない」属性的文化的要因ゆえに教育達成上の困難を抱えている者たちに他ならない[19]。そのような彼らに対し、真に公正な教育を実現していくためには、制度的仕組みの拡充や地域との連携を進めていくだけでなく、日本の学校システムを根底に置いて支えている「モノカルチュラルな教育[20]」のあり方を再考し、変えていくことが不可欠となろう。

外国人児童生徒の受け入れに際して日本の学校が採用してきた基本的姿勢は、「日本人と区別することなく同等に扱う」というものである。だが、多くの論者が指摘するように、このような平等処遇には重大な問題がある。当然経済的等の生活困難な状況にある家庭の福祉面も含めた支援は必要であり、現行の就学援助(学校教育法第一九条)のみでは不十分であるが、ここでは立ち入らない。次に「日本人と同等に扱う」ということは、結果として、外国人の子どもたちに対し、日本の学校システムへの「一方的適応[21]」を強いることになってしまうからだ。

日本語を唯一の授業言語とする日本の学校という「場」においては、母語と生育環境を異にする彼らは、必然的に不利な競争を強いられ、そのことがひとつの原因になって、本章でみたような学習面での困難を抱え込んでしまう。さらには、日本語の習得と日本の学校文化への適応が何より優先されるなかで、彼らの身につけてきた母語や母文化は、無視されるか、場合によっては否定の対象となってしまう。それは、教育達成の面だけでなく、彼らのアイデンティティの基盤を揺るがすことにもなるだろう。

こうした「形式的平等」を乗り越え、外国人の子どもたちの教育における「実質的平等」を達成するためには、彼らのもつ言語的・文化的差異を尊重した多文化主義的対応が求められる。そのためどうしても欠かせないと思われるのは「母語教育」である[22]。現在、日本の学校において、外国人の子どもに対する母語教育はほとんどなされていないか、行われていてもごく限定的なものである。しかし、本章でみたように、母語能力を活かしうる子どもには、その学習が続くことは学習内容の理解において、有効に作用しこそすれ、妨げとなるものではない。また、言葉は教育上の問題にとどまらず、子どものアイデンティティ形成や家族とのコミュニケーションにおいても重要な役割を果たす。もちろん、日本の学校で体系的な母語教育を実践していくためには、人材の確保やカリキュラムの組み直しなど、乗り越えるべきハードルは決して低くはないと思われるが、より公正な教育を実現するためにも継続的に検討されるべき課題である。

註

（1）文部科学省の調査によると、全国の学校に在籍している「日本語指導が必要な外国人児童・生徒の数」は、二〇〇八年度で二万八五七五人（内、小学校一万九五〇四人、中学校七五七六人、高校一三六五人、中等教育学校・特別支援学校一三〇人）、母語別では、ポルトガル語一万一三八六人、中国語五八三一人、スペイン語三六三四人、その他七七二四人となっている。

(2) 宮島喬・太田晴雄編『外国人の子どもと日本の教育——不就学問題と多文化共生の課題』東京大学出版会、二〇〇五年。

(3) Sonia Nieto, *Language, Culture, and Teaching: Critical Perspectives* (2nd ed.), Routledge, 2010, p. 45.

(4) T市はおよそ三八万人の住民が暮らす東海地方の中核都市で、市内やその周辺には、自動車や機械メーカーなどの工場が立地している。一九九〇年に入管法が改正、実施されると、T市にはこうした工場で働くことを目的に、日系ブラジル人を中心とする多くの外国人が来日し、併せて、彼らの子どもたちが多数、市内の学校に在籍するようになる。その数は、ピーク時の二〇〇八年には一二九六人に達している。T市ではこうした状況に対応すべく、県からの教員加配に加え、教育相談員やスクールアシスタント、登録バイリンガルの配置・派遣、教材開発、教員やスタッフの研修、語彙調査、地域との連携など、保護者や現場の教員のサポートも視野に入れた手厚い支援体制を確立してきた。詳しくは、稲田素子・鷹田佳典「外国人多住コミュニティにおける学校の対応の事例——東海地方I小学校の教育実践」『滞日外国人における家族危機と子どもの社会化に及ぼすその影響の社会学的研究』(平成一九年〜二一年度科学研究費補助金研究成果報告書：研究代表者 宮島喬)、二〇一〇年を参照されたい。

(5) 以下の論述は主に、筆者が二〇一一年にX中学校での観察及びA教諭に対して行った聞き取り調査の結果に基づくものである。お忙しいなか、貴重なお話を聞かせてくださったA教諭に心より感謝いたします。

(6) 「社会に関しては、今、すごくできる子がいて、その子とは一緒に教科書を読んだり、問題集を解いたりしているが、理科に関しては、授業の準備ができず、所属学級に戻して、そこで教えてもらった」という。

(7) 宮島喬『文化と不平等——社会学的アプローチ』有斐閣、一九九九年。

(8) 例えばそれは、原学級での教科学習についていくのが難しい生徒が多いという事実に端的に表れているし、進学という部分でも、その多くが市立の定時制高校に進むということで、大半が公立や私立の高校に進学する日本人生徒との間には、やはり大きな隔たりがあると言えよう。

（9） 高橋明子『中国帰国者三世四世の学校エスノグラフィ――母語教育から継承語教育へ』生活書院、二〇〇九年、一五〇頁。

（10） 太田晴雄『ニューカマーの子どもと日本の学校』国際書院、二〇〇〇年。

（11） もう一人は母親が厳しく、家で勉強の時間を設けているという生徒である。

（12） 宮島喬『共に生きられる日本へ――外国人施策とその課題』有斐閣選書、二〇〇三年。田房由紀子「子どもたちの教育におけるモデルの不在――ベトナム出身者を中心に」宮島喬・太田晴雄編、前掲書。

（13） 高橋明子、前掲書、一五九頁。

（14） 宮島喬『共に生きられる日本へ――外国人施策とその課題』有斐閣選書、二〇〇三年、一五四頁。

（15） 二〇一一年度でみると、外国人児童が在籍する小学校四六校中、日本語教育適応学級設置校は一八校、中学校では、外国人生徒が在籍する二一校中、日本語教育適応学級設置校は一一校となっており、県からの加配がない学校が合わせて四〇校近くある。

（16） 宮島喬『文化と不平等――社会学的アプローチ』有斐閣、一九九九年、七六頁。

（17） 宮島喬・鈴木美奈子「ニューカマーの子どもの教育と地域ネットワーク」宮島喬編『外国人市民と政治参加』有信堂、二〇〇〇年。坪谷美欧子「地域で学習をサポートする――ボランティア・ネットワークが果たす役割」宮島喬・太田晴雄編、前掲書。

（18） 高倉翔「教育における公正と不公正」高倉翔編著『教育における公正と不公正』教育開発研究所、一九九六年。

（19） 宮島喬『文化と不平等――社会学的アプローチ』有斐閣、一九九九年、七五頁。

（20） 太田晴雄「日本的モノカルチュラリズムと学習困難」宮島喬・太田晴雄編『外国人の子どもと日本の教育――不就学問題と多文化共生の課題』東京大学出版会、二〇〇五年。

（21） 太田晴雄、前掲書。

(22) 太田晴雄「母語教育の公的支援――より公正な教育の実現」KOBE外国人支援ネットワーク編『日系南米人の子どもと母語教育』神戸定住外国人支援センター、二〇〇一年。志水宏吉「日本における二言語教育の課題――学校における多文化主義の実現へ」広田康生編『多文化主義と多文化教育』明石書店、一九九六年。

第Ⅲ部　グローバリゼーションとエスニシティ——共生と公正

第7章　人種的公正の観点からみたアメリカ公民権政策

――自由と平等の葛藤とその乗り越え

本田　量久

一　矛盾をはらむアメリカ民主主義の理念

アメリカ合衆国（以下、「アメリカ」とする）は、異なる民族的・文化的背景をもった人々をひきつけながら発展してきた国家である。そして、努力と高い能力をもって成功を収めた者は、「アメリカンドリーム」の体現者として高く評価される。しかし、「アメリカンドリーム」を実現できる可能性が万人に等しく開かれているとは限らないという事実も忘れてはならない。実際に、成功の機会から構造的に排除されるマイノリティは少なくない。たしかに、一九世紀初頭にアメリカを訪問したアレクシス・ド・トクヴィルは、アメリカ民主主義の特徴として平等原則に言及しているが、この国では、平等の実現よりも個人の努力・能力・成果を重視する政治文化が深く浸透していると言ってよい。さらには、平等の追求がともすれば個人の努力・能力・成果を否定し去る「共産主義的」な「優遇措置」と理解される傾向さえある。つまり、アメリカ民主主義において、自由と平等は常に緊張をはらんだ関係にある。

しかし、アメリカ民主主義は、さまざまな利害当事者を巻き込んだ政治的論争を通じて、自由と平等の両立可能性を示す新たな社会観をも生み出してきた。これは、人種隔離に象徴される深刻な人種差別を抱えながらも、自国の民主主義こそが時空を超えた普遍性をもっていると訴え続けたアメリカの自己矛盾によるところが大きいだろう。とりわけ、アジアやアフリカで反人種主義や反植民地主義が高まり、冷戦イデオロギー対立が深刻化する一九五〇、六〇年代の時代状況にあって、アメリカは、人種差別と結びついた否定的な国家イメージを最小限に抑え、共産主義に対する道徳的優位性を自国民や国際社会に承認させたいという動機が強かったことから、国家戦略として、アメリカの自己矛盾を乗り越え、より公正な民主主義を新たに構想しなければならなかった。つまり、自由や平等に加えて、公正であることを求めようとする民主主義の成長は、国際情勢との緊張関係や国益を守るという戦略的動機によって促されたが、同時に、人種的公正（racial justice）の実現という新たなグローバル時代の規範的要請に応えようとした結果でもあった。

本章では、一九五〇、六〇年代の時代状況に着目しながら、特に教育現場における自由と平等をめぐる政治的論争からいかに人種的公正が問われ、模索されたかを明らかにしたい。なお、一次資料として、一九五〇、六〇年代に開催された連邦議会公聴会の議事録を参照する。議事録を通じて、当時のアメリカを取り巻く時代状況、自由と平等といった民主主義の理念、人種的公正をめぐる社会の声を聞くことが期待できるためである。

二　教育機会を剥奪され続ける黒人

アメリカ独立宣言（一七七六年）は、「人間は平等に創られた」と述べながら、すべてのアメリカ国民は「不可侵の権利」である「生存権、自由権、幸福追求権」を等しく賦与されると謳ったが、奴隷身分の黒人は人間らしく生きる権利を剥奪され続けた。また、黒人社会学者W・E・B・デュボイス（一八六八〜一九六三年）によれば、奴隷解放（一八六三年）が宣言されたあと、黒人が自由を求めて南部地域から北部地域や東海岸地域の都市部に移動したが、それまで白人奴隷所有者の管理の下で農業や家事など、学校教育や職業訓練を要さない単純な奴隷労働に従事していたことから、「自由」を手にした黒人は皮肉にも新しい生活環境において「無防備」(defenseless) であった(1)。

それゆえ黒人が真の意味で自由を獲得し、自律的な市民生活を送れるようになるためには、法律的に奴隷制度が廃止されるだけでは充分ではなく、黒人にも平等な教育機会が保障されなければならなかったはずである。だが、実態はどうであったか。一八九六年、連邦最高裁判所は、プレッシー判決のなかで、人種隔離を実施しても、提供される施設やサービスが平等であるならば、アメリカ合衆国憲法修正第一四条に抵触したことにならず、人種差別にはあたらないとの判断を示した。その後、同判決が示した「分離すれども平等」(separate but equal) 原則は、半世紀以上にわたり、教育機関における人種隔離の「合法性」を支持する根拠であり続けた。たしかに、「分離すれども平等」原則に従えば、「平等」の条件を満たした人種隔離は「合憲」と判断されるが、実際には、教育現場における不平等の実態が問われることはなかった。たとえば、州からの財政援助額、教育設備、教員への給与など、白人学校と黒人学校の間に大きな格差があった。二〇世紀初頭のミシシッピー州では、黒人が就学年齢児童の約六割であったが、黒人学校が州から受けた財政援助額は約二割にすぎなかったし、アラバマ州では、財政困難を理由に黒人学校が廃校になっている。[2]「分離すれども平等」原則は、「修正第一四条に従っているかのようにみせかけるため」の「フィクション」であったが、半世紀以上にもわたって、人種隔離の「合法性」を支え続けた。[3]

ただし、教育現場における人種隔離は自己完結的に作動したのではない。「ひとびとの差別感情は、制度の機能に影響を及ぼす」とA・ハッカーが指摘するように、[4]教育機関における人種隔離は人々の人種的偏見と結びつきながら南部地域に広がっていった。では、二〇世紀半ばまでアメリカで流布していた人種主義的言説とはいかなるものであったか。たとえば、デュボイスによれば、白人優越論は、「非理性、非文明、怠惰、受動性、教育可能性の限界」と黒人の「先天的」な特徴を列挙し、また優生学は、知能指数などの「科学的根拠」を提示しながら、黒人が「遺伝的」に「劣等」であることを証明しようと試みた。[5]このような人種主義的言説は、教育現場における人種隔離の「正統性」を支えたのである。

ここで社会学的に興味深いのは、白人のみならず、被剥奪集団である黒人自身も無自覚ながら人種主義的言説を受け入れ、白人中心的な権力構造に服従していたという点である。この言説が流布するコミュニティの日常生活を通じて、黒人は白人中心的な人種主義的言説を内面化し、「劣等人種」という否定的な自己認識を抱くようになる。更に、自分の家族を含め、多くの黒人が充分な教育水準を達成できず、プランテーション農業や白人家庭などで低賃金で働いていたという事実は、白人のみならず、黒人にも人種主義的言説の妥当性を承認させる根拠となった。黒人コミュニティのなかに成功モデルがあれば、努力をする意味を見出せるだろうが、実際には、自分が見習うべきモデルが不在である以上、黒人は「やはり黒人は白人より劣っている」と判断せざるをえなくなる。このような状況は、自らの境遇を改善しようとする上昇意識（aspiration）を損ない、「努力しても何も期待できない」という諦念を助長することになる。

マイノリティの「自己限定」「自己抑制」「選択の放棄」について、宮島喬は次のように述べている。「この心理的要素は、純粋に個人的な主観ではなく（中略）ハビトゥス的なものに相当する。なかば無意識のなかで所与の日常の環境世界のなかでまなびとり、身につけていく主観的な態度といったらよいだろうか[6]」。また、黒人の諦念に関連してR・ダールが指摘するように、通常、個人の意志ではどうしようもできない構造的制約を乗り越えるまでに、多くの黒人は挫折し、現状に妥協することになる[7]。黒人は、白人中心的な権力構造のなかで「無能力」を「習得」した結果、人種主義的言説の妥当性を自ら証明し、人種隔離の「正統性」を支える根拠をつくりだすという皮肉な帰結をもたらした。

公権力が推進した人種差別的な制度、白人の人種主義的言説・実践、黒人の自発的服従は、それぞれ重層的に強化しあいながら、「合法的カーストシステム」を形成していった[8]。このような権力構造が成立すると、教育達成をはじめ、経済的地位や自尊心などにおいても人種間格差は不可逆的になり、個人の努力では容易に是正しがたいものになる。

三　人種統合の展開と南部社会の抵抗

しかし、第二次世界大戦が終わると、人種問題の解決を図るべく公民権政策が展開されるようになる。教育現場における人種差別に関して、歴史的転換となったのが一九五四年のブラウン判決である。たしかに、この当時は、弁護士E・W・グッドリッチ（バージニア州）のように、プレッシー判決を踏襲して「人種隔離は本質的に不平等であるという論理には賛成できない」とする解釈もあったが、[9] ブラウン判決は、「人種隔離は本質的に不平等である」との見解を示し、公立学校における人種差別を違憲とする判決を下した。その判決理由は次のようなものである。「人種のみを理由に、黒人児童を年齢や学力が同じくらいの者から隔離すれば、コミュニティにおける自分たちの地位に関して劣等感を生み出すことになるだろう。そのような劣等感は黒人児童の心に影響を及ぼし、不可逆的な結果をもたらすかもしれない」。黒人の教育をめぐる問題は、もはや個人の努力では解決できない構造的問題であり、連邦政府が教育環境の改善に関与し、黒人の子どもが学力を向上させ、自尊心を抱けるような平等な教育環境をつくることが必要であるとするE・ウォーレン連邦最高裁判所長官らの言葉に強い危機認識が窺える。

そして、ブラウン判決が下されると、人種平等への期待感を膨らませて、白人が通う学校に入学を希望する黒人が現れるようになる。しかし、白人生徒、白人住民、南部州政府は、教育現場の人種統合に激しく抵抗した。一九五七年九月、黒人学生九名がアーカンソー州リトルロックにあるセントラル高校に入学を希望したものの拒否されるという事件が起こった。これを受けて、連邦地方裁判所が州に人種統合を命じたが、一九五八年の州知事選を控え、白人有権者の支持を意識していたO・E・フォーバス州知事は、連邦政府や連邦裁判所の「強制的な人種統合」に徹底抗戦の姿勢をとった。他方、リトルロック危機が世界中に報道され、国際的スキャンダルへと発展したことを重視したアイゼンハワー大統領は、軍隊を動員して、混乱の沈静化を図った。連邦政府の介入によって、かろうじてセントラル高校の人種統合が果たされたものの、一九五七~五八年度が終わると、フォーバスによって、セントラル高校は強制的に閉校されるという結末を迎える。

以上のようなフォーバスの徹底抗戦に対して、アラバマ州知事のJ・パターソンが支持を表明し、ミシシッピー州知事のJ・P・コールマンも、人種統合した公立学校は廃校にすることを定めた州憲法修正条項に言及しながら、「ミシシッピー州では、公立学校を人種統合することは、法律的に不可能である」[10]と述べている。しかし、それよりも社会学的に重要な含意をもつと思われるのは、大多数の南部白人が教育現場における人種統合に強く反対していたというその社会の実態である。南部地域で実施された世論調査によれば、八〇%の白人がブラウン判決に反対であったし[11]、また、一九五八年のアーカンソー州知事選では、フォーバスが七〇%の得票率で再選を果たしている。

ここで示したように、ブラウン判決とリトルロック危機は、自由や平等というアメリカ民主主義の理念をめぐるアメリカの分裂を象徴している。では、教育現場の人種統合に伴う混乱は、南部社会において、どのように語られたのだろうか。多くの南部白人は、教育現場における人種隔離がアメリカ民主主義の理念に合致したものであることを示し、「強制的な人種統合」の合法性と正統性に疑問を呈した。次節では、一九五〇、六〇年代に開催された連邦議会公聴会の議事録を通して、南部社会に広く浸透していた言説を分析してみたい。

四　人種隔離と人種統合をめぐる論争

「人種隔離は社会秩序を守る」

学校教育は、子どもが基本的な学力や自律的に生きる力を身につけ、また、コミュニティの構成員として生きる上で必要な社会規範を内面化する社会制度である。しかし、南部社会において、学校教育が期待された役割は特殊であったと言ってよい。上述したように、南部社会では、黒人は白人よりも「先天的」に劣っていることが想定されていたし、また、白人とともに生きることは許されなかった。[12]

そして、白人と黒人は共生できないという主張は、人種隔離によって相互の距離を保つことによって、社会秩序が維持されるという発想ともつながる。学校における人種隔離についても、白人と黒人の「調和的」な関係を守るものとして語られることがある。下院議員J・D・ワゴナー（ルイジアナ州）は、「先天的」な差異に基づく人種隔離は、本質的に異なる二つの文化が衝突することを回避することにより、「平和と秩序を維持する」ことが期待できると述べながら、教育現場における人種隔離の社会的意義を説明する。[13]

さらに、H・G・グラント（テキサス州司法次官）の主張によれば、ブラウン判決でウォーレンらが表明した懸念に反して、人種隔離は黒人コミュニティを発展させ、黒人の人種的自尊心を高めることが期待できる。[14] つまり、人種隔離支持者は、社会秩序や黒人コミュニティを支えるものとして学校の人種隔離がもつ積極的な意味を示そうとした。

「不平等は社会的不正義ではない」

では、人種隔離支持者は、「分離すれども平等」原則に従い、白人学校と黒人学校における教育環境は等しく保障されていると考えていただろうか。ミシシッピー州司法長官のJ・T・パターソンによれば、白人と黒人の間には「共感、相互理解、善意の雰囲気」が保たれている。[15] この他にも人種差別の存在を否認する証言は多くみられる。教育現場においても、「隔離すれども平等」原則に抵触するような人種差別はなかったとされる。

しかし、白人と黒人の間に教育格差があることを認識していた人種隔離支持者は少なくない。ただし、人種間の教育格差は、人種隔離に起因するとは解釈されなかった。人種隔離支持者によれば、不平等は、個人の自由が尊重されていることによる不可避的な帰結である。たとえば、上述のワゴナーは、「ひとが自由であれば、平等はありえないし、ひとが平等であるならば、自由はありえない[16]」と述べながら、個人の自由を尊重するアメリカ民主主義において不平等が起こるのは必然的であるとの見解を示している。

つまり、人種隔離支持者の説明によれば、人種間の教育格差は、個人の自由を尊重することに価値を置くアメリカ民主主義の必然的な帰結であって、社会的不正義とみなすべき問題ではない。にもかかわらず、「私たちの子どもの心に対する連邦政府による統制[17]」を強化し、「平等の強制」が推し進められるならば、子どもの「自由な精神」が抑圧されることになる。学校において尊重されるべきは、平等ではなく、個人の自由であるというのが人種隔離支持者の主張であった。

「平等の強制」によるアメリカの「共産主義化」

他方、人種間の教育格差に関して、人種隔離支持者が問題としたのは、黒人の「怠惰」「能力の欠如」「無責任」であった。つまり、彼らの主張によれば、黒人の教育水準が低いのは、社会に原因があるのではなく、黒人個人に責任があるということになる。それにもかかわらず、連邦政府は自助努力を怠っている黒人の救済を目的とした公民権政策を展開し、教育現場の人種統合を推し進めている。下院議員G・ハッドルストン（アラバマ州）は、「いま審議されている公民権法案は、能力が不充分な黒人が努力をしなくても恩恵を享受できる可能性を示している[18]」と批判する。

公民権政策は、個人の努力や能力を否定しながら、すべてのひとを同等に扱うことになる。上述のグッドリッチ弁護士が懸念するところによれば、公民権政策が推進する「平等の強制」は、黒人の「特権的待遇」を保障する一方、個人の自由を破壊しながら「白人の奴隷化」をもたらすだろう[19]。

以上のことから、多くの人種隔離支持者は、「平等の強制」を展開する公民権政策に対して「非米的」「全体主義的」「中央集権的」「専制的」「共産主義的」などの表現を伴った批判的な証言を繰り返している。下院議員J・C・デーヴィス（ジョージア州）は、公民権政策が「ゲシュタポ的干渉」であると述べながら、ナチ政権の全体主義体制との共通性を強調する発言をしている[20]。しかし、冷戦イデオロギー対立が深刻化する時代背景にあって、人種隔離支持者が公民権政策を批判する際、特に頻繁に言及したのは、共産主義者による「陰謀」であった。この点において、リトルロック危機に関するM・F・カルドウェル元フロリダ州知事の証言は象徴的であろう。「アメリカ国内にいる敵は、破壊活動分子や売国奴としてではなく、愛国者を装っている。意識的にせよ、そうでないにせよ、彼らは、人道主義をみせかけながら、共産主義に従い、ソ連のプログラムに貢献している。ご存知の通り、それは二つに分類できる。第一にアメリカによる自滅、第二にこれが失敗に終わったときの軍事的侵略である[21]」。また、アラバマ州知事のパターソンも同様の発言をしている。「もし連邦政府が強権的に人種統合を推進するならば、混沌、無秩序、暴力が広がり、私たちアラバマ州民は公立学校を閉校せざるをえなくなるだろう[22]」。人種隔離支持者は、個人の自由を守るためには、教育現場における「強制的な人種統合」を推進することによって、アメリカを分裂させようとする共産主義者の「陰謀」に抵抗しなければならないと訴えた。

五　揺らぐアメリカ民主主義――自由と平等の対立から公正の実現に向けて

冷戦イデオロギー対立が深刻化する時代状況にあって、以上のようにアメリカ民主主義の「正統性」を訴える人種隔離支持者の発言はたしかに一定の力をもっていた。しかし、すべての国民がアメリカ民主主義のこうした「正統性」を認めていたわけではなかった。また、一九世紀から二〇世紀半ばまで欧米中心的な世界秩序に服従を強いられてきたアジアやアフリカの国々は、自由、民主主義、人権の普遍的価値を訴えながら、人種問題を抱えるアメリカの自己矛盾に厳しい視線を向けるようになっていた。本節では、第二次世界大戦以降、国内的にも国際的にもアメリカ民主主義が揺らいでいった過程を示しつつ、連邦政府や公民権運動が新たに再建しようとした、より公正な民主主義について論じてみたい。

自由世界は実現したか――黒人の深まる失望感

一九四一年一月、ルーズベルト大統領は、連邦議会で「四つの自由」(Four Freedoms) と題した一般教書演説を行った。ヨーロッパでナチスの勢力が拡張するなど、全体主義の脅威が世界中に広がり、あらゆる自由が破壊されつつある時代状況にあって、アメリカは、表現の自由、信仰の自由、貧困からの自由、恐怖からの自由という「人類の普遍的な四つの自由」を守るために闘わなければならない。ルーズベルトは、このようにアメリカが担うべき世界的使命を語りながら、挙国一致を訴えた。

だが、「自由の戦争」は誰の自由のために闘われたのか。特に、第二次世界大戦中に前線に送られた黒人兵士の疑問は小さくなかったと言われている。確かに、アメリカを中心とする連合国軍は勝利し、それは「平等、民主主義、人種主義の打破を象徴していた[23]」が、第二次世界大戦は「人種隔離された軍隊をもつ国によって遂行された、人種主義的な政権に対する戦争であった[24]」ように、アメリカの自己矛盾は明らかであった。「アメリカ黒人は、ヨーロッパを解放する戦争で勝利したが、自国では自由を獲得できなかった[25]」。

さらに、一九四五年一〇月に国際連合が発足し、一九四八年には普遍的人権の保障を謳った世界人権宣言が採択されるが、新たな国際社会の展開も、その主導的役割を担ったアメリカの矛盾を露呈した。たとえば、世界人権宣言には、第二六条第一項「すべて人は、教育を受ける権利を有する」、そして、第二項「教育は、人格の完全な発展並びに人権及び基本的自由の尊重の強化を目的としなければならない」とあり、普遍的人権として教育の重要性が明記されているが、SNCC（学生非暴力調整委員会）のR・モーゼスによれば、有権者登録運動に参加した黒人の多くは、教育機会を奪われていた結果、有権者登録申請書の必要事項を記入できないほど、識字能力を欠如していたと報告している[26]。その背景として、人種統合に対する南部諸州の激しい抵抗があったことがしばしば指摘されている。NAACPのR・ウィルキンスは「ブラウン判決以降、一七の南部州および隣接州において、人種統合された学校に通っている黒人の小中学生は約五%に過ぎない」と述べ、黒人の教育環境が改善していない状況を警告している[27]。人種隔離支持者は、黒人の「怠惰」「能力の欠如」「無責任」といった言葉で「結果の不平等」を説明したが、人種統合支持者は、個人の自助努力では如何ともしがたい構造的な「機会の不平等」に疑問を呈している。国連や世界人権宣言が示す基準に照らしたとき、民主主義は、すべての自国民に「人格の完全な発展並びに人権及び基本的自由」を保障していたとは言い難い現実があった。

皮肉であるが、アメリカは自由世界の実現を約束することにより、黒人の期待を高めた一方、実際には自由を剥奪し続けたために、かえって黒人の不満を増幅させていった。

アメリカ民主主義に対する国際批判の拡大

以上のようなアメリカ民主主義の二重基準は、自国のみならず、国際社会の信頼をも揺るがしうるものであった。たとえば、世界平和、民主主義、普遍的人権の保護などを理念として創設された国連がその本部をニューヨークに置くことに対して、インドなどの国々から疑問の声が上がったが、(28)これは、アジアやアフリカで植民地支配や人種主義に基づく欧米中心的な世界秩序の「正統性」が急速に揺らいでいくという第二次世界大戦後の新たな時代状況と無関係ではなかろう。

冷戦イデオロギー対立が深刻化する時代状況にあって、アメリカは、共産主義に対する道徳的優位性をアジアやアフリカの新興独立国家に示したかった。新興独立国家が急増し、一九五〇年には国連加盟国の半数が非白人国家に占められるようになり、「アフリカの年」と呼ばれた一九六〇年にはアフリカで一七カ国が植民地支配から解放され、それまでに合計二五カ国が独立を果たしている。国連総会では一国一票制が採用されているため、アメリカのような世界的な覇権国家にとっても、外交戦略上、アジアやアフリカの新興独立国家と友好的な関係を構築することが重要であった。このような新たな世界情勢にあって、下院議員W・ドーソン（イリノイ州）は、次のように警告する。「アメリカ人種問題は、アメリカと国際社会の関係にも影響をもたらしている。人種的暴力、人種統合を妨害するための学校閉鎖、人種隔離をはじめとするあらゆる人種差別は、世界中の新聞の見出しになっている。このような見出しを読んだとき、とりわけ、非白人国家は民主主義や自由の重要性を訴えるアメリカの理想を信頼するだろうか(29)」。

さらに、ソ連の反米プロパガンダも、アメリカ民主主義の「正統性」を揺るがす大きな要因であった。ソ連は、人種問題を効果的に利用した反米プロパガンダを通じて、アメリカ民主主義の「偽善」を明らかにする一方、共産主義のイデオロギー的優越性をアジアやアフリカの国々に訴えることができた[30]。世界的な覇権国家でありながら、外交戦略上、新興独立国家の増大する影響力を無視できないというアメリカの逆説的状況にあって、NAACPのウィルキンスは次のように人種問題の解決を訴えている。「世界人口の三分の二は非白人である。(中略) アメリカに対して偽善との非難が向けられるとき、アメリカの国際的発言力は著しく損なわれるだろう。このような非難を回避するためには、言行を一致させる以外にない[31]」。

公正な社会の実現を求めて

第二次世界大戦の直後、トルーマン政権によって人種問題の解決に向けた公民権政策が始まっていたが、アジアやアフリカで新興独立国家が増え、冷戦イデオロギー対立が深刻化する一九五〇年代になると、連邦政府はより積極的に公民権政策を推進するようになる。そして、上述したように、ブラウン判決や連邦政府による「強制的な人種統合」は、南部地域の激しい反発を招いたものの、「黒人は、連邦政府が公立学校の人種統合に介入することを期待できるようになった[32]」ことから、公民権運動が急速に活発化した。

さらに、人種問題は、ひとり黒人の利害にとどまらず、アメリカ全体に関わるものであるという認識がアメリカ国民の間に広まっていった。「一九六三年のハリス世論調査によれば、白人回答者の七八%が〈アメリカの人種差別は国際社会におけるアメリカの国益を損なっている〉と回答し、同二三%がその理由として〈アメリカの人種差別は共産主義に反米プロパガンダの材料を提供しているから〉と回答している」[33]。この調査結果は、アジアやアフリカで反植民地主義や反人種主義を訴える勢力が強まり、ソ連の反米プロパガンダが展開される時代状況に動揺するアメリカ国民の意識を反映したものと理解できるだろう。

そして、国益を守るという政治的動機に加えて、より公正なアメリカ民主主義の実現を目指すという規範的動機も国内で強まっていった。下院議員R・W・カステンマイヤー（ウィスコンシン州）は「アメリカ人種問題は、国際問題であり、法律問題であり、道徳的問題である」と述べ、また下院議員S・S・シュトラットン（ニューヨーク州）は「社会的・道徳的危機状況」として人種問題を位置づけている[34]。つまり、彼らの認識によれば、黒人が陥っている状況は、黒人の「怠惰」「能力の欠如」「無責任」といった個人的要因に還元できるものではなく、たとえば、黒人の低い教育水準は、黒人個人の努力ではもはや解決できない構造的な問題であることから、人種統合をはじめとする平等な教育環境の保障は、決して黒人の「特権的待遇」ではなく、むしろ、著しく不利な構造的条件を強いられてきた黒人が自律的に生きる力を伸ばす機会を回復・保障・推進するための条件であると認識された。

以上のような新たな認識は、当時の世界情勢と連動しつつ、公民権運動や公民権法案審議が展開されるなかで醸成されていった。環境要因を考慮せずに個人の能力や努力を重視する古典的なアメリカ民主主義の「正統性」が揺らぐ一方、より公正であろうとする新たなアメリカ民主主義が生まれてこなければならなかった。

六　人種的公正は達成されたか

一九五〇、六〇年代における人種的公正をめぐる論争は、紆余曲折を経て、一九六四年公民権法の成立という決着をもたらした。同公民権法が示唆する「公正」概念は、第一に、修正第一四条の「法の下の平等」原則を法律的に保障しつつ、第二に、もしも人種平等の実現を妨げる障壁が確認できる場合は、司法長官の権限に基づく連邦政府の介入を認めるという点にその特徴があった。平等な教育機会の保障を目的とした連邦政府の介入は従来「非米的」「全体主義的」「共産主義的」としてたびたび白人保守層の抵抗を招いたが、この一九六四年公民権法は教育の人種平等を推進するうえで転機を画したと評価できる。とはいえ、人種統合などを通じて黒人が白人と同等の教育機会を享受できても、前者の教育達成を妨げる構造的障壁は容易に除去できないという限界があった。

そこで、一九六〇年代後半には、機会の平等に加え、「結果の平等」をも求める人種的公正が探られるようになる。これも画期的なことだが、大統領命令、立法、自発的計画などにより、企業の従業員構成、公務員採用、大学進学などでアファーマティヴ・アクションを採用する機関が現れた。たしかに入学合格者の選考に際して黒人などのマイノリティ集団に入学枠を割り当てるクオータ制は、白人個人に対する「逆差別」であるとの否定的反応を引き起こした。有名なバッキ判決（一九七八年）では、特定集団を優遇する点で修正第一四条と一九六四年公民権法に抵触するとの司法判断が示された。だが、同判決は、アファーマティヴ・アクションそのものの意義は否定せず、入学合格者選考の一要素として人種を考慮することを認め、白人個人に及びうる不利益を最小限に抑えつつ、黒人が人種差別によって奪われてきた教育達成の可能性を回復するために必要な措置であるとの見解を示した。

その後も人種的公正をめぐる論争は続くが、実質的な人種平等の実現を目指す一連の取り組みは、黒人の教育達成を向上させるうえで一定の成果をもたらした。二〇〇三年の国勢調査データによれば、黒人人口二〇五三万人（二五歳以上）のうち八〇・〇%、白人人口一億三三四九万人（二五歳以上）のうち八九・四%が高校を修了しており、白人と黒人の教育格差が縮小していることが分かる。[35] 確かに、人種差別の問題は残存しており、楽観はできないが、この半世紀で黒人の教育環境が改善し、その成果は数字で現れていると言えよう。

だが、アメリカが直面する課題はグローバル化の進行とともに複雑化している。近年、ヒスパニック系移民の急増に伴い、移民の子どもたちに教育機会を保障すべきかどうかを問う論争が展開されている。二〇〇三年の時点で、ヒスパニック系人口二一一九万人（二五歳以上）のうち高校を修了しているのは五七・〇%にすぎない。[36] 家庭の文化資本や親の教育観、言語上の困難、また「非合法移民」が常に直面しうる強制送還と一家離散のリスクは、直接的・間接的に移民の子どもたちの学業達成を阻害する重大な構造的要因となっている。他方、アメリカは、これまで国際的な人権レジームの構築を主導してきた以上、移民の人権を保障する対応が求められるだろう。

奴隷制度に連なる旧来の黒人問題にせよ、グローバル化に伴う新しい移民問題にせよ、アメリカは公正をめぐる複雑な問題を抱えている。直面している問題は容易に解決されるものではないが、自国民や国際社会に向けて、自由、民主主義、人権の普遍的価値を謳っていることから、アメリカ民主主義は普遍的かつ公正な社会の実現を図らざるをえない。今後も「アメリカ民主主義の逆説」は続くであろう。

註

（1） W. E. B. Du Bois, *The Souls of Black Folk*, Bantam Books, 1903, p. 121.
（2） L. F. Litwack, *Trouble in Mind: Black Southerners in the Age of Jim Crow*, Vintage, 1999, p. 106.
（3） S. Kennedy, *Jim Crow Guide: The Way It was*, Florida Atlantic University Press, 1990, p. 178.
（4） A. Hacker, *Two Nations: Black and White, Separate, Hostile, Unequal*, Ballantine Books, 1995, 33.
（5） W. E. B. Du Bois, *Color and Democracy*, Kraus-Thomson, 1945, p. 25, 45.
（6） 宮島喬『文化的再生産の社会学――ブルデュー理論からの展開』藤原書店、一九九四年、五四―五五頁。
（7） R. Dahl, *Polyarchy: Participation and Opposition*, Yale University Press, 1971, pp. 95–101.
（8） Du Bois, *op. cit.*, p. 71.
（9） U. S. House of Representatives Hearings before Subcommittee No. 5 of the Committee on the Judiciary, *Civil Rights*, U. S. Government Printing Office, 1959, p. 650.
（10） U. S. Senate Hearings before the Subcommittee on Constitutional Rights of Committee on the Judiciary, *Civil Rights-1957*, U. S. Government Printing Office, 1957, p. 759.
（11） H. Sitkoff, *The Struggle for Black Equality 1954–1992*, Hill and Wang, 1993, p. 24.
（12） 公聴会で人種主義的言説を露骨に表明する証言は少ないが、L・H・ペレス地方検事（カリフォルニア州）は、公民権政策の帰結として、強制的な人種間の「雑種化」(mongrelize) が進行することに対して懸念を表明している。U. S. Senate, 1957, *op. cit.*, p. 625.
（13） U. S. House of Representatives Hearings before Subcommittee No. 5 of the Committee on the Judiciary, *Civil Rights*, U. S. Government Printing Office, 1963, p. 1737.
（14） U. S. Senate, 1957, *op. cit.*, p. 600.

(15) U. S. Senate Hearings before the Committee on the Judiciary, *Civil Rights Proposal,* U. S. Government Printing Office, 1956, p. 229.

(16) U. S. House of Representatives, 1963, p. 1737.

(17) J・B・ウィリアムズ下院議員（ミシシッピー州）の発言。U. S. House of Representatives, 1959, *op. cit.*, p.. 713.

(18) U. S. House of Representatives, 1963, *op. cit.*, p. 1812.

(19) U. S. House of Representatives, 1959, *op. cit.*, p. 665.

(20) U. S. Senate *op. cit.*, 1956, p. 272.

(21) U. S. House of Representatives, 1959, *op. cit.*, p. 688.

(22) *Ibid.*, p. 682.

(23) A. S. Layton, *International Politics and Civil Rights Policies in the United States, 1941-1960,* Cambridge University Press, 2000, p. 32.

(24) M. L. Dudziak, *Cold War Civil Rights: Race and the Image of American Democracy, Princeton* University Press, 2000, p. 7.

(25) C. Lusane, *No Easy Victories: Black Americans and the Vote,* Franklin Watts, 1996, p. 43.

(26) U. S. House of Representatives, 1963, *op. cit.*, p. 1260.

(27) U. S. House of Representatives, 1963, *op. cit.*, p. 2142.

(28) Plummer, B. G., *Rising Wind: Black Americans and U. S. Foreign Affairs, 1935-1960,* The University of North Carolina Press, 1996, p. 162.

(29) U. S. House of Representatives, 1959, *op. cit.*, p. 176.

(30) 本田量久『「アメリカ民主主義」を問う』唯学書房、二〇〇五年。K. Honda, "Postwar Civil Rights Politics

in the United States," *Nanzan Review of American Studies,* 2009, pp. 187-190.

(31) U. S. Senate Hearings before the Subcommittee on the Committee on the Judiciary, U. S. Government Printing Office, 1949, p. 37.

(32) R. D. Loevy, "Introduction," in R. D. Loevy (ed.), *The Civil Rights Act of 1964: The Passage of the Law That Ended Racial Segregation,* Suny, 1997, p. 32.

(33) Dudziak, *op. cit.,* p. 187.

(34) U. S. House of Representatives, 1963, *op. cit.,* p. 1739, 1724.

(35) U. S. Census Bureau, *Educational Attainment in United States: 2003,* U. S. Department of Commerce, 2004, p. 4. 詳細については、本田量久「アメリカにおけるメキシコ系の学校不適応と対応」『ＥＵと東アジアの人の移動における人権レジームの構築の調査研究』（平成一七〜一九年度文部科学省科学研究費研究成果報告書：研究代表者　宮島喬）二〇〇八年を参照されたい。

(36) U. S. Census Bureau, *op. cit.,* p. 5.

第8章　フランス共和国とエスニック統計
——移民の統合と平等をどう実現するか

中力　えり

一　差別と「エスニック統計」をめぐる議論

社会生活においてみられる様々な理由による差別のなかでも、エスニックな出自による差別の実態はいかなるもので、人々にどのように認識されているのだろうか。

ＥＵでは、①性別、②エスニックな出自、③宗教または信条、④年齢、⑤障がい、⑥性的志向に基づく差別が法的に禁止されているが、加盟国（や加盟候補国）内における差別の実態について把握するために、これまでに二〇〇六年、二〇〇八年、そして二〇〇九年の三回にわたり調査が行われている。二〇〇九年のユーロバロメーター[1]によると、上記六つの差別のなかで、広くみられる差別として一番多く人々に認識されているのが「エスニックな出自」による差別である（ＥＵ二七カ国平均で六一％）。また、実際にエスニックな出自に起因する差別やハラスメントを目撃しているのは、調査対象者全体の中で一二％にのぼっている。エスニックな出自による差別やハラスメントは、他の要因（年齢八％、障がい六

%、性的志向六%など）よりも一番多くの人からあげられている。自らが「マイノリティ・グループに属している」と考える人にあっては、過去一二カ月以内にそのエスニックな出自ゆえに差別やハラスメントを受けたと感じている人は二五%にのぼっている。このように、エスニックな出自による差別は、EU全体の例でみても、依然として検討すべき大きな課題であることがわかる。その実状を明らかにし、対策を講じていくためには、「エスニック統計」[2]が有効であるとの主張が聞かれる一方で、他方ではそうした統計を収集することで、かえってカテゴリー化を推し進めて差別を助長する危険性があるとの指摘がある。

以下では、「共和国モデル」を掲げるフランスで、「エスニック統計」をめぐってどのような議論が展開され、どのような実践がみられるのかをとりあげていくことにしたい。フランスでは、移民[3]の統合と平等の問題がたびたび議論になるものの、その国家統合の理念ゆえに「エスニック統計」に対して長年消極的な姿勢がとられ続けてきた。しかし、近年そうした傾向に変化がみられるようになっており、その背景や現状についてみていきたい。

二　フランスと「エスニック統計」

フランスでは、全ての個人が「平等」であるとのたてまえから、その出自を問うことに対しては各方面で大きな抵抗がみられる。「エスニック統計」に関しては、「共和国モデル」という国家の構成原理と相いれないとの主張が聞かれ、「フランスではエスニック統計はとれないことになっている」という言説もよく聞かれる。

その根拠とされてきたのは、一九七八年の「情報処理、データファイルおよび諸自由に関する法律」（一九七八年一月六日付の法律第七八〜一七号）である。その第三一条では、「直接的または間接的に、人々の人種や政治的、哲学的、宗教的意見、または所属する労働組合を明らかにするような、個人データを収集または処理することを禁止する」と記されている。しかし、これには実は例外規定も定められていて、公共の利益にかなう場合には「情報処理及び自由に関する国家委員会」（CNIL）の提言または承認に基づく国務院のデクレにより認められるとされていた。

一九七八年の法律は、二〇〇四年八月六日に大幅に改正された。これは、一九九五年に採択されたEC指令「個人データ取扱いに係る個人の保護及び当該データの自由な移動に関する一九九五年一〇月二四日の欧州議会及び理事会の指令九五／四六／EC」の国内法化のためであった。改正された法律の第八条Iではセンシティヴ・データについてとりあげられており、「直接的または間接的に、人々の人種またはエスニックな出自、政治的、哲学的、宗教的意見、または所属する労働組合を明らかにするような、あるいはその健康や性生活に関わるような個人データを収集または処理することを禁止する」と記された。「エスニックな出自」や「健康」、「性生活」に係わるデータの収集・処理の禁止が加わったのは、フランスの統合理念を強化するためではなく、EC指令の第八条の内容をそのまま反映したからである。続く第八条IIでは、どのような場合に第八条Iが適用されないか、つまりどのような条件で調査を実施することが可能か（当事者の承諾がある場合やデータ収集・処理の目的など）を示す例外規定が設けられている。これらも、基本的にEC指令に準拠したものとなっている。フランス国立統計経済研究所（INSEE）や各省庁の統計局が行う調査に対しては、フランス国家統計情報審議会（CNIS）への答申とCNILによる許可を条件として、調査を実施することができると記されている。

すなわち、出自を問うことができないとする認識は、誤りであることがわかる。厳しい条件が課せられるとはいえ、現在の法律の枠内でも、それは可能なのである。このことは、「エスニック統計」の是非が問われるなか、フランス国立人口問題研究所（ＩＮＥＤ）の所長を務めたフランソワ・エランが責任者となって二〇一〇年にまとめた報告書「不平等と差別――道具としての統計の批判的で責任ある使用のために」(4)でも詳細に述べられている。そこでは、フランスにおける「エスニック統計」をめぐる議論では、統計のエスニック化を阻止しなければならないという主張がしばしば聞かれるが、現在実施されている「共和国的」国勢調査は、実はすでにエスニックなものになっていると指摘されている。

報告書では、エスニックな出自やエスニシティといった際の「エスニック」の意味は、「人種」に基づくカテゴリー化を禁止するヨーロッパ諸国の多くで、今日「アイデンティティの表現」といった強い意味ではなく、「出身国の痕跡」といった弱い意味で捉えられるようになっていると指摘されている。そして、後者の意味でエスニックな出自を理解した場合には、フランスの政府統計は、「エスニック統計」という用語は使っていないものの、実際にはすでに「エスニック統計」を生み出しているというのである。

フランスの国勢調査では、一八六一年から世帯調査票で、そして一八八一年から個人調査票で、各人に生まれながらのフランス人か、帰化者か、外国人かを問うているが、これはヨーロッパレベルでいえばエスニックな出自を問う質問として理解されるものだという。また一九六二年からは、帰化した人の以前の国籍を問う質問が加わっている。つまり、一五〇年前から市民を生まれながらのフランス人なのか帰化したフランス人なのかで区別しており、約五〇年前から元の国籍について調査しているのである。国勢調査は世帯ごとに行われているため、まだ親元に住んでいる移民の「第二世代」をそこで特定することができるようになっており、パネル調査を実施することも可能となっている。政府統計全般に関しても、エスニックな出自はすでに考慮されており、これからいかにそれを導入するかを考える段階にはないとしている。すなわちフランスの統計は、「カラー・ブラインド」ではあっても、「オリジン・ブラインド」では決してないというのである。争点はむしろ、調査の目的や条件などに応じてどのような意味でエスニシティを捉え（弱い意味で捉えるか、強い意味で捉えるか）、それをどのように実践していくかであるという。

三　近年の変化

すべての市民が出自や人種、宗教による区別なしに平等であるとする憲法第一条やCNILの規制が、これまでフランスの研究者や政府統計のあり方に大きな影響を与え、自主規制の傾向を強めてきたことは間違いないだろう。(5) また、奴隷制や植民地支配、ヴィシー政権下でのユダヤ人の選別とその後の悲劇といった負の歴史も、政府統計においてエスニック・カテゴリーの使用を自粛させる要因となってきたといえるだろう。しかし近年では、積極的に用いた方がいいという意見や、次第に避けられないようになるだろうとする意見も聞かれるようになっている。そのようななか、「多様性(6)」をいかに測ればよいのかについて、活発な議論が展開されている。

例えば、フランス首相府戦略的分析センター（CAS）は、二〇〇六年に「エスニック統計」に関する国際シンポジウムを開催し、様々な角度からその是非やあり方について議論を行った。参加者からは、こうしたシンポジウムの開催自体が、数年前には考えられないことであったとの意見が聞かれた。(7) CN

ＩＬでも、二〇〇五年、そして二〇〇六年から二〇〇七年にかけて「エスニック統計」について検討するための作業チームが立ち上げられ、その結果は一〇の提言としてまとめられた(8)。また、憲法院は二〇〇七年一一月一五日の判決で、人々の出自の多様性と差別や統合の問題に関する調査を行うのにエスニックな出自や「人種」に係るデータを収集してはならないとしたが、その後『憲法院雑誌』での解説では、名前や出身地、フランス国籍取得前の国籍といった「客観的なデータ」ならば用いることができるという判断を示した。それだけでなく、「帰属感情」といった「主観的なデータ」を収集することも可能だとの見解を示した(9)。

二〇〇八年には、Ｓ・ヴェイユを責任者とする委員会が大統領の要請を受けて憲法の前文を検討する作業を行ったが、その報告書(10)でも、差別に対抗するためにはそれを測らなければならないとして「エスニック統計」を禁止することは考えられないとの見解が示された。そして、「人種」や出自、宗教を基準として人々を区別することは否定されているものの、「ヴィジブル・マイノリティ(11)」あるいは「多様性」出身の人々に対して機会の平等を保障するために必要な措置を講じていく必要性は大いにあると認められた。また、現在の憲法の下でも社会的に困難な状況に直面している人々に対して、ポジティヴ・アクションを進めていくことは可能であり、実際に行われてきたと述べられた。

このように、フランスでは近年、形式的平等に固執するのではなく、エスニックな出自を理由に差別を受け、社会的に困難な状況に置かれている人々がいるという事実を直視し、そうした状況を是正していかなければいけないという主張が次第に顧みられるようになっている。二〇〇八年に学術雑誌で組まれた特集「社会学におけるエスニック・カテゴリーの使用(12)」では、少し前の状況とは異なり、社会学においてエスニック・カテゴリーを使用することが適当かどうかという議論は下火となり、むしろ用いられる用語やカテゴリー、方法の適切さが問われるようになっていると指摘されている。[13]

こうした変化の背景には、アメリカ社会学の影響が増していることや、ヨーロッパ統合の影響があるという。[14] 差別につながる恐れのある個人データを収集・処理することの禁止は、フランスのみが定めていることではなく、EU加盟諸国に共通する基本原則となっている。[15] その上で、どのような条件でセンシティヴ・データの収集や処理を許可するのかが、各国の判断にゆだねられているわけである。フランスおよび各加盟国は、EC指令により直接的、間接的な差別に対処することも共通して求められるようになっている。すなわち、様々な国際条約の拘束力や判例を意識しながら行動することが一層求められているといえる。また、エスニックな出自に基づく差別を是正するためには、その実態について統計で把握する必要があるというのがEUの考え方でもある。フランスは、ヨーロッパ各国間の比較調査に、提供する統計の不足を理由に参加できないという問題もかかえるようになっており、そうした事態の改善も求められるようになっている。これに加えて、近年、社会の民主化が進み、形式的な平等だけではなく実質的な平等が強く求められるようになっていることも「エスニック統計」の後押しになっているという。[16] フランスの研究者や政府関係者の「エスニック統計」に対する考え方も、そうしたなかで進化してきたといえるだろう。

四 「カラー・ブラインド」の是非

「エスニック統計」に対する意識が徐々に変化してきているとはいえ、「人種」や「民族」を問うことに対しては依然として強い抵抗がみられる。フランスの政府統計が「カラー・ブラインド」であることに対して早急な是正を求める声もあるが、先にとりあげた公式報告書などでも、慎重な姿勢は崩されていない。

左派系全国紙『リベラシオン』に二〇〇七年二月二三日に掲載された「差別に反対する共和国的アンガージュマン」と題する請願書でも、[17]人々に民族や「人種」、宗教を申告させるような「エスニック統計」は、不要であるばかりか多様な出自を持つ人々を単純化したカテゴリーに押し込め、存在しないグループを創造して人々を分け、コミュニティ間の対立を煽る危険なものであると訴えられている。現在でも、当人の国籍や出生国（時に両親も）についての情報があり、名前も分かるのだから、そうしたデータの分析や「テスティング」[18]方式による調査で差別の状況を把握できるとしている。この請願書は多数の研究者や労働組合関係者、人種差別に反対する団体の責任者などの支持を集めた。

これに対し、「統計対差別」と題する請願書が、[19]二〇〇七年三月一三日にフランスを代表する全国紙『ル・モンド』に掲載された。そこでは、先の請願書への反論が展開され、差別の実態を明らかにするためには現在ある統計だけでは不十分で、「エスニック統計」（「多様性の統計」[20]）が必要であることが訴えられた。また、名前を使用しての調査が不十分であることは今までも指摘されてきており、「テスティング」方式による調査も、直接的な差別は捉えられても間接的な差別を明らかにするのは難しいこと、「エスニック統計」は必ずしも「積極的差別」政策につながるものではなく、差別に対抗する政策の目標は、社会生活において実質的な平等を実現することであると主張された。

二〇一一年七月には、多様性出身地方議員全国協会（ＡＮＥＬＤ）のメンバー一〇人がアメリカへ視察旅行に出かけ、帰国後に「エスニック統計」に関して九月から全国的な議論を行うことを呼びかけた。視察の報告を受けた多様性担当委員は、「多様性」を測るためには「エスニック統計」が必須であると表明し、フランスは「不可分のフランスと、型どおりの共和国物語という偽りの口実によってそれを実施しようとしない」と発言したのに対して、[21]統合高等評議会は直ちに反論している。「エスニック統計」は不要、不適当で危険なものであり、断固として反対の立場であるとの声明を出したのである。[22]そこでの「エスニック統計」の理解は、「肌の色と／またはいわゆる『人種』への属性を基にした統計」というものであった。

こうした議論の応酬を通してわかるのは、「客観的なデータ」を用いて「出身国の痕跡」を問うような統計はある程度容認されるものの、「人種」やエスニック・グループへの帰属意識を問うような統計には依然として激しい抵抗があるということである。「エスニック統計」の推進派内にも、個人の主観的な帰属意識を調査する「自己識別法」でなくとも、両親や祖父母の出生地や国籍を質問項目に含めることで、かなりのことがわかるとする者もいる。しかし、「エスニック統計」の意味するところがきちんと定義されていないこともあり、議論は混乱したまま進められている。

五　「多様性」の測定

「人種」や「民族」について直接問うている調査としては、二〇〇五年一一月から二〇〇六年三月にかけてＩＮＥＤが実施した実験的調査「多様性の測定」[23]と、フランス黒人市民団体代表会議（ＣＲＡＮ）が二〇〇七年一月に世論調査会社ＴＮＳ　Ｓｏｆｒｅｓに依頼して実施した調査の二つがあげられる。

ＩＮＥＤの調査では、エスニックな出自を捉えるためにはどのような方法が有効であるか、被調査者は質問に対してどう反応するのかなどが探られた。[24]調査では、三種類の方法で出自が尋ねられた。一つ目は、本人、両親ならびに祖父母の出生地と国籍を問う方式である。二つ目は、あらかじめ用意したリストを利用して、出自を回答してもらう（複数回答可）方式である。リストは二種類あり、一つは文化圏（アフリカ系、アンティル諸島またはカリブ海系、アジア系、マグレブ系、ヨーロッパ系、フランス系）をあげたもの、そしてもう一つは国籍（フランス、アルジェリア、ポルトガル、セネガル、トルコ等）をあげたものであった。そして三つ目が、「民族・人種的」帰属意識を回答（複数回答可）してもらう方式であった。これは、イギリスの国勢調査を参考にフランスのケースに当てはめて作成されたリスト（白人、黒人、アラブ人またはベルベル人、アジア人、インド亜大陸、メティス、その他自由記述）のなかからあてはまるものを選んで回答するようになっていた。同時に、他者からどのようにみられていると思うのかも問われた。

回答した際の違和感の有無に関しては、先祖や地理的な出自については、九六％の人が抵抗がなかったと回答した。これに対し、「民族・人種的」帰属意識に関しては、一二％の人が抵抗を覚えたと答えた。そうした傾向は移民と第二世代、なかでも「アラブ人やベルベル人」と回答した人のなかで他よりも多く見られた。それは「黒人」など可視性が明らかである人々に比べて、マジョリティ・グループへの同化を果たしていると考えている人の場合、その出自をあえて問われることに不快感を覚えているからではないかとの推測がなされている。[25] また、学術調査や国勢調査で「エスニック統計」をとることにはさほど抵抗感はないが（「民族・人種的」カテゴリーでも前者で七二％、後者で六八％が賛成）、企業や行政がデータベースを作成することに関しては警戒する者の割合が高いという結果が出た。[26]

ＣＲＡＮが依頼した調査は、フランスの「黒人」を対象にして実施された初めての調査である。[27] その目的は、自らを「黒人」と認識している人々が、どのような差別を受けていると感じているのかを明らかにし、また、データの少ないそうした「黒人」人口の実態を明らかにすることであった。調査の結果からわかったことは、一八歳以上の「黒人」の人口は三・八六％（フランス全体では一八六万五〇〇〇人と推計される）で、その五六％が日常生活において差別を経験していること、過去一二カ月以内に一度は差別されたと感じている者は六一％にのぼるということであった。また、就労経験があるが失業している者の割合が高いこと、労働者の割合が高く、管理職や知的職業についている者が少ないといった実態も明らかになった。

他方、これまでフランスで実施されてきた大規模調査でエスニックな出自にかかわるデータを得るために採用されてきたのは「自己識別法」ではなく、就学以前に使っていた言語、出生地、以前の国籍などを「参照指標」としながら分類するという方法である[28]。

移民の統合の問題を扱った先駆的な調査としては、ＩＮＥＤとＩＮＳＥＥが一九九二年から一九九三年にかけて行った「地理的移動および社会的統合調査」（ＭＧＩＳ）があげられる[29]。これは、七つの出自（アルジェリア、スペイン、モロッコ、ポルトガル、トルコ、東南アジア、サハラ以南アフリカ）をもつ移民に着目して行われた調査であった[30]。移民の経歴、行動、経験をよりよく知ることを目的として実施され、教育、雇用、住居、所得、余暇、宗教などについての様々な質問により、多くの貴重なデータが集められた。エスニックな出自に関しては、就学以前に話していた言語や出生地、帰化前の国籍に着目して分類が行われた。

一九九九年の国勢調査の際にＩＮＳＥＥとＩＮＥＤが一緒に実施した家族史に関する調査も、画期的なものといわれた。それは、全国規模の調査[31]で初めて、両親の出生地についてのデータが得られた調査となったからである。

そして、INEDとINSEEが二〇〇八年九月から二〇〇九年二月にかけて実施した「軌跡と出自（TeO）――フランスの人口の多様性に関する調査」[32]は、移民やその子孫への差別と社会への統合の問題が一層関心を集めるなかで、MGIS調査の後継となる調査として実施され、注目を集めた。その目的は、フランス社会における移民とその子孫がどのような状況におかれているのか、またこれまでどのような社会的軌跡をたどってきたのかをよりよく知り、様々な議論を建設的な方向に進めるための基礎となるデータを収集することであった。調査は、フランス本土に住む約二万二〇〇〇人を対象に行われた。移民と海外県生まれの者、そしてフランス本土生まれでいずれの親も移民や海外県出身でない者に関しては一九四八年から一九九〇年の間に生まれた者、移民の子孫と海外県出身者の子孫に関しては、一九五八年から一九九〇年の間に生まれた者が対象となった。移民の子孫、そして海外県出身者に目を向けたことは、この調査の大きな特徴の一つとなっている。

調査では、本人や両親の出生地や居住地、国籍、帰化した場合には以前の国籍、学歴、職業などについて尋ねている。また言語継承についてや、学校、仕事、住居などに係る詳細な質問もなされている。さらには、自分を特徴づけるのは何だと思うかを選択肢のなかから四つまで選んで答える質問もある。選択肢には、世代や年齢、性別、職業、学歴だけでなく、国籍、出自、肌の色、宗教といった項目も含まれている。また、奇数番号の被調査者には、家族史を考慮した場合に自分はいかなる出自だと思うか、といった自由回答方式の質問もしている。そして、性別や肌の色を理由とした差別体験や、銀行や郵便局、行政の窓口などでの差別体験についても詳細に聞いている。

TeOでも、「自己識別法」は避けられているが、差別の問題を正面から取り上げ、その原因として肌の色や出自、宗教などをあげているのは、特筆に値するだろう。調査の結果は、その第一弾が二〇一〇年に発表されている。

六　共和国モデルとヨーロッパ統合

「共和国モデル」を掲げるフランスで、公正な社会をどう実現して行けばよいのか。各国民が個人として、その出自に関わりなく「平等」であることが国家の理念として掲げられているとはいえ、エスニックな出自を理由に文化的に周辺化され、さらには社会経済的に不利な立場に置かれている人々がいるのもまた現実である。すなわち、形式的な平等だけでは不十分であることが、明らかになっているのである。

フランスで「エスニック統計」の充実を求める人々は、共同体の集合からなる国家像を浮かび上がらせることが目的なのではなく、むしろ国家という共同体の一員でありながら、そのように扱われない者の状況を改善するために、差別の状況を測る道具を求めているといえるだろう。その意味で、民族などの共同体を単位として構成される国家を前提とする統計とは、出発点が異なっていることは確認しておかなければならない。

フランスの移民とその子孫に関する統計、さらにはその結果を用いた研究は、徐々にではあるが着実に増えてきている。「民族・人種的」なカテゴリーを用いることに対しては依然として非常に激しい抵抗があるとはいえ、ヨーロッパレベルで直接的差別だけではなく間接的差別も禁止され、差別の解消に向けた努力が求められている以上、いずれは取り入れざるを得ないとする意見も聞かれる。(33)なぜなら間接的差別は、共通した特徴をもつ人々をグループに分けて比較し、差があるかどうかをみることでしか評価できないからである。

とはいえ、移民出自の若者のスティグマ化の傾向もみられるなかで[34]、「エスニック統計」が一層のカテゴリー化を推し進める危険性も考慮しなければならない。一部では、「人種プロファイリング」が懸念されるような状況も報告されており[35]、また政府が移民を管理・規制するために「エスニック統計」を利用しようとする動きもみられ、「エスニック統計」の乱用には注意が必要となる。そうしたことを防ぐためには、ヨーロッパレベルで二〇〇五年に採択された「欧州統計行為規範」が注目に値する。実際、INSEEの統計が内相に誤用された際に、原則の一「専門的独立性」の指標七「統計機関が適宜官庁統計の批判及び誤用を含む統計の問題について公にコメントする」を根拠に、労働組合が上層部に対して公式見解を求めるという事件もおきている[36]。

フランスは、自国内の論理だけではなく、ヨーロッパ、さらには国際社会の規約に従って行動することがますます求められるようになっている。そうしたなかで、まずは「共和国モデル」を掲げるフランスにあっても出自を問うことは可能であることを広く確認することが必要だろう。その上で、その理念に反しない範囲で差別の解消に有効な統計が導き出せるよう議論を深め、実践していく必要があるだろう。

註

（1） Commission Européenne, Discrimination dans l'UE en 2009, *Eurobaromètre Spécial 317*, novembre 2009. http://ec.europa.eu/public_opinion/archives/ebs/ebs_317_fr.pdf（二〇一一年六月一七日閲覧）

(2)「エスニック統計」という呼称が指す内容は様々であり、議論を混乱させる要因ともなっている。杉森は、「個人や世帯の属性の一つとして、その ethnicity あるいは ethnic origin を調査または推計すること、この属性を以て個人や世帯を分類すること、さらにはこの分類と他の諸属性の分類をクロスさせることをいう」としている。杉森晃一「エスニック統計と『共和国モデル』」佐藤清編『フランス——経済・社会・文化の位相』中央大学出版部、二〇〇五年、一五五頁。

(3) 移民とは、外国で外国人として生まれた人で、フランスに居住する者を指す。フランス国籍を取得した人も含まれる。

(4) François Héran, *Inégalités et discriminations-Pour un usage critique et responsable de l'outil statistique: Rapport du comité pour la mesure de la diversité et l'évaluation des discriminations* (*COMEDD*), La Documentation française, 2010. http://www.ladocumentationfrancaise.fr/rapports-publics/104000077/ (二〇一一年六月一七日閲覧)

(5) Patrick Simon, Les statistiques, les sciences sociales françaises et les rapports sociaux ethniques et de «race», *Revue française de sociologie,* N° 49-1, 2008, p. 160, 等参照。

(6)「多様性」(diversité) は、様々な出自を持つ人々、特に移民やその子孫を指すために、「マイノリティ」といった用語に代わり、フランスで使用されるようになっている。

(7) Centre d'analyse stratégique, *Les statistiques «ethniques»: élements de cadrage,* Rapports et documents, N° 3, La Documentation française, 2006, p. 60.

(8) CNIL, *Mesure de la diversité et protection des données personnelles: Les dix recommandations de la CNIL,* 2007. 5. 16. http://www.cnil.fr/fileadmin/documents/Communications/communicationVDI5.052_vu_pa-ADEBET.pdf (二〇一一年六月一七日閲覧)

(9) Conseil constitutionnel, Décision n° 2007-557 DC, 15 novembre 2007: loi relative à la maîtrise de

l'immigration, à l'intégration et à l'asile 及び Conseil constitutionnel, Commentaire de la décision n° 2007-557 DC du 15 novembre 2007, *Les Cahiers du Conseil Constitutionnel*, N° 24, Dalloz, 2008 参照。

(10) Simone Veil, *Redécouvrir le préambule de la Constitution, Rapport au Président de la République*, La Documentation française, 2008.

(11) フランスにおける「マイノリティ」という用語の使用に関しては、中力えり「フランスにはなぜマイノリティがいないのか」岩間暁子・ユ・ヒョヂョン編『マイノリティとは何か』ミネルヴァ書房、二〇〇七年、九五―一一八頁を参照。

(12) Georges Felouzis et al., L'usage des catégories ethniques en sociologie (Dossier-débat présenté et coordonné par Georges Felouzis), *Revue française de sociologie*, N° 49-1, 2008, pp. 127-167.

(13) Georges Felouzis, Les catégories ethniques en sociologie: éléments pour un débat, *Revue française de sociologie*, N° 49-1, 2008, pp. 127-128. しかし、それは単に技術的な問題ではなく、政治性を帯びた課題であり続けている。

(14) Dominique Schnapper, Les enjeux démocratiques de la statistique ethnique, *Revue française de sociologie*, N° 49-1, 2008, p. 134.

(15) EUレベルの動きだけでなく、欧州評議会でも、一九八一年に「個人データの自動処理に係る個人の保護条約」が発効している。拘束力は弱いものの、第六条では、「人種、政治的意見、宗教またはその他の信条を明らかにする個人データ及び健康または性生活に関する個人データは、国内法により適切に保護措置がとられていない限り、自動処理することはできない。罪科に関する個人データについても同様とする」と定められている。

(16) Schnapper, *op. cit.*, 2008, pp. 134-135.

(17) Engagement républicain contre les discriminations, *Libération*, 2011. 7. 23.

(18) 雇用や住宅、レジャーへのアクセスに関して、出自等の違いで差別がみられるのかを、様々な人に対する待遇を比較することで調べる方法。
(19) Statistiques contre discriminations, *Le Monde*, 2007. 3. 13.
(20) フランス黒人市民団体代表会議（CRAN）は、「エスニック統計」ではなく、「多様性の統計」という用語を推奨している。
(21) Statistiques ethniques: Sabeg pour la mesure des diversités, *Libération*, 2011. 7. 25.
(22) 二〇一一年七月二九日付の声明。http://www.hci.gouv.fr/article.php3?id_article=168（二〇一一年八月一〇日閲覧）
(23) Patrick Simon, Martin Clément, Comment décrire la diversité des origines en France ?: Une enquête exploratoire sur les perceptions des salariés et des étudiants, *Population et Sociétés*, N°425, 2006.
(24) 七つの企業・団体、三つの大学、パリ大学区の教員教育大学センター（IUFM）、イル・ド・フランスの地域圏議会で実施され、一三二七人の会社員や学生が回答した。代表的なサンプルに基づく調査ではない点は、注意が必要である。
(25) Héran, *op. cit.*, 2010, pp. 59-60.
(26) Simon & Clément, *op. cit.*, 2006, p. 4.
(27) 一八歳以上の一万三〇五九人（フランス本土居住者一万二五五九人と海外県居住者五〇〇人）を対象にして行われた電話調査で、そこから五八一人の「黒人」または「黒人」の祖先をもつメティスと答えた人のサンプルを得た。CRAN, *Le 1er baromètre des populations noires de France*, 2007, 6. 22. http://lecran.org/?p=243（二〇一一年八月一〇日閲覧）
(28) 杉森晃一、前掲書、二〇〇五年、一七四頁。
(29) Patrick Simon, Michèle Tribalat, Chronique de l'immigration, *Population 1993*, N°1, 1993.
(30) 一万二〇〇〇人の移民（アルジェリア、スペイン、モロッコ、ポルトガル、トルコ出身の二〇歳から五九歳の者、東南アジアまたはサハラ以南アフリカ出身の二〇歳から三九歳の者）と、フランス生まれで少なくとも親の一人がアルジェリアかスペイン、ポルトガル出身の二〇歳から二九歳の者二七〇〇人、そして一八歳から五九歳の統制群の二六〇〇人を対象にした調査。

(31) 一八歳以上の一般家庭に住む三八万人と集団生活を営む六六〇〇人が対象となった。

(32) Cris Beauchemin, Christelle Hamel, Patrick Simon (dir.) (Equipe TeO), *Trajectoires et origines: Enquête sur la diversité des populations en France*, coll. «Documents de travail», N° 168, Ined, 2010.

(33) Centre d'analyse stratégique, *op. cit.*, 2006, pp. 25-26.

(34) 政府レベルでもスティグマ化の傾向がみられる。例えば、二〇一一年五月に内相クロード・ゲアンがラジオ、次いで国会で、何の資格もとれないまま学校を去る者の三分の二が移民の子どもたちだと述べ、大半が学校で落ちこぼれていてフランス式統合が失敗しているとする見解を示した。内相が参照したのは、ＩＮＳＥＥが二〇〇五年に発表したパネル調査の結果で、一九九五年に中学一年（六学年）に入学した者のうち、何の資格もとれずに学校を去った者の数が、移民の子どもで一〇・七％であったのに対して、その他の人々の場合には六・一％であったという数字だった。移民の子どもの方が二倍近く多いということから、無資格者の三分の二が移民であると解釈をしたのだ。しかし、実際には調査対象者の中で移民の占める割合は一割ほど（一万三〇〇〇人のうちの一三二四人）にすぎなかったのであり、そうした解釈が成り立たないのは明らかである。

(35) J. Lamberth, F. Jobard, R. Levy, *Police and Racial Profiling in Paris*, Open Society Institute, 2009, cited in Héran, *op. cit.*, 2010, pp. 45-46 や CRAN, *Fichier «ethnique» de la SNCF: le CRAN demande un Grenelle sur les statistiques de la diversité*, 2010. 11. 2. http://lecran.org/?p=1458（二〇一一年八月一〇日閲覧）参照。

(36) 註(34)参照。メディアも巻き込んだ論争の果てに、ＩＮＳＥＥはプレス・リリースで、何の資格も取ることなく中等教育を終える者のうち、移民の子どもの占める割合は約一六％であることを示した。INSEE, *Communiqué de presse*, 2011. 6. 27 や Cédric Mathiot, Immigration et échec scolaire: Guéant enfin corrigé par l'Insee,

Libération, 2011. 6. 27, 参照。

第9章　アイデンティティの形成と「本国」イメージの問題
——在日朝鮮人と朝鮮半島

曺慶鎬

一　朝鮮半島に対する在日朝鮮人の認識のゆくえ

本章の目的は、若い世代の在日朝鮮人のアイデンティティ形成に及ぼす、朝鮮半島に対する認識の影響について考えることである。

ここでいう在日朝鮮人とは、外国人登録上の国籍表記の違いにかかわらず、日本の植民地であった時代の朝鮮半島にエスニックな起源をもつ人々を指す。『在留外国人統計』によると、二〇一〇年時点で朝鮮籍、韓国籍保持者は約五七万人となっているが、それは主に一九八〇年代以降に日本に渡ってきたニューカマー韓国人が含まれた数字である。植民地時代からの居住者が大多数を占める特別永住者は、そのうちの約四〇万人である。『人口動態統計』によると二〇一〇年の朝鮮籍・韓国籍者同士の結婚は人数ベースで全体のうちの一七%程度であり、約八〇%は日本人と結婚している。帰化者の累計は約三〇万人を超えるという。

在日朝鮮人内部では世代交代が進んでいる。『国勢調査』によると、在日朝鮮人のうち日本生まれの者は一九三〇年の時点では約八％にすぎなかったが、一九五〇年には約五〇％までになっており、『在留外国人統計』によると一九七四年には約七六％を占めるに至っている。日本生まれの在日朝鮮人は朝鮮半島生まれの一世と比較して、朝鮮語をはじめとする朝鮮半島由来の言語や文化に親しむためには、多くの努力をさかなくてはならない世代である。特に言語に関しては、全体の内で比率的に決して多くない民族学校在学経験者や大韓民国（以下、韓国）への留学経験者等を除くと、簡単な単語以外は朝鮮語を理解しない者がほとんどである。総じて「二世、三世の世代は、言語、風俗、習慣等のあらゆる面において親の世代よりも日本社会との結びつきの度合は強く、それだけ本国への帰属意識は弱くなっている」(1)ということである。

確かに日本社会で生まれ育った若い世代の在日朝鮮人のなかで朝鮮半島への帰属意識は希薄になっているだろう。だからといって、その意識のなかで朝鮮半島に対する認識の重要性が皆無になったと言えるのだろうか。

そもそも日本社会において朝鮮半島に関する話題に事欠かない。たとえば一九九八年を起点とする「韓流」ブームに代表されるような、韓国の文化等に対する好感が日本で広がっており、グローバル化の流れのなかで韓国と日本との間での人、財、情報等の往来は飛躍的に増大している(2)。その一方で「嫌韓流」に代表されるような嫌悪感も高まっており、二〇〇二年の小泉首相（当時）の朝鮮民主主義人民共和国（以下、北朝鮮）訪問の後に表面化した北朝鮮に対する敵意と混ざり合って、朝鮮半島全体に対する嫌悪の感情の噴出も頻繁にみられるようになった(3)。だが、このような日本社会の朝鮮半島に対する好悪の感情は、今になって出てきたものではない。その時代ごとの具体的な形は異なるものの、日本社会で長らく存在し続けてきたものである。[4]

このように日本社会で良かれ悪かれ論議の対象となる朝鮮半島について、若い世代の在日朝鮮人は全く無関心・無関係でいると想定する方に無理がある。そこで本章では、独自に行った聞き取り調査の結果を用いながら、日本生まれの若い世代の在日朝鮮人における帰属意識とは異なる形の朝鮮半島に関する認識を、アイデンティティの形成と結び付けて分析する。その上で在日朝鮮人と日本人が適切な関係を結ぶ、望ましい社会を構想するにあたっての示唆を得ようとする。

記述の順序としては、まずは在日朝鮮人の朝鮮半島への帰属意識とアイデンティティの変化について述べた先行研究を検討する。次に、アイデンティティの形成における他者からの影響に関する議論を参照することで、調査データを有効に分析するための補助線となる論点を導く。その上で本章執筆者が行った独自調査をもとに、若い世代の在日朝鮮人の朝鮮半島に対する認識の特徴を整理するとともに、そのような認識がアイデンティティに及ぼす影響をみることにする。最後に結論をまとめる。

二　これまでの議論から

朝鮮半島への帰属意識に関する先行研究

在日朝鮮人のエスニックな特徴が世代交代とともに変容しているという指摘はかなり以前から存在した。日本生まれの若い世代は朝鮮半島に比べて日本社会との結びつきが強いだけでなく、「大多数が日本の学校で学び、日本社会のなかでバラバラに生き」[5]ており、家族、親族を除いては在日朝鮮人同士の人間関係もきわめて限られていることから、周囲の日本人からの圧倒的影響にさらされていると姜在彦《カン・ジエオン》は言う。このような指摘は、主に在日朝鮮人の若い世代の日本社会への「同化」に対する危惧と結びついていたと言ってよい。そして、若い世代における日本社会への同化傾向と朝鮮半島離れを認めつつも、たとえば「『在日』論議を祖国とのかかわりあいのなかで進めない限り、日本のなかの少数民族化におちいる陥穽があることに留意すべきではなかろうか」[6]という見解のように、同化を防ぐという意味でも、朝鮮半島との関係を維持し続けることが主張された。

このような在日朝鮮人による議論は、在日朝鮮人は今後「どうすべきか」という規範的性格をしばしば帯びる傾向にあるのに対して、「どうあるか」という事実探究を相対的に重視しているのが主に大学をはじめとする研究機関に所属している研究者による調査研究である。

社会学者の福岡安則は各種の独自調査に基づいて「従来、『民族意識』を強固に維持していこうとするタイプと、日本社会への『同化』を強めていくタイプとの二極分解といった構図で、在日韓国・朝鮮人のアイデンティティのありようが捉えられてきた。だが、若い世代のアイデンティティの模索のありようは、もっと多様化している」[7]と指摘する。その上で福岡は若い世代の在日朝鮮人の志向性を「共生志向」、「祖国志向」、「個人志向」、「帰化志向」、「同胞志向」の五つに分類する。[8]「共生志向」タイプは日本で出自を異にする者が共に生きていける社会を築いていこうというタイプ、「祖国志向」タイプは朝鮮半島の発展に寄与するため在外公民として生きていこうとするタイプ、「個人志向」タイプは個人的努力による自己実現といった形で社会的上昇をはかろうとするタイプ、「帰化志向」は日本人に一体化することで障害を避けようとするタイプ、「同胞志向」は「共生志向」と「祖国志向」との中間点に位置するタイプとなる。このなかで朝鮮半島と関係が深い「祖国志向」は朝鮮学校系の人々に多いというが、そもそも朝鮮学校系の人々は在日朝鮮人のなかでも少比率の存在でしかない。これを踏まえると、在日朝鮮人の志向性は多様であるが、朝鮮半島との関係という点だけをとってみると、大半の人々においてそれは希薄になっていると考えられる。

このような事実探究的な調査を踏まえたうえで、再度、在日朝鮮人は今後「どうすべきか」という主張をみてみる。たとえば金賛汀《キム・チャンジョン》は在日朝鮮人の一世らがいつかは朝鮮半島に帰ることを念頭に置いていたことを踏まえながらも、在日朝鮮人内部の世代交代という現状に即して、「現在、在日朝鮮人のほとんどは、『祖国』に帰るという意志を持っていない」(9)と指摘する。そのうえで、「在日朝鮮人にとって必要な民族性は、本国の人々と同一同質のものではなく、定住地に適合した創造的な民族性」(10)とし、日本社会の発展的建設に積極的に参加するとともに、そのための義務も負うべきとして「共生」という概念を提示する。

論者らの指摘に共通している点は、若い世代の在日朝鮮人のエスニシティのあり方が多様化していること、そこでは朝鮮半島への帰属意識は低下しており、ましてや「帰国」の意志は希薄化しているということである。その上で、在日朝鮮人を含めた様々な出自の者が好ましい関係を結ぶ日本社会のあり方が構想される一方、日本の外部である朝鮮半島との関係に関する議論は後景に退いていくようになった。だが、このような先行研究を踏まえた上でさらに検討を進めると、在日朝鮮人の若い世代のなかで、帰属意識とは異なる形の朝鮮半島への関心が存在するか否か、存在するならそれはどのようなものかという問いが浮かび上がる。この問いを解き明かすために調査データを解釈するのであるが、まずはアイデンティティの形成における他者からの影響に関する議論を検討することで、調査データを分析する上で有意義な論点を導きたい。

分析のための補助線の検討

個人のアイデンティティが必ずしも本人の意のままに形成されるのではなく、周囲の他者とのコミュニケーションのなかで形成されるということは、多くの論者によって指摘されている。たとえばアイデンティティの形成における対話的関係の重要性を論じたC・テイラーは、次のように指摘する。

（私が私自身のアイデンティティを発見するということは）私が他者と、一部には公然とした対話を通して、一部には内面の対話を通して、アイデンティティを取り決めることを意味する。内面において生み出されるアイデンティティの理念の発展が承認に新たな重要性を付与するのは、このゆえである。私自身のアイデンティティは、私と他者との対話的な関係に決定的に依存しているのである。(11)

テイラーによると、アイデンティティの形成は周囲の他者とのコミュニケーションのなかで、周囲の他者の承認を得ながら行われるものであるという。周囲の他者による承認を必要とするという点から明らかなように、アイデンティティの形成は自らが望む通りに行われるのではなく、他者の影響を受けながら行われる。マイノリティにとって問題なのは、このような他者からの影響というものが、当該社会で圧倒的影響力を持ったマジョリティによるマイノリティに対する否定的規定の影響になりがちであることだ。(12)

しばしばマイノリティはマジョリティのなかで孤立した形で生活を送っている。先行研究によるならば若い世代の在日朝鮮人の多くは、まさにそのような状態にある。その若い世代のアイデンティティの形成を論ずる浜本まり子も、彼らが日本社会に溶け込んで生活しているという点から考察をはじめる。浜本によると、若い世代の在日朝鮮人は圧倒的な日本人マジョリティの影響にさらされることで、マジョリティである日本人の在日朝鮮人に対する否定的印象を内面化するという。その否定的印象の代表的な内容が「ニンニク臭い、ずるい、馬鹿だ、不潔だ、劣っている等々。まさに恥ずべき存在としてのイメージ」[13]であるという。

ここに、ある集団が保持したいとするアイデンティティについて、周囲の社会が対応する際の「公正」という問題が生じる余地があるのではなかろうか。実際、マジョリティからの否定的規定の是正を要求する動きがマイノリティから起こることがあり、このような動きを正当化するものの一つが多文化主義であろう。だが、このような異議申し立ては、すんなりとマジョリティに受け入れられるわけではない。逆に、異議申し立てを行ったマイノリティが、自らが「劣っていない」ということをマジョリティの前で証明するための努力、言い換えるなら説明責任を果たすことを余儀なくされることが、しばしばあるという[14]。

アイデンティティ形成における他者からの影響に関するこれらの議論から、調査データの分析のために有効な論点としてまず導き出せるのは、アイデンティティは本人の望むままに形成されるわけではなく、他者の影響を受けながら形成されるということである。さらにマジョリティのなかで孤立して生活しているマイノリティにおいては、他者の影響とはマジョリティのマイノリティに対する否定的規定になりがちであるということである。このような論点を踏まえながら、先行研究から導き出した問いについて、調査データを分析していく。具体的には、調査対象者本人の意図や志向性だけなく、彼らが推測する日本社会での在日朝鮮人や朝鮮半島に関する認識についても関心を向ける。

三　聞き取りデータから

聞き取り対象者の基本属性

調査対象者は日本生まれの在日朝鮮人のうち、調査時点で、大学・短大・高等専門学校・専門学校に在学中の者である。在日朝鮮人の同年代のなかでも割合が少ない民族学校在学生のエスニック・アイデンティティには、日本学校に在学する大多数の在日朝鮮人のそれとは異なる特徴が多々あるので調査対象に含めなかった。[15] 結果、一七名の調査対象者と連絡がとれた。全員が朝鮮籍、韓国籍（朝鮮籍五名、韓国籍一二名）であり、また日本生まれ（三世一六名、一世と二世の親から生まれた二・五世一名）であった。調査対象者のなかに朝鮮語を理解する者はおらず、韓国への長期留学経験等を有する者も存在しなかった。二〇〇一年八月から二〇〇二年一月にかけて個別に聞き取りを行った。

まず、聞き取り対象者が日常的に接する在日朝鮮人は家族に限られがちであった。これには日常生活において在日朝鮮人同士の関係がほとんどないままに暮らしているという先行研究の指摘があてはまる。たとえば聞き取り対象者は教室で一人だけの朝鮮人として、文化的には在日朝鮮人と日本人との間で差異がほとんどないに等しいのに、善し悪しはともかくとして在日朝鮮人と日本人とは異なるものとされていることを実感している。そこでの実感を一言でまとめると「日本人ではない自分」といえる。[16]

聞き取り対象者によると、周囲の人々とのやり取りのなかで、在日朝鮮人とは何であるのかを説明する必要に迫られるときがあるという。これは朝鮮名で学校生活を送っている者に特に顕著であるが、しばしば日本人の友人から在日朝鮮人と関連する質問を受けることである。その質問は学年が進むにつれ高度化し、またクラス替えや進学の都度に頻繁に体験される。その典型は「いつ来たの？　なんで日本に住んでいるの？」、「朝鮮語／韓国語話せるの？」、「北なの？　南なの？」等のものである。

だが聞き取り対象者たちは日本生まれの日本育ちであり、親ですら日本生まれの者たちである。一見しただけでは日本人との明らかな違いは確認できない。朝鮮語に堪能なわけでもない。そのような聞き取り対象者たちにとって、自分が在日朝鮮人であるということは重々分かっているとしても、在日朝鮮人について周囲の日本人にうまく説明できない。日本生まれの親に聞いたところで個人的見解や信念の披露はあっても、的を射た論理的に首尾一貫した説明というのは得がたい。そこで自らの努力で在日朝鮮人に関連する知識、たとえば朝鮮の歴史等に関する知識の獲得を試みる者もいる[17]。

まとめると、教室等の場で自分が日本人ではない在日朝鮮人であるという実感をもち、主に周囲からの質問に対する自己説明の必要性から在日朝鮮人とは何であるのかということに興味関心をもつようになっていることがうかがえる。

聞き取り対象者から見た朝鮮半島

聞き取り対象者から得られた朝鮮半島に関する認識等について分析する。まずは聞き取り対象者自身が朝鮮半島をいかに捉えているかをみてみる。聞き取りの内容は、①北朝鮮に関する聞き取り対象者の印象、②韓国に関する聞き取り対象者の印象、③朝鮮半島と自己との関係に関する聞き取り対象者の認識、の三点である。

北朝鮮に関しては否定的印象をもつ者がほとんどであった。その内容は一九九〇年代から日本でも注目されるようになった「ミサイル開発」や、経済の低迷や天候不順による「食糧不足」等である。

韓国に関する聞き取り対象者らの印象は若干複雑になる。まず北朝鮮とは異なり、韓国については渡航のハードルが低い。そのため本人ないしは家族が韓国を訪れたことがある者がおり、なかには一カ月ほどの短期留学を望む者もいる。このように韓国については言語学習の場として、あるいは観光地として気軽に捉える傾向にある。しばしば在日朝鮮人が朝鮮半島の両国家を訪れた場合、「在日」ということで深刻な疎外感を味わうこともあるという。だが、実際に韓国を訪れた経験を持つ聞き取り対象者は、特に理不尽な体験はしなかったという。その一方で韓国について特に印象がないという者をはじめ、日本に比べるとやはり経済的に未発展という点において若干印象が悪いと述べる者までいる。総じて、北朝鮮に対する印象が悪いもの一辺倒であったとするならば、韓国に対しては若干良いものから若干悪いものまで印象のバラつきがあるといえる。

このような朝鮮半島両国家について、愛着に代表される帰属意識等はないとほとんどの聞き取り対象者らはいう[18]。北朝鮮と韓国では評価の善し悪しは異なるが、両国に対して関心を向けるにしても、その大部分は珍しいものに対する興味関心にすぎない。それは決して一世のような望郷の念に彩られた愛着の感情ではない。聞き取り対象者らにとって愛着の対象は生まれ育った日本なのである。朝鮮半島への帰属意識の希薄化等は、これまで先行研究で指摘されてきたことであり、聞き取り対象者の発言はその妥当性を裏付けるといえる。

だが、補助線の議論にあったように、アイデンティティとは本人の望むままに形成されるのではなく、周囲の人々との対話を含めた相互作用のなかで形成されるものである。そこで次に日本社会における朝鮮半島の印象に関する聞き取り対象者の推測をまとめる。

聞き取り対象者による日本社会での朝鮮半島像の推測

ここでまとめる一般的な日本人が持っているだろう朝鮮半島像に対する聞き取り対象者による推測の主な内容は、①日本社会における北朝鮮の印象、②日本社会における韓国の印象、③日本社会における朝鮮半島と在日朝鮮人の関係に関する認識である。

まずは日本社会における北朝鮮の印象に関する聞き取り対象者らの推測である。これに関して聞き取り対象者らは一致して、日本社会における北朝鮮の印象は最悪のものに近いと推測している。その内容は「核」、「ミサイル」であり、さらには「飢餓」や「独裁」というような類のものである。

一方、韓国については、韓国の文化が徐々に日本にも浸透していることもあって、韓国と日本とは好ましい関係になりつつあるという意見がある。また、日本人が韓国に普通に旅行に行く時代であり、そのため北朝鮮とは異なり、韓国に対する好印象が日本社会で増えてきていると指摘する者もいる。だが日本社会における韓国の好印象も、しょせん、北朝鮮と比較してのものであり、日本社会との比較においては北も南もなく朝鮮半島に対する印象は悪いという声がある。

ここで一点指摘しておく必要がある。日本社会における朝鮮半島両国家についての印象の推測と、聞き取り対象者自身の印象の間に内容的な大きな違いは存在しない。これは当然のことで、聞き取り対象者たちが朝鮮半島の情報に接する場合、両親等からのものも少なからずあるが、その他大多数は日本社会からのものであるからだ。さらに言うなら、その両親等すらも日本社会での情報をもとに朝鮮半島について語っているであろうことが推測される。つまり聞き取り対象者たちが接する朝鮮半島関連情報は、朝鮮半島を直接体験したものというよりは、日本社会を経由してのものがほとんどである。そのため朝鮮半島両国家に関して、聞き取り対象者自身の印象と日本社会での印象（と聞き取り対象者たちが推測するもの）が類似するのは当然のことなのだ。

問題なのは、在日朝鮮人と朝鮮半島との関係についてである。日本社会ではそもそも在日朝鮮人に関し詳細な知識をもたない人が多く、そのため、在日朝鮮人と朝鮮半島の関係が恣意的に語られがちである、と聞き取り対象者は推測している。聞き取り対象者たちは、なかでも朝鮮半島に関する悪印象は容易に在日朝鮮人と結び付けられる傾向にあると捉えている。すでに述べたように、朝鮮半島への愛着が希薄になっており、朝鮮半島と自分を含めた在日朝鮮人の間では距離が開いていると、聞き取り対象者たち本人は感じているにもかかわらず、である。要するに、朝鮮半島と在日朝鮮人との関係については、聞き取り対象者本人の認識と日本社会での認識の間に差があると推測されているのだ。このような朝鮮半島と在日朝鮮人の関係に対する認識のズレは、在日朝鮮人のアイデンティティに関する先行研究でさほど重視されてこなかったことである。次にこのズレについてより詳しくみてみる。

朝鮮半島像と聞き取り対象者の自己像

これまでの聞き取り内容を整理すると表9-1のようになる。

北朝鮮と韓国については、聞き取り対象者自身と周囲の日本社会との間で認識に大きな違いはないと推測されていた。異なるのは在日朝鮮人と朝鮮半島との関係に関する認識である。

聞き取り対象者にとって本来は遠い存在であるはずの朝鮮半島であるが、日本社会のなかでは、それは微妙となる。聞き取り対象者本人の意図にかかわらず、周囲の日本人によって自分と朝鮮半島が結び付けられることを警戒するのである。周囲の力によって朝鮮半島と結び付けられることで、聞き取り対象者自身の印象すら悪くなるだろうこと、そして、自分は朝鮮半島（特に北朝鮮）と無関係な存在であ

表9-1　聞き取り対象者自身および日本社会での朝鮮半島像

	聞き取り対象者自身	日本社会
朝鮮民主主義人民共和国	非常に悪い	非常に悪い
大韓民国	やや良い〜やや悪い	やや良い〜やや悪い
在日と朝鮮半島の関係	**遠い**	**近い**

ることを説明する負担が増すことを嫌がるのである。このような警戒感は、当事者にとっては自意識過剰のものとはいえず、実際に北朝鮮の悪印象と関連して物理的暴力に直面したという声も聞かれた(19)。

注意すべきは、このような意見が、朝鮮籍の者と韓国籍の者の双方から聞かれたことである。韓国籍の聞き取り対象者でも、日本における北朝鮮に対する悪印象に対して、自分とは無関係なこととして接することができないこともありえるのだ。北朝鮮に対して聞き取り対象者自身も批判的な意見をもっていても、周囲の日本人の間で同様の意見が頻繁に取り交わされる場面に直面するとやるせない感情を抱く場合もあるという。たとえば北朝鮮の「テポドン事件」に際して、高校時代の教室での経験として、次のように話す聞き取り対象者がいる。

> テポドン事件があったじゃないですか。ああいうときとか教室とかで、そろそろテポドンが飛んでくるんじゃないかとか、そういう話とかがされていたんですよ、高校のとき。で、私に言ってるわけじゃないんですけど、「おまえはどうよ」みたいな感じになるじゃないですか。「そろそろ飛んでくるんじゃないかい」って。そういう風な話になると、知らず知らずのうちに心が痛むんですよ。分かりますか？　……「そんなに私の意見を求めないでよ」って。なんか、まるで私が飛ばしているんじゃないかぐらいの……。「あの国はダメだよな」みたいな話で、「そうだよね」みたいに同意せざるを

えないような状況が生まれる風潮が……。（一九歳／女性／韓国籍）

この語りに代表されるように、日本社会において朝鮮半島の否定的印象が、特に調査時点では、北朝鮮の否定的印象が在日朝鮮人に結び付けられている、と聞き取り対象者に感じとられている。過去、日本社会における在日朝鮮人への否定的印象が在日朝鮮人の実際の生活状況等にある程度は基づいたものであったとするならば、現在においてそれは相対的に朝鮮半島（特に北朝鮮）への否定的印象とより結び付いたものとして、聞き取り対象者によって受け止められているのである。それは当然のように聞き取り対象者たちのアイデンティティに影響を及ぼす。

自分自身の自己イメージって、……自分の良いイメージって日本と結構密接に絡んでいるんですよ。で、悪いイメージって朝鮮と絡んでいるんですよ。勝手なイメージなんですけど。それでまたさらに朝鮮を分けると、朝鮮のなかで良いイメージが韓国になって、悪いイメージが北朝鮮みたいな。（二三歳／男性／韓国籍）

以上から推測できることは、聞き取り対象者は朝鮮半島を一世が考えたような意味での「祖国」とは思っておらず、それよりも疎遠なものとして捉えているが、だからといって朝鮮半島に無関心でいるわけではないということである。朝鮮半島は日本社会を媒介にして聞き取り対象者にとって無視せざる存在として立ち現れる。それは朝鮮半島を疎遠に感じている本人たちの意志とは無関係に、周囲の日本社会によって結び付けられるという形で体験されている。ときには聞き取り対象者たちは自分と朝鮮半島との関係を、周囲の日本人に説明しなくてはならない。特に日本社会で印象の悪い北朝鮮に結び付けられたときの説明はとても負担の大きなものとなっている。このような経緯もあって、過去の一世たちの朝鮮半島像が愛着感・帰属意識に彩られていたものであったとするならば、聞き取り対象者たちの朝鮮半島像（特に北朝鮮）は相対的に嫌悪感・非帰属意識によって特徴づけられるものとなっている。日本社会における朝鮮半島に対する否定的印象の影響を受けて、自分が在日朝鮮人であること自体までも否定的に考えてしまう者もなかには存在する。

四　一国での「共生」からグローバルな「共生」へ

ここまでの記述をまとめると、まず、在日朝鮮人の若い世代は、日本社会のなかで自分が日本人と区別される存在であるというところから出発して、在日朝鮮人としてのアイデンティティを形成している。その過程において朝鮮籍、韓国籍のどちらを保持しているかにかかわらず、日本社会で否定的に見られがちな朝鮮半島という存在は、帰属の対象とは異なる形で在日朝鮮人のなかで大きな存在となっていることがうかがえる。本章の聞き取りでは、若い世代の在日朝鮮人である聞き取り対象者本人の意志とは無関係に、周囲の日本社会によって結び付けられる存在、そして周囲に自分とは無関係であることを説明しなくてはならない存在として、朝鮮半島が捉えられていることが明らかになった。朝鮮半島に対するこのような捉え方の前提にあるのは、日本社会で語られる朝鮮半島イメージへの関心であり、必ずしも朝鮮半島そのもの（たとえば朝鮮半島で起きた出来事や、そこで発信された情報等）への関心であるとは限らない。

それを如実に示しているのが、昨今の「韓流」、「嫌韓流」をはじめとする日本社会における朝鮮半島に対する関心をめぐる、在日朝鮮人の認識であると思われる。日本人だけでなく在日朝鮮人のなかにも、「韓流」等を通じて朝鮮半島に対して肯定的感情を抱くようになった者が存在するのは確かだ。[20]一方で、「韓流」に代表される韓国ブームそのものよりも、それによって在日朝鮮人に対する日本社会の否定的認識が改善されることに期待をもつ者もいる。[21]だが、すでに「韓流」へのそのような期待は裏切られ、「韓流」の裏面ともいえる「嫌韓流」[22]や北朝鮮への嫌悪に、在日朝鮮人が巻き込まれることに対する失望感が広がっているという指摘がある。在日朝鮮人の意識のこのような揺らぎは、単なる朝鮮半島への関心というよりも、朝鮮半島を語る日本社会に向けられた関心に連なるものであると考えるのが適切であろう。

以上のような知見から、今後の望ましい社会の構想について示唆が得られる。これまでに在日朝鮮人と日本社会が目指すべき社会について様々な検討がなされてきた。先行研究でも見たように、その一つが出自を異にする者が共に生きていけるという意味での「共生」社会を日本で実現することを目指すものであった。このような主張は、まさに在日朝鮮人の若い世代において朝鮮半島への帰属意識が希薄化している、という現状を踏まえたものであり、だからこそ在日朝鮮人に必要な民族性とは、日本社会という「定住地に適合した創造的な民族性」というものであった。

このような構想を生かしつつも、今後、さらに発展させるべきであろう。本章でも見たとおり、若い世代の在日朝鮮人のなかで帰属意識とは別の形での朝鮮半島への認識が、未だ大きな意味をもち続けている。これを踏まえるならば、出自を異にする人々の「共生」というものは、単に日本社会の内部だけで目指されるものではなく、朝鮮半島との関係をも含んだものにならざるをえないのではないか。[23]端的にそれは、日本に住み続ける在日朝鮮人が朝鮮半島と自己の関係を否定的に捉えることがないような、より開かれたグローバルなものとなるであろう。[24] これまでの多文化「共生」を日本社会だけを対象範囲としているという意味で「一国多文化共生」とでも言うならば、今後、必要とされるものはグローバル化のなかで日本と朝鮮半島（さらにはアジア）をも射程に含んだ「グローバルな多文化共生」と表現できるはずだ。[25]

註

（1）坂中英徳「今後の出入国管理行政のあり方について（九）」『外人登録』第二二一号、帝国範例法規出版社、一九七七年、九頁。
（2）権容奭『「韓流」と「日流」――文化から読み解く日韓新時代』日本放送出版協会、二〇一〇年。
（3）板垣竜太「『マンガ嫌韓流』と人種主義―国民主義の構造」『前夜』第一一号、影書房、二〇〇七年および太田昌国・金富子・鵜飼哲「「北朝鮮」言説を解読する」『インパクション』第一三七号、インパクト出版会、二〇〇三年を参照。
（4）鄭大均『韓国のイメージ（増補版）』中央公論新社、二〇一〇年。
（5）姜在彦「在日朝鮮人の六十五年」『季刊三千里』第八号、三千里社、一九七六年、三四頁。
（6）姜在彦「戦後三十六年目の在日朝鮮人」『季刊三千里』第二四号、三千里社、一九八〇年、三五頁。
（7）福岡安則『在日韓国・朝鮮人』中央公論社、一九九三年、七九頁。
（8）福岡安則、前掲書、八八―九九頁。
（9）金賛汀『在日という感動』三五館、一九九四年、五〇頁。

（10）金賛汀、前掲書、一三二頁。

（11）C・テイラー「「承認をめぐる政治」E・ガットマン編『マルチカルチュラリズム』佐々木毅他訳、岩波書店、一九九六年、五〇頁。

（12）テイラーが論ずるアイデンティティ形成におけるコミュニティの存在の重要性には、このような他者による否定的規定の悪影響を防ぐという意味も含まれうるだろう。テイラーの前掲書ならびに、明戸隆浩「チャールズ・テイラー「承認の政治」論の再構成――「親密圏における承認」と「公共圏における地平の融合」」『現代社会学理論研究』第四号、二〇一〇年を参照。

（13）浜本まり子「在日朝鮮人――在日朝鮮人のアイデンティティの問題」青木保他編『移動の民族誌』岩波書店、一九九六年、二四九頁。

（14）A・センプリーニ『多文化主義とは何か』三浦信孝・長谷川秀樹訳、白水社、二〇〇三年。

（15）本章の知見はあくまでも日本学校在学経験者らを対象として検証されたものである。民族学校である朝鮮学校に在学する者らのエスニック・アイデンティティの特徴については、曺慶鎬「「朝鮮学校コミュニティ」とエスニック・アイデンティティ――朝鮮学校在学生を対象としたインタビュー調査を通じて」『ソシオロゴス』第三五号、二〇一一年を参照。

（16）代表的なものは「まわりと違うっていうのは、やっぱり結構、子供心になんか気になるじゃないですか、別に朝鮮人が嫌だとかじゃなくて、やっぱり周りと同じでありたいっていう気持ちがあって。在日っていうものがなにかっていうのを、そんなにわからなかったから、余計そういう風に思ってたんでしょうけど」（一九歳／女性／韓国籍）というものである。

（17）代表的なものは「知ってた方が絶対いいと思いますね。文化っていうより、歴史の方を絶対知ってたほうがいい。……知らないで日本人の友達とかといるじゃないですか。『俺は朝鮮人なんだ』と言ったとしても、じゃあ、なんで日本にいるのって聞かれたときに、なんにも答えられない」（二〇歳／男性／韓国籍）というものである。

(18) 代表的なものは「朝鮮半島は自分のいる世界とは違う世界だから、興味はあるんですけど……。愛着はあんまりないですね。やっぱり日本の方が便利……、今までずっと住んできたから住みやすいっていうのもあるし」(二〇歳/男性/韓国籍) というものである。

(19) 小学生の時に「ミサイルとかなんとか、そのような話があったんですよ。……核作っているんじゃないか、北で。そのときに僕が言われたのが、『お前スパイだろう』とか、そのような感じ」(一八歳/男性/韓国籍) でクラスメートらに囲まれたというものがある。

(20) 金知榮「在日韓国・朝鮮人の「韓流」経験がナショナル・アイデンティティに及ぼした影響――ブームとしての「韓流」経験と日常文化としての「韓流」経験との比較を中心に」『日本都市社会学会年報』第二八号、二〇一〇年、一四六頁。

(21) 徐正根「韓国ブームと在日韓国人」『地域研究(山梨県立女子短大)』第一号、二〇〇〇年。

(22) 宋連玉「在日朝鮮人にとっての〈韓流〉」徐勝・黄盛彬・庵逧由香編『「韓流」のうち外』御茶の水書房、二〇〇七年、二四五頁。

(23) 日本社会と韓国の間で人、財、情報等の往来が盛んになっているというのも、日本と朝鮮半島との関係を含んだ「共生」の構想が必要な理由の一つである。

(24) 付け加えると、先行研究での表現に倣うならば、在日朝鮮人に必要な民族性とは「グローバル化に適合した創造的な民族性」というものになるはずだ。

(25) 実際、インフォーマントのなかには朝鮮半島と日本の両方との関係性を保持したまま、在日朝鮮人としての独自性を模索することを主張する意見もある。

第10章　ニューカマー永住外国人と新たな市民権

――トランスナショナルな中国人移住者の場合

坪谷美欧子

一　新たなタイプの永住移民

一九八〇年代以降に来日し永住資格を取得するニューカマー外国人が、増加している。「一般永住者」の数が、日本との間に特別な歴史的経緯を有する「特別永住者」を二〇〇七年末の登録者数で初めて上回り、二〇一〇年末の時点では約五六万人に達した。「特別永住者」は年々減少し、およそ三九万九〇〇〇人とついに四〇万人を切っている。ニューカマー外国人の日本への定着化の進行を物語るわけで、彼らは永住者となり、たとえば銀行ローンによって住宅を購入することも可能となっている。日本政府と日本社会にとり、従来のオールドタイマーの在日韓国・朝鮮人やいわゆる「老華僑」を典型としていた日本型「永住者モデル」の変更の必要を意味している。

なかでも中国人は、二〇〇七年末の時点で韓国・朝鮮の数を抜き、二〇一〇年末におよそ六九万人と、日本における最大の外国人集団（全体の三二・二％）となっている。帰化者や永住資格を持つ者も増え、その移民過程はすでに定住段階にあると言ってよいが、一方、強い帰国志向を持ち母国とのネットワークも維持し続けている点が特徴的である。

中国系移民に関する欧米の研究でも、「老華僑」と比較して、「新華僑」や「新移民」の送り出し・受け入れ社会双方への新しい適応に、近年注目が寄せられている。[(1)] 南米日系人やフィリピン人等と比較すると、日本における新来中国人の研究は多いとはいえないが、近年散見されるようになっている。留学後も滞在を続け企業への就職等で日本社会に深く関与しながら常に帰国が念頭におかれる「永続的ソジョナー」(permanent sojourner)のアイデンティティのほか、[(2)] かれらが母国と日本の間に持つネットワークの広がりとくに福建や東北地方の出身者においてみられる移住プロセスの特殊性が明らかになりつつある。[(3)]

移住先の国で居住・移動・就労などの自由を獲得しても、選挙権や公務員就任権を欠きながら生活している外国人市民は世界的にみても珍しくない。T・ハンマーによれば、このような外国人は「デニズン」(denizen)と呼ばれ、[(4)] こうした永住者たちの権利をどう保障するか議論されるようになっている。永住外国人の存在は、国籍があってこそよき成員としてのアイデンティティや忠誠心が可能という観念の変容も促している。社会保障の権利はもとより、公務員就任、地方参政権などについても、居住を要件とした市民権（シティズンシップ citizenship）付与の考え方が日本でも検討されてよいだろう。

本章では日本社会へ定着を深めつつも、同時に母国とのネットワークや空間の拡大も進める中国人の事例から、送り出し社会と受け入れ社会の間でトランスナショナルな存在となっている移住者をどう遇するのが公正なのかについて、新たな「市民権」の概念を手がかりに考えてみたい。

二　統計的データからみる在日中国人の現在

まずはニューカマー外国人の日本社会への定着の一つの型を示す中国人ついて、統計的データから整理しておきたい。

図10-1は在留資格別にその推移を示したものであるが、永住者、留学生、就職者、家族滞在、日本人の配偶者といったカテゴリーが二〇〇〇年以降とくに増えてきた様子がわかる。二〇一〇年に新規に入国した中国人のなかでも、とりわけ多いのは、「留学」(二万二七五二人)、「就学」(八八一九人)[5]、「家族滞在」(八二二八人)、「日本人の配偶者等」(四〇九九人)、「定住者」(二〇九七人)となっている。なお技術や知識を習得しながら就労する「研修」の新規入国者も留学生を上回るが、在留資格制度上研修期間終了後日本に居続けることが難しいため、本章の議論には含めないこととする。

以下では、中国人の日本在留に特徴的なデータにしぼる。まずは留学や日本企業への就職のルートについてであるが、二〇一〇年度末の統計によると、中国人留学生は約一三万五〇〇〇人で、日本の企業等で働く人は六万人ほどである。その卒業後の日本企業への就職については、リーマンショックの影響からか前年に比べ一七・二%ほど減少しているが、二〇〇九年に「留学」から就労が可能な在留資格への変更が認められた件数でみても、全件数が九五八四件であるのに対し、中国は六三三三件と、日本での就職のために留学から在留資格を変更し引き続き日本に残ろうとする者のなかでも大多数を占めている(図10-2)。

日本企業への就職のため直接来日する外国人数はどうか。[6] その新規の数は二〇〇〇年には一万人程度

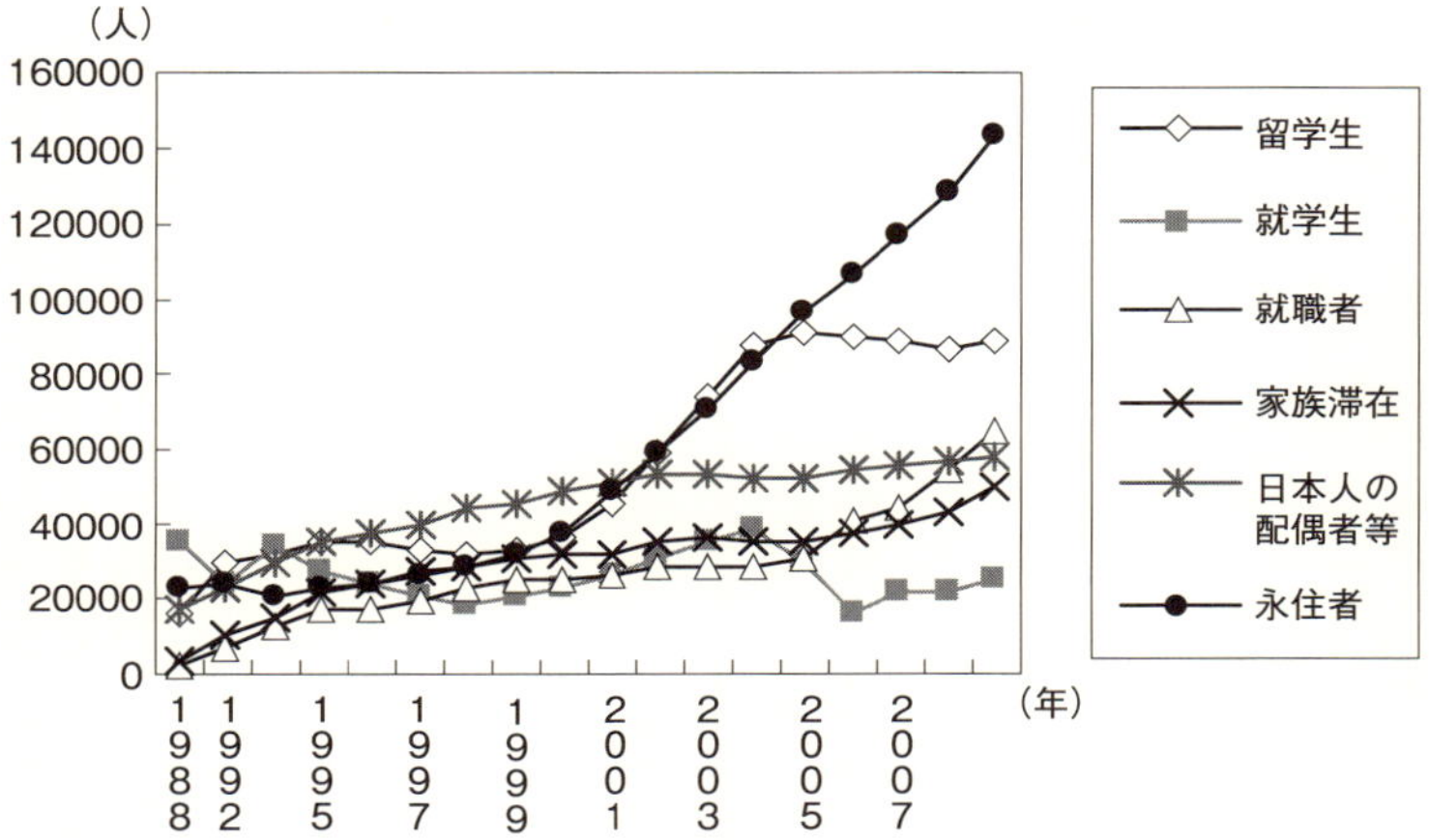

図10-1　在留資格別在日中国人の推移(1988〜2009年)
出典）法務省入管局『在留外国人統計』各年版

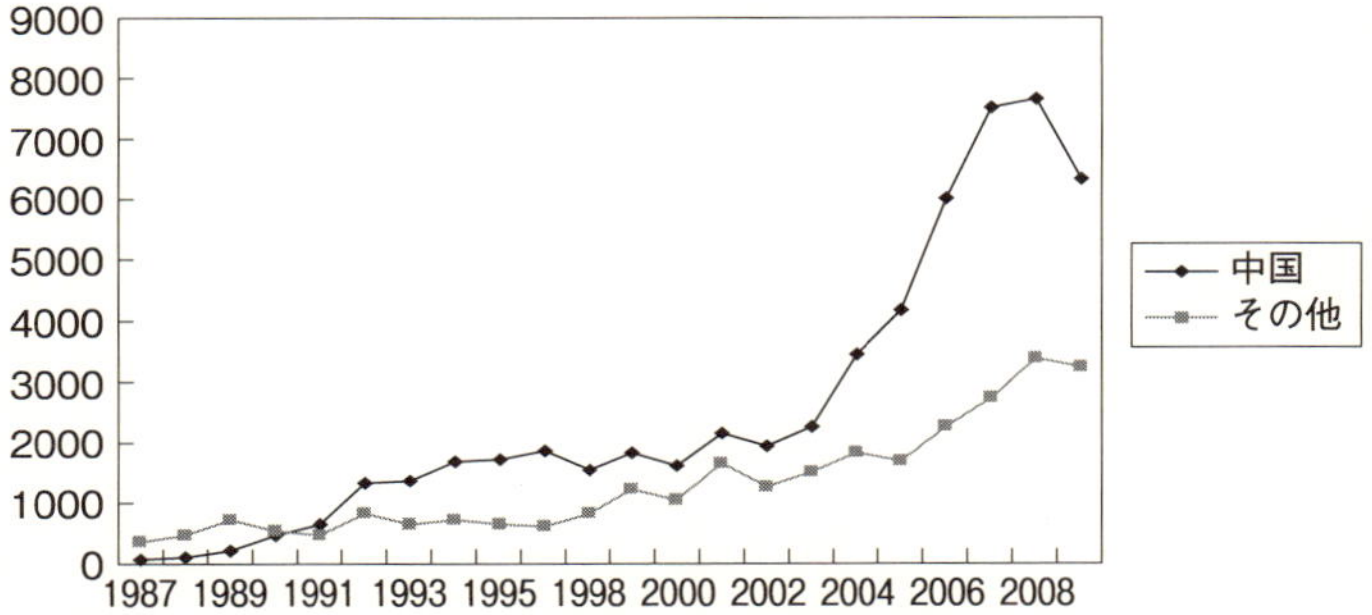

図10-2　留学生による日本での就職のための在留資格変更の推移(1987〜2009年)
出典）法務省入国管理局 HP（2011年 7 月31日閲覧）『留学生等の日本企業等への就職状況について』各年版

だったが、〇九年には二万人台へと倍増した。出身地域別にみると〇五年までは圧倒的に欧米上位だったが、業種も貿易や教育などが中心で、情報処理分野は少なかった。しかし、同年以降はとくにソフト開発業務などにあたる「技術」の在留資格での入国が「人文知識・国際業務」を抜き、国別でも中国がトップになった。ここでも金融危機の影響は避けられず、〇九年の中国からの入国者は前年の三三〇六人に比べ六〇・五%も減っている。他のアジア諸国からの入国数もおしなべて半減している。卒業後の日本での就職に比べ、情報産業分野での就労のための新規入国は日本の景気の影響を受けやすいルートであることがわかる。

日本人との結婚や出産などの家族関係を理由に日本に在留する中国人の状況はどうか。『人口動態統計』(7)によると、二〇〇九年中の日本の婚姻総数はおよそ七〇万八〇〇〇件で、そのうち夫か妻どちらかが外国籍の「国際結婚」は約三万四四〇〇組にのぼる。そのうち「夫日本・妻外国」は二万六七四七件、「妻日本・夫外国」は七六四六件であり、圧倒的多数は「夫日本・妻外国」ということになる。なかでも「夫日本・妻中国」は一万二七三三件と、朝鮮・韓国(四一一三件)、フィリピン(五七五五件)、タイ(一二二五件)を大きく上回る。

これに伴い、日本人と結婚した中国人女性から生まれる子どもの数も、韓国・朝鮮とフィリピンの女性の子どもが減少傾向にあるなか、増え続けている。なお、日本人男性と結婚する中国人女性では再婚者の割合が高く、中国で前夫との間にもうけた子どもが呼び寄せられる来日パターンも目立つ(8)。「連れ子」の在留資格は「定住者」となり、そこには残留孤児の帰国者等も含まれるので、内訳はつかめないが、子の呼び寄せが相当数含まれることが推測できる。「定住者」は就労制限もない在留資格なので、一五歳以上であれば働き報酬を得ることもでき、将来的に永住資格や日本国籍の取得も容易となる(9)。

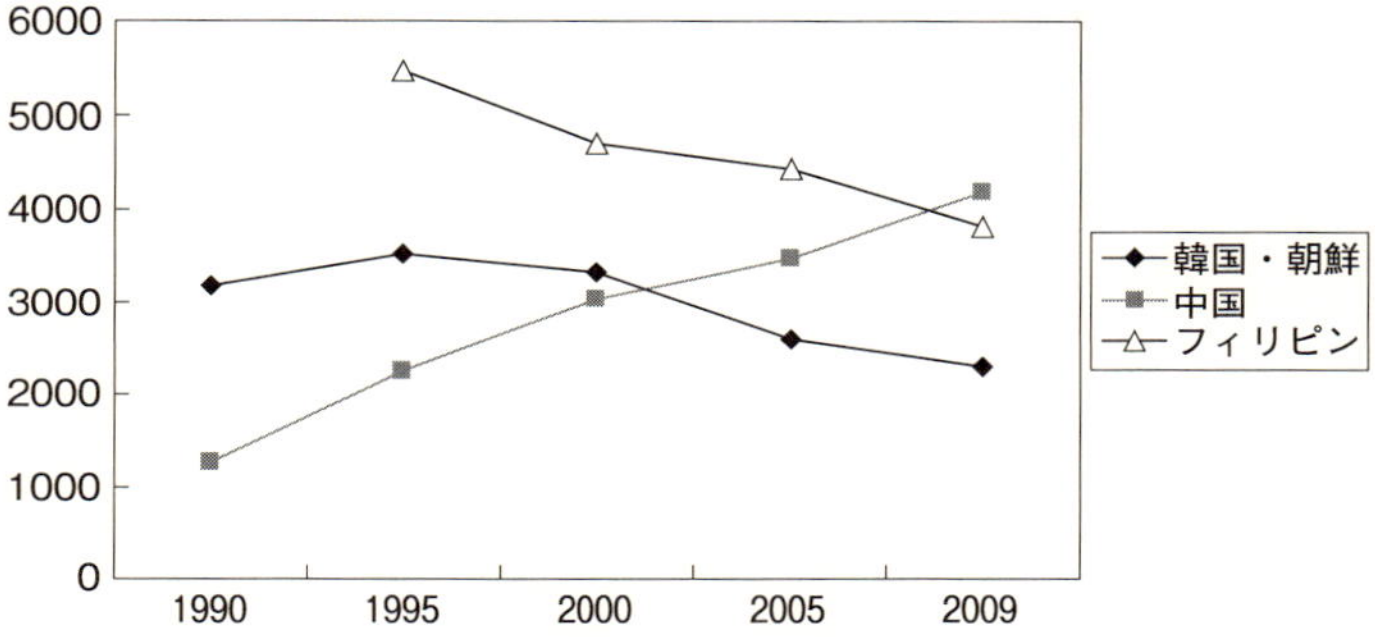

図10-3　父日本人・母外国人の出生数の推移（1990〜2009年）
出典）厚生省大臣官房統計情報部編『人口動態統計』
注）「フィリピン」については1992年から調査が開始された。

先にもふれたが二〇〇〇年以降は「永住者」資格を取得する傾向が顕著で、その数は二〇〇八年末で約一四万人にのぼっている。一九九八年より、「永住者」資格申請の条件が緩和された。それまでの日本居住「引き続き二〇年以上」から「一〇年以上」へ、とくに留学や結婚のため入国したのち日本企業への就職が五年以上なら通算して一〇年以上の滞在歴とみなされ、日本人との結婚が三年以上継続していれば、「永住者」への変更が認められるようになった。この条件緩和が周知されるにいたったためか、特に二〇〇〇年以降に「永住者」が急増した。

日本国籍取得（帰化）の状況についてみると、年間四〇〇〇人程度と、二〇〇〇年頃から横ばいである。日本も中国も二重国籍を認めておらず、国籍取得に先立ち中国籍を放棄しなければならない点がネックとなっていてなかなか増えない。一九八八年から通算すると、およそ八万人が中国籍から日本籍へと変更を行っている。

結婚や出産をめぐっては正規のルート外の問題ケースがあることを取り上げておきたい。二〇〇八年の国籍法改正以後、日中間の犯罪組織ぐるみで子どもの日本国籍を取引しようとするビジネスの増大が見逃せない。それまで中国人女性が出産直前に日本人と偽装結婚し、生まれた子に国籍を取得させ、ブローカーに報酬を支払う、中国人男女の間に生まれた子を日本人の子として虚偽の国籍取得届を提出する、といった事件が後を絶たなかった[10]。だが日本人の父親から生後に認知された外国人の母親の子の日本国籍が可能になった法改正後、日本人男性に報酬を払い認知してもらえば偽装結婚の必要すらなくなる。子が日本国籍を取得すれば、その養育者として定住者の資格を得ることができ、実の父親と結婚した場合、彼がオーバーステイでも、日本での子の養育が考慮され、「在留特別許可」が与えられる例も少なくないという。ブローカーにより制度がスポイルされており、公正という観点から事態の検証が進められる必要がある。

以上の問題ケースは別として、中国人の日本定着へとつながるルートとして留学から就職への移行、そして日本人との結婚から出産、そして子の呼び寄せ、それらに続く永住資格や国籍取得という傾向がはっきりしてきたといえる。

三　移住者にみるトランスナショナルな空間の変容

移動手段や通信手段が発達するなか、一見、ホスト社会での滞在の長期化や定住化と矛盾すると映じるかもしれないが、そこで起きている変化も視野に入れなければならない。海外移住者がもつトランスナショナルな社会的な場・空間の形成により、越境的ネットワーク上の一つのコミュニティが国境を越え二つの拠点を持つことがみられる。トランスナショナルな社会空間が形成されると、送金、家族の世話、出身地への貢献等を含んだ現代国際移民による新たな適応方式が現れ、送り出し社会と受け入れ社会に対して新たな適応様式と戦略が展開される。さらに同時に二国、もしくはそれ以上の国民国家とつながる関係のネットワークのなかに埋め込まれた主観やアイデンティティの出現もありうる。

来日中国人については、とくに近年増加が顕著である八〇年代以降の出生者、ならびに中国東北部出身者という新たな層の中国人移住者の広がりに目を向けたい。出国の自由が一部認められるようになった八〇年代からの中国人の日本留学生については、母国への貢献の意思や帰国志向をもちながら、仕事や子の教育等の理由から滞日を延ばす「永続的ソジョナー」と呼ばれる者が少なくない[11]。また大戦の被害や日本との経済格差から、日本留学に複雑な感情を抱く者も少なくなかった。

だが、変化が現れている。以下では、筆者が二〇一〇年に中国で行った日本へ移動に携わる関係者への聞き取り調査の結果を中心に考察してみたい。

「一人っ子政策」以降の世代

現在の中国では、教育の市場化や留学産業の拡大により留学が一般化し、旅行も含めると海外への移動がさまざまな層に浸透しつつあり、新たな層の中国人留学生の広がりが目立つ。「一人っ子政策」以降に生まれたために甘やかされて育ったなどと、やや差別的に中国語で「八〇后」「九〇后」と呼ばれる八〇年代以降出生の若年層である。大卒者が急増した反面就職難も深刻で、代替的に海外留学を選択する現象が見受けられる。中国から日本への留学をめぐる二つの世代の相違にも注意が必要である。この世代は、「富二代」とも呼ばれ、それまでの世代とは価値観や行動様式に違いをもつ。近年の中国人留学生は、学業とアルバイト両立に悩む「苦学生」イメージに対し、母国での激烈な大学受験を避ける形で留学を目指す若者や富裕層の留学が目立つ。彼らには先進国へのコンプレクスがより薄れる一方で、じつは以前の中国ではみられないような個人レベルでの母国への自信や愛国心を抱く傾向も強い。

とくに注目したいのは、こうした若者にとっての海外移住の意味や、移動による社会や国家への帰属意識の変容である。「集合的記憶」という点では文化大革命など中国の厳しい時代の記憶を共有しておらず、エスニック／ナショナル・アイデンティティのあり方には、これまでの世代と比べかなりの部分で異なる。その日本への関心も多様化しており、日本の経済・経営や先進的科学技術だけでなく、漫画、アニメ、ゲーム開発、デザイン、美容、菓子製造などへの関心も高い。

一九八〇〜九〇年代に来日した留学生には中国政府からの派遣で突然日本行きが決まったり、英語圏への留学手続きがうまくいかず私費で日本留学を選ぶといったことが多かった。また、大戦中日本軍による被害を受けた親族からの批判や友人・同僚からの羨望がないまぜになった反応に直面し、日本留学に対してためらいや複雑な感情もみられた。しかし、現代の若者は、両親も日本留学経験者だったり、仕事で日本との関係を持つ者も多い。子どもの頃からマンガやアニメなど日本の「ポップ・カルチャー」を通して日本語や日本文化に親しみ、日本行きはごく自然なことととらえている。その分、以前の世代のような海外生活へのあこがれや、国家建設のための先進的知識・技術の吸収といった使命感はあまりみられない。具体的かつ直接的に日本を志向する、以前と比べさらに個人に還元された留学行為といえるだろう。

東北部からの中国人移住者の増加

従来、日本に住む華僑・華人には広東・福建・台湾などの出身者が多く、改革開放後には北京・上海および沿海部出身者が多数を占めてきた。だが、東北地方が日本への移住者送り出しの地へと変貌を遂げつつある。実際、東北三省（遼寧省、吉林省、黒龍江省）から日本への人の移動を広く概観すると、留学のほか、日本企業への就職、中国残留孤児家族の帰国、日本人と結婚のため渡日する女性やその子どもたちなどによる入国ルートが看過できない規模になっている。いうまでもなく東北地方は地理的にも日本に近く、「満洲国」なる植民地支配の形ではあるが日本とは独特な歴史的関係を有している。残留孤児が多かったのもその現れである。優れた日本語教育を行う教育機関（高校・大学）も多く、第二外国語として中学段階から日本語を身につけた朝鮮族やモンゴル族も少なくない。いわば日本移住の「予備軍」である日本語人材が豊富なのである。

八〇～九〇年代には東北出身者は多数を占めてはいなかった。同地方は農業や旧工業中心で、沿海部の外貨導入型の経済的な発展からは立ち遅れていたからであり、二〇〇〇年頃からようやく中国全体の経済発展が大都市・沿海部から東北地方および内陸部へと波及し、これにともない東北三省でも出国ブームが起こる。進出する日系企業は、大連への集中が著しいものの、沿海部にみられる労働集約型の工場地帯とも発展の形が異なっている。とくにソフト開発やアウトソーシングなどの分野で、豊富な日本語人材を活用した日資導入が独特だといえるだろう。さらに留学経験者による帰国後の就職や、起業パーク創設などの帰国者優遇政策も、東北地方の大連・瀋陽・長春・ハルビンなどで活発化している。

それだけではなく、東北地方では、ハルビン郊外の方正県が代表的だが、多くの女性が日本人との結婚のために来日している。彼女らにとり、日本人と結婚し渡日するのはいわば「家族を養う」ためでもあり、地元ではこの結婚を仲介するビジネスが非常に盛んである。親族の扶養に余裕が生まれると、地元での住宅や墓地の購入、小規模な商店なども含めた起業や投資等へと向けられるようになる（なお、日中間に限られないが、これらの結婚には「人身売買」に当たるとの国際社会での批判があり、この批判に日中政府は対応を迫られるかもしれない)。

このように移住者送り出し地域である中国の東北地方への社会的・経済的なインパクトはすでに相当なレベルに達している。そこでは労働、家族・世帯形成・家計、老人・病人の介護、教育のための子の呼び寄せ、移民コミュニティの形成など、本来国家領域内で行われるべき、もしくは完結すべきと考えられていた事柄も、中日の国境を越えて起こるようになっている。

四　問われる「多文化共生」——新たな「市民権」の必要性

では、このような集団を社会はどう受け入れるか、日本の政策の現状から日本社会全体としての方向性や課題はいかなるものなのか検討してみよう。

日本では「〈共生社会・多文化共生〉の実現」という言説が、とりわけ九〇年代後半くらいから自治体の施策や教育現場、またはNGO等の社会運動のなかで好んで使われる。住民として共に生き地域社会への参加を促す考え方や視点として、また各レベルでの交流活動・事業の展開の成果についても過小評価すべきではない。しかし、経済・社会生活領域における保障が考慮されなければ、「心がけ」を説く「精神論」[12]、あるいは感情・情緒面へのうったえに収斂されかねず、当事者たちの生活世界の理解にとってはかえって妨げとなるだろう。移住者たちの多様化するライフスタイルを踏まえた上で、かれらの権利保障に向けて、「市民権」という観点から今後克服すべき課題を考えてみたい。

トランスナショナルな移住者たちと新たな「市民権」

市民権の基本的な意味に立ち返るなら、市民権とは、「政治共同体の成員資格」あるいは「成員であることによって生じる種々の権利と義務」を意味してきた。T・H・マーシャルによれば市民権は、市民的権利、政治的権利、社会的権利の三つの要素から構成されると定義されている(13)。日本には法制度上に「市民権」の語はなく、こと市民権については、国籍をもつ国民に国家が保障する「国民の権利」という捉え方が自明視されていよう。しかしこの理解だと、国籍と市民権の概念の違いがはっきりしない。たしかに歴史的には、市民権の想定する「政治共同体」が「国民国家」と重なっており、国籍とイコールで考えられがちだった。しかし、地球規模で人の移動が行われている現代では、「国籍=市民権」の構図が揺らぎつつある。

たとえば国際人権規約などの条約により、国籍にかかわらず保障されるべきものとして人権があるが、これは「人であること」によって承認されるのである。また統合が進むEU域内では、「ヨーロッパ市民権」の概念により欧州議会選挙への政治参加の権利なども超国家的なレベルで保障されている。移民に対しても二重国籍または二重市民権を許容する国もみられている。こうしてみると、国への情緒的な紐帯に基づく国籍への「神聖」というものが個人にとって唯一のものという見方は、もはや成り立たないという主張もある(14)。越境者たちの多様な意識と生活を維持するためには、従来の国民国家の枠組みにとらわれた国籍だけでは十分ではなくなっている。したがって日本でも、実質的な社会の構成員であることにより比重を置いた「新たな市民権」が検討されるべきである。

一九九八年の「永住者」の在留年数の緩和は、選別的な入国管理を促し、日本にとって「好ましい」ニューカマー永住者をカテゴリー化する契機となった。二〇〇三年に発表された内閣府の「総合規制改革会議」による「規制改革の推進に関する第三次答申」では、「永住者」の条件がさらに明確化されることを求めている。この会議の構想自体は、規制緩和、民間活用を推進しようとする新自由主義的な立場である点も注意を払わねばならないが、翌年には「永住許可」のガイドラインがかなり具体的に示されるようになった。「永住者」資格の法律上の要件として、九八年の省内運用規定で変更された「原則一〇年」という在留に関しては、①日本人・永住者・特別永住者の配偶者の場合、実態を伴う婚姻生活が三年以上継続し、かつ引き続き一年以上在留していること。その実子等の場合は一年以上日本に継続して在留していること。②「定住者」の在留資格で五年以上継続して在留していること。③難民認定を受けた場合、認定後五年以上継続して在留していること。④外交・社会・経済・文化等の分野において「我が国への貢献」があると認められる者で、五年以上在留していること、の以上四つの「特例」条項が付け加えられた(15)。

日本人や永住者との結婚や親子関係、そして難民など、申請者の日本とのつながりを実質的に承認していくという意味で、条件を公開したことは評価に値する。中国人たちからも「永住者」資格に変更した後は「出入国や社会生活上で便利になった」とか、中高生の子どもたちの口からも将来の可能性を広げるために「学生のうちに変更しておきたい」などと聞かれる。だが「永住者」の範囲を拡大しても、現行の制度だけでかれらの権利が十分保障されるとは言いがたい。

現在およそ九六万人の永住外国人が日本で暮らし、国籍取得者のこれまでの合算約三〇万人を加えれば一二六万人となり、全人口の一%以上にあたる人々が何らかの形で外国につながりを持って定住している。かれらの政治参加への権利をはじめ、公務員就任、管理職への昇進なども、かれらの居住歴にもとづき、居住を根拠として付与が検討されてよいだろう。これは、従来、日本との関わりが歴史的に深いオールドタイマーを中心に主張されてきていたが、議論をもう一歩前進させねばならない時期を迎えているのかもしれない。

もう一つの含意としては、こうした外国にルーツをもつ日本人の増加は、「日本人」という「境界」の広がりを意味している。けれども「日本人」の血統への「信仰」はいまだに根強い。これが、外国人犯罪増加や一部の国家による日本「乗っ取り」をあげつらう、外国人排斥の主張に都合のよい文脈で彼らの量的なプレゼンスを問題視し不安をあおる材料にも使われがちである。他方、偽装結婚や偽装認知といった非正規の手段を用いてでも、日本人との血縁関係を基礎に押し広げることができる「日本人」枠組みに対し、中国人のまなざしはとても鋭い。日本の国籍法がもっぱら血統主義に拠る限り、子の日本国籍をめぐる違法ビジネスを一掃するのは容易ではない。

マーシャルは市民権について資本主義が生み出す階級間の不平等への対抗軸として、また社会統合に果たす役割という観点から論じたが、国民国家を前提とする従来の市民権は、「有限な資源への請求権」という性格を帯びており、国家はその分配に慎重になり、市民権付与の条件としての国籍へのこだわりを示してきたという経緯を見落としてはならない[16]。言い換えれば、市民権は、政治共同体内部では平等で普遍的なものであるが、その成員以外の者に対しては排他的あるいは特権的という論理を内包しているともいえる。このため、移民が殺到する状態ではすでに滞在している移民たちとの間の平等の実現が難しくなり、市民権拡大は多くの場合新規の移民に対する制限的な移民政策とセットで実施される傾向にあるとの指摘もある[17]。

送り出し国の「拡大コミュニティ」の可能性

一方、移民の送り出し国側でも海外移住者を領域内にどう取り込むかをめぐって変化が起きている。たとえばメキシコ・インド・トルコのような送り出し国では、在外国民との関係を維持するために市民権や国籍法を変更するようになっている[18]。さらに、韓国や台湾などは海外移住者による技術的貢献や投資が本国経済へプラスの影響を及ぼすことから、高度な人材を本国に留めるのにこだわった従来の政策を改め、「本国を中心とした拡大コミュニティの権利と義務の網の中に、過去と現在の間でコミュニティ市民を統合する」ような「ディアスポラ・モデル」へと移行する動きも見られる[19]。

こうした課題への中国側の対応は本章では詳しく扱えないが、中国政府としての海外移住者との関わりについてはとくに改革・開放後、華僑・華人の経済力をいかに取り込むかということにもっぱら力が注がれ、送金や投資などによる彼らの経済力は現在の中国の経済発展の一翼を担っている。また留学生や研究者の帰国後の優遇政策のなかには、中国の永住権付与や戸籍変更に関わる政策も実施されている。だが高度な技術を持つ一部の研究者や技術者のみが対象で、現状では一般的な海外移住者にとって実効性を持つものとはいえない。

根本的な問題は、中国が一貫して二重国籍を認めない立場を崩さないことだろう。最近では両親のどちらかが外国籍を取得していて、母親が外国籍の場合、この海外のパスポートでは国内で出産した子どもが出国できないという問題が浮上している。二重国籍を認めない中国の国籍法からみるとそうした場合でも中国籍だけを有すると解釈され、海外のパスポートでは出国できないこととなってしまう。北京市と上海市出身の親をもつ二重国籍の子どもに限っては、公安局から「出境カード」や「通行証」が日本のパスポートに交付され、それにより出国が許可されているらしいが、事実とすれば公平、公正を欠く。大多数の者にとっては中国パスポートを取得したのち、日本のビザを申請するという煩雑な手続きが必要である[20]。一方、国や地方政府の官僚とその家族の海外移住は政治腐敗の温床ともなりうる。官僚の配偶者と子どもを海外へ移住させ、現地の永住権や外国籍を取得させ、資産隠しや資金洗浄を行わせることが現代中国の深刻な社会問題の一つとなっている。そのためか二重国籍には政府としても慎重にならざるをえない。

さらに、中国では農村―都市間あるいは地域間で、公共機関の対応や政策の違いが著しく、社会全般において権利保障が公正に機能していない例は少なくなく、解決策として金銭や「コネ」が何より有効と考えられているのも事実である。先にふれた東北地方のように移民を多く送り出すような地方や農村部ほど、それらの力が強く働くこともあり、だからこそ現地の人にとり海外移住が「特権化」するという背景もある。現状ではこれへの異議申し立ては見られないものの、海外移住に際してかれらの正当な権利の保障にも公正さが求められなくてはいけない。

五　移住者を包摂するコミュニティのかたち

S・カースルズとM・J・ミラーも指摘するように、「完全な市民」「準市民」「永住外国人」「外国人」という異なる地位にいる人々をうまくまとめることが、民主主義国家の新たな命題であるという[21]。そして市民権の範囲を新たに拡大するときにこそ、どれだけコミュニティ意識を共有できるかがその社会の将来を決めるカギとなろう。たしかにトランスナショナルな移住者たちも含める新しい市民権や永住制度を考えると、「誰が日本人なのか」、「誰が地域社会のメンバーなのか」「日本や居住する地域社会との関わりとは何か」、が改めて問われる。移住者たちのトランスナショナルな意識は、一見すると「分裂した忠誠心」などと批判を受け、ナショナリストが理想とする「文化的同質性」の幻想を脅かすものとみなされよう。

だが、ホスト社会側の意識も変わらなければならない。「共生」を単なるスローガン以上のものにできるかは、「われわれ」「わたしたち」という社会的な自意識を彼らを含め実感できるかにかかっている。他人の問題を「自己責任」と片付けるような個人主義から脱し、他人の抱える問題を自分の問題と受け止めともに解決を目指すような姿勢をどのように共有できるのだろうか。いうなれば、コミュニティとしての連帯が必要である。東日本大震災間もない頃、「日本人」が「一丸となって」「苦境を克服しよう」などのかけ声の下、出国する外国人を、「都合が悪くなると一目散に逃げる」などと批判する「内向き」な風潮があった。海外からの救援、支援に感謝しながらも、他方ではナショナリスティックで排他的な思想に閉じこもりかねない危険性も感じられた。

日本と中国は旧知の間柄のはずでありながら、また日本最大の移民集団にもかかわらず、生活者としての中国人一人一人の姿については知られないことも多い。かれらにとって海外移住とは自身の欲望と家族・親族の豊かさを追求しようとするせめぎ合いの中にあるとみられ、ときに日本人の目にはかれらの行為は奇異に映る。もちろん、収入格差、教育機会の不平等、社会保障の不備という中国側の出国にかかる不平等要因の解消は、重要である。だが、かれらの国境を越えたチャレンジングな生き方に、日本社会の活力へのヒントを見出すこともできるかもしれない。

越境者たちがホスト社会と母国との間で織りなすトランスナショナルネットワークにより、個人の生活はもはや当人のいる国内の生活を見るだけでは理解できなくなりつつある。これまで一国家の枠組み内で考えられがちだった「家族」や「国籍」「市民権」、あるいは「国民国家」の基本的制度の諸前提についても再検討の必要が生じている。まさに人々が生活する「社会」の概念そのものの「再定義化」が迫られている。中国側ではさしあたり、海外移住者をも包摂するコミュニティをいかに作り上げていくかが課題であろうし、日本にとっては、定住の意志をもつ外国人を、文化や人種を尊重しつついかに平等な市民として抱摂していくかが課題で、この調和化はたしかに難題ではある。だが、対話を深めていくべき課題でもある。

註

(1) Zhou Min, *Contemporary Chinese America: immigration, ethnicity, and community transformation*, Philadelphia: Temple University Press.2009 ほか。
(2) 坪谷美欧子『〈永続的ソジョナー〉中国人のアイデンティティ——中国からの日本留学にみる国際移民システム』有信堂高文社、二〇〇八年。
(3) 田嶋淳子『国際移住の社会学——東アジアのグローバル化を考える』明石書店、二〇一〇年；山下晴海『池袋チャイナタウン——都内最大の新華僑街の実像に迫る』洋泉社、二〇一〇年。
(4) T・ハンマー『永住市民と国民国家』近藤敦訳、明石書店、一九九九年。
(5) 「就学」の在留資格は、二〇一〇年七月一日より「留学」に統一されたため六月三〇日までの新規入国者数である。
(6) 法務省入国管理局HP　各年版。
(7) 厚生省大臣官房統計情報部編『人口動態統計』各年版。

（8）坪谷美欧子「高校における外国につながる生徒とその家族への支援――神奈川県立高校の取り組みから」『滞日外国人における家族危機と子どもの社会化に及ぼすその影響の社会学的研究』（平成一九―二一年度科学研究費補助金基盤研究B（一）研究成果報告書　研究代表者宮島喬）、二〇一〇年、一二八頁。
（9）「家族滞在」の在留資格では日本でアルバイトをする際には資格外活動許可を取らないとならないが、「定住者」はその必要がない。こうした呼び寄せられた高校生のアルバイト採用にあたっては雇用側としてもかれらの在留資格で選別しているようだ。
（10）『朝日新聞』二〇〇八年一〇月二七日。
（11）坪谷、二〇〇八、前掲。
（12）樽本英樹『よくわかる国際社会学』ミネルヴァ書房、二〇〇九年、八三頁。
（13）T・H・マーシャル／T・ボットモア『シティズンシップと社会階級――近現代を総括するマニフェスト』岩崎信彦・中村健吾訳、法律文化社、一九九三年。
（14）S・カースルズ／M・J・ミラー『国際移民の時代』関根政美・関根薫訳、名古屋大学出版会、二〇一一年、六二頁。
（15）法務省入国管理局HPa『永住許可に関するガイドライン』http://www.moj.go.jp/nyuukokukanri/kouhou/nyukan_nyukan50.html.（二〇一一年七月三一日閲覧）
（16）日本社会学会社会学事典刊行委員会『社会学事典』丸善、二〇一〇年、四六三頁。
（17）樽本、前掲、一〇六―一〇七頁。
（18）S・カースルズ／M・J・ミラー、前掲、六二頁。
（19）OECD編著『科学技術人材の国際流動性――グローバル人材競争と知識の創造・普及』門田清訳、明石書店、二〇〇九年、七五、七七頁。
（20）在中国日本国大使館HP。「中国において日本人と中国人との間に出生した子に関する手続き」http://www.

cn.emb-japan.go.jp/consular_j/shussei_j.html.Zhou（二〇一一年七月三一日閲覧）

（21） S・カースルズ／M・J・ミラー、前掲、六二頁。

第Ⅳ部　開発とジェンダー

第11章　開発・発展におけるジェンダーと公正
——潜在能力アプローチから

佐野麻由子

一　男女の非対称性

開発援助の実践のなかでジェンダーにおける平等、公正はどのように捉えられているか。本章では、分析的アプローチが主流である社会学の視点を補う規範的アプローチとして、国連開発計画（UNDP）などで援用される潜在能力（ケイパビリティ capability）アプローチに検討を加え、その社会学的含意を明らかにし、課題を指摘したい。

近代化が進むにつれ、年齢、性、民族、家柄等、個人の能力や努力によって変えられない属性よりも、後天的に獲得される業績が、主要な配分原理として重視されていくと考えられていた。しかし現実には、男性または女性であること、ある国籍や民族に属すること、××語を母語とすること、等々、すなわち属性は、さまざまな社会において機会、結果として獲得できる資源の多寡に影響を与える。

UNDPの『人間開発報告書』[1]のデータをみてみよう。同報告書では、男女の間の不平等を測るための従来までのジェンダー開発指数、ジェンダー・エンパワメント指数に代わり、新たに「ジェンダー不平等指数」が二〇一〇年より導入された。「ジェンダー不平等指数」はジェンダーの不平等により「人間開発の成果」[2]がどの程度失われているかを示す指標であるとしている。具体的には、妊産婦死亡率、一五〜一九歳の女性一〇〇〇人あたりの出生数、中高等教育を受けた成人の割合、労働市場への参加率、国会の議席に占める女性の比率が用いられる。その値は、完全に平等を示すゼロから完全に不平等を示す一の間の数字で示される。ジェンダー平等達成度が最も高いオランダは〇・一七四、二位のデンマークは〇・二〇九、三位のスウェーデンは〇・二一二であった。ちなみに、日本は〇・二七三で一二位である。このように国によって異なるが、言えることは世界にはジェンダー平等が完全に達成された国はないということである。

私たちが住むアジア太平洋地域の状況についてみてみよう。二〇一〇年三月に公にされたUNDPの『アジア太平洋人間開発報告書』によれば、同地域は経済成長を遂げながらも世界で有数のジェンダー不平等を抱えている。ジェンダー不平等を示す顕著な例が、男女の出生比率の差である。東アジア地域における「女性一〇〇に対して男性一一九」という数値は、二〇〇〇〜〇五年の世界平均の「女性一〇〇に対して男性一〇七」を大きく上回る。また、「失われた女性たち」(missing women)の増加も深刻である。「失われた女性たち」とは、性の選別による中絶や女児に対する育児放棄、保健や栄養状態の不平等が原因で生まれることができなかった、あるいは、生きることができなかった女性を指す。これまでに推定一億人近い女性が命を落としているといわれる。特に、中国とインドで深刻であり、それぞれ四二〇〇万人に上ると推定されている。[3]

これらの社会現象に対して、二つの視点からの接近が可能である。ひとつは、社会事象を記述した上で、その因果関係、メカニズムを説明する分析的なアプローチ、もうひとつは、何があるべき社会の姿なのかを問う規範的なアプローチである[4]。社会学的研究では前者のアプローチが主流であったが、本書で強調されてきたように、公正な社会とはどのような社会なのか、それはいかにして可能なのかといった価値明示的視点からの接近も必要とされている[5]。

以下では、主に、A・センおよびM・ヌスバウムの潜在能力アプローチに拠り、N・カビールのエンパワメントの議論にも触れつつ、潜在能力アプローチの社会学的含意と提起される問題を明らかにし、公正な社会を考えるための視点を提出したい。

二　潜在能力アプローチにおける公正・平等

平等や公正の政策的根拠を示すのに寄与するアプローチが、先にふれた『人間開発報告書』の理念的根拠にもなっているセンの潜在能力アプローチである。現在、貧困の撲滅や格差の是正といった実践の場面において最も注目されるアプローチといっても過言ではない。さらに、センの共同研究者であるヌスバウムは、潜在能力アプローチをジェンダーの視点から読み替え、「女性が尊厳をもった人間として扱われるための基本原理」の提示を試みている。

潜在能力アプローチで重視されるのは、人々が達成できる生き方の幅や可能性の束における平等である。ここで公正な社会とは、人々が価値を見出すさまざまな状態や行動を実現するための選択肢の幅が広い社会であるといえる。諸権利や機会、所得といった人間が人間として生きるために必要不可欠なものである「基本財[6]」を自由の確保のために用いる能力や資質に恵まれない人は、そうした制約のない人に比べて同じ基本財を保有していたとしても、不利な状態にある。同アプローチは、こうした差異を十分に考慮した政策の必要性を説く。以下に詳しくみていこう。

センの潜在能力アプローチ――権原、機能、潜在能力

センによれば、平等は、所得、富、幸福、自由、権利、必要性の充足といったある人の特定の側面を他の人の同じ側面と比較することによって判断されてきたとする。[7] しかし、各項目についての不平等の特徴は、人間のもつ多様性ゆえに一様ではない。ある「変数」に関しては平等であっても、他の変数で見た場合に平等であるとは限らない。

たとえば、所得や他の基本財と「福祉（well-being）[8]の達成」との関係についていえば、次のようなことがいえる。つまり、全く同じ水準の所得やその他の基本財をもっていても、妊娠中の女性と男性とでは、快適に過ごすために克服すべき障害は同じではない。所得や基本財との関係と個人の目的を追求する自由との関係についても同様のことがいえる。同じ水準の所得や基本財をもっていても、妊娠中の女性や幼児の世話をしなければならない女性は、そうした条件に置かれていない男性に比べて、自分の目的を追求する自由はより小さいものとなる。

そこで、センが不平等の検討にあたり提示した概念が、「権原」（entitlement）、「機能」（function）、「潜在能力」（capability）である。ここで権原とは、「法的、政治的、社会的に合意されている取り決めの下で、ある人が手に入れることができる財・サービスの集合」と理解される。機能とは、「ある状態になったり、何かをしたりすること」（being and doing）、つまり、人がそれに価値を見出す様々な状態や行動を指す。特に重要な機能は、適切な栄養を摂っているか、健康状態にあるか、幸福であるか、自

尊心をもっているか、社会生活に参加しているかといった人間の生活において基本的なものである。一方、潜在能力とは、人が行う・選ぶことのできる様々な機能の組み合わせである。それは、単に、自由を達成するための手段ではなく、様々なタイプの生活を送る個人が諸権利によって与えられる財・サービスを活用して自らが望む生活を実現させること、つまり、自己実現を達成させる自由そのものを指す。人は、様々な機能の組み合わせのなかから一つを選択することができる。その際に実現可能な機能の選択肢を提供するのが、権原になるだろう。たとえば、十分な食糧を得る手段がある人は機能としての断食を選ぶことはあっても、飢えることはない。逆に、飢えてしまう機能を選ばざるをえない状況にある人は、権原が十分に与えられていない可能性がある。また、年齢、病気などは、時に、所得を得る能力を低下させたり、所得を用いて自己実現を果たす、つまり、潜在能力に変換することを困難にさせたりすることがある。老人は、健康を維持したり自由に移動したり、コミュニティに参加したり、友人と会うことにおいて困難が多い。

このような点で、潜在能力は人々のもっている実行可能な選択肢、すなわち、自由を明らかにする指標となるのだという。基本財を自由の確保のために用いる能力や資質に恵まれない人は、そうした制約のない者に比べて同じ基本財を保有していたとしても、不利な状態にある。ジェンダーの不平等の問題も、基本財や資源といった単なる手段ではなく、機能や潜在能力のように本質的に重要な要素を比べることで、より一層深い理解が得られるという。

ヌスバウムの潜在能力アプローチ

センと同様に、ヌスバウムが重視するのは潜在能力における平等である。ヌスバウムは「本当に人間らしい機能を達成できる最低水準」を具体的に「人間の中心的機能的潜在能力」としてリスト化した(9)。左記の一〇点は個々の要素のリストであり、あるひとつの要素を多く達成しても他の要素を満たすことはできないものとされる。リストには、女性が、他者の目的を達成するための単なる手段、たとえば、子供を産む者、世話をする者、家族のために働く者として扱われてきたという問題認識が込められている。他の人々の目的に従属させられている状態では、選択可能な様々な機能の組み合わせが制限される。こうした状態は不平等にほかならない。

1　生命：正常な長さの人生を全うできること。
2　身体的健康：健康であること（リプロダクティブ・ヘルスを含む）。適切な栄養を摂取できていること。適切な住居に住めること。
3　身体的保全：自由に移動できること。主権者として扱われる身体的境界をもつこと。
4　感覚・想像力・思考：これらの感覚が使えること。読み書きや基礎的な数学的科学的訓練を含む適切な教育によって養われた「真に人間的な」方法で想像し考え、判断が下せること。自分自身の方法で人生の究極の意味を追求できること。
5　感情：自分自身の周りのものや人に対して愛情をもてること。
6　実践理性：良き生活の構想を形作り、人生計画について批判的に熟考することができること。
7　連帯：（A）他の人々と一緒に、そしてそれらの人々のために生きることができること。
（B）自尊心をもち、屈辱を受けない社会的基盤をもつこと。
8　自然との共生：動物、植物、自然界に関心をもち、それらと関わって生きること。

9　遊び：笑い、遊び、レクリエーション活動を楽しめること。

10　環境のコントロール：（A政治的）自分の生活を左右する政治的選択に効果的に参加できること。政治的参加の権利や言論の自由が守られていること。（B物質的）土地と動産の資産をもつこと、雇用を求める平等な権利をもつこと、不当な捜査や押収から自由であること。

右記のリストの諸項目は、どのような状況で発揮される力なのか。これを考察するためにGAD（Gender and Development）[10]で評価の高いN・カビールのエンパワメント[11]の三つの項目を援用して整理してみよう。三つの項目とは、「内側からの力」（the power within）、「連帯する力」（the power with）、「はたらきかける力」（the power to）である。

カビールは、行為者の問題の把握や目標、関心の意識化といった意識の変化に関わる力を「内側からの力」、女性にとって男性支配を集合的に変革するための戦略となる結束や連帯によって得られる力を「連帯する力」と定義した。そして、力を奪われた女性が「実際的ジェンダー関心」や「戦略的ジェンダー関心」[12]に依拠して自己の置かれた状況を変えるために資源へアクセスしたり障害に対処したりする力を「はたらきかける力」と定義している。カビールのエンパワメント概念を導入することで、ヌスバウムの潜在能力アプローチに社会的関係という視点を加えることができる。社会的関係は、行為者が動員しうる資源を規定し、潜在能力を制限する。他方、それは、動員された資源や発揮された潜在能力の結果によっては、変更されうるものでもある。

以下では、何に対する力なのか・何に向かって発揮される力なのかという点に注目して、ヌスバウム

表11-1　人間の中心的機能的ケイパビリティ

カビール	ヌスバウム
内側からの力 (the power within)	(個体の維持・生存に関わるもの) 生命 身体的健康 身体的保全 (内省・動機づけに関わるもの) 感覚・想像力・思考 実践理性
対等な関係の構築・連帯・共生・協働に関わる力 (the power with)	連帯 自然との共生 遊び
管理・保有・制御・行使に関わる力 (the power to)	環境のコントロール

(筆者作成)

とカビールの論点を対応づけてみたい。それは、すなわち、個体の維持・生存／内省・動機づけに関わる「内側からの力」、「対等な関係の構築・連帯・共生・協働に関わる力」、「管理・保有・制御・行使に関わる力」である。この枠組みに依拠すれば、「人間の中心的機能的潜在能力」は表11-1のように整理できる。

上記の論点については、「基本財」における男女の差異について論じる際に、再度触れることにしたい。

三　潜在能力アプローチからみたジェンダー不平等

潜在能力アプローチに依拠することにより、どのようなジェンダー不平等の性質が、新たに見えてくるだろうか。潜在能力アプローチは、次の二点に目を向けさせる。

(一) 自由の幅(基本財を福祉へ変換する能力)における男女の不平等
(二) 自由を手に入れるための基本財における男女の

不平等、である。

基本財を福祉に変換する能力における男女の不平等

（一）人間の中心的機能的潜在能力の欠如

「人間の中心的機能的潜在能力」のリストに依拠すれば、「本当に人間らしい機能を達成できる最低水準」を満たすためには、国際開発援助の現場で主流となっている権利アプローチでは不十分であることがわかる。先に触れた『人間開発報告書』は、権利、つまり、「ある状態」になるための資格は存在していても、実際に「ある状態」になることができない状況を示しているからである。したがって、政策においては「権利があってもなぜ機能が達成されないのか」を問い、機能の達成を阻む障壁を取り除くことが求められる。

開発援助の現場でより深刻なものとして受け止められているのが、生命や身体的健康に関わる人間の中心的機能的潜在能力の欠如である。ジェンダー平等と女性のエンパワメントのための国連機関（UN Women）の報告書[13]によれば、九億六〇〇〇万人の人々が栄養不良の状態におかれている。それは、特に、女性世帯において深刻である。UN Womenの分析によれば、サハラ以南アフリカのカメルーン、マラウイ、ナミビア、ルワンダ、ジンバブエといった貧しい国の貧困世帯で生活する女性の数は、男性の一・二倍に上る。女性の多くは、生命や健康を維持するのに必要な食糧や食糧を手に入れるための資源を得る機会に恵まれていない。一方で、女性が肥料や種、農業器具へアクセスできれば、一〇万〜一五万人もの飢える人々を減らすことができるという。

また、冒頭でふれた「失われた女性たち」の問題が提起するのは、より高度な潜在能力を達成するための基礎的潜在能力が大幅に制限される状況に女性が置かれているということである。「失われた女性たち」とは、前に見たように出生前診断で中絶され、生まれることのできなかった女性や幼少期に医療を受けることができずに命を落とした女性を指す。男児には優先的に食事を与えるが、女児には与えない、病気になっても女児はすぐに病院に連れて行かない等の扱いがあると考えられる。「失われた女性たち」の女性の全人口に占める割合が一%に満たないと推定されるネパールにおいても「娘に投資をするのは、他人の庭に水をまくようなものだ」とみなされている。[14]

「失われた女性たち」の多いインドでは、何が起きているか。性別判定による胎児の中絶は違法とされているが、その数は、女性の人口の約七〜八%に達していると推定される。そうした状況を生みだす行為選択の背景として、男児選好を動機づける経済的・文化的要因を想定することができる。N・フォルバーは、「子どもの数は、子どもが将来親にもたらす経済的価値と子どもを育てるのにかかる費用とのバランスによって決まる」と論じている。フォルバーに依拠すれば、子どもの成長に時間がかからず、子どもが労働力として経済的価値をもつ社会では、大家族が選択される。逆に、子どもの経済的価値が減少し、かつ、子育てに費用がかかる社会では子どもの数は抑制される。[15] ここで論じられているのは子どもの数についてであるが、子どもの性別の選択、つまり「失われた女性たち」に示される男児選好という点についても同様の仮説を提示することができる。たとえば、インドでは女性の経済的価値を減少させる要因として、結婚時に女性の家族が新郎家族へ支払う持参金（ダウリー）の習慣や、財産が代々男性に引き継がれる財産相続の形態が挙げられている。一九五〇年代後半に家族計画プログラム「二人っ子政策」が導入されて以降、女性の経済的価値の減少が助長され、男児選好を加速化させたとも考えることができる。

ダウリーが残るパンジャーブ州では「失われた女性たち」の数が多い。逆に、同じインドでも母系相続の伝統をもつケララ州においては、男女比は正常値であることが示されている。[16] また、同じく「失われた女性たち」が多い中国では、一九八〇年代の市場経済への移行による農業生産システムの変化に伴う女性の労働に対する評価の低下や医療サービスの制度改革による個人負担の増加、家族計画プログラムの導入があいまって、男児選好を加速させていると考えられている。センによれば、中国における乳幼児死亡率に占める女児の割合は、一九七八年では三七・七％であるのに対し、一九八四年には六七・二％に上昇している。[17] 以上の事例が示すのは、経済領域における男女の分配の偏りが生命維持および将来生まれてくる女性の生存に大きな影響を与えていることである。

(二) 二者択一的な機能の選択

「人間の中心的機能的潜在能力」のリストに依拠すれば、多くの女性が直面するディレンマも明らかにすることができる。それは、女性がヌスバウムのリストの一〇項目のいずれかを達成しようとするとき、いずれかを失うというトレード・オフの問題に直面する可能性が多々あるということである。先のリストの「7　連帯（A）」と「10　環境のコントロール（B）」を例にしてみよう。たとえば、カビールが触れたバングラデシュのムスリム女性の戦略、すなわち、「土地という物質的な所有を放棄する代わりに、コミュニティでの女性の地位の保障や兄弟からの庇護という社会的資源を獲得する」という選択は、「10　環境のコントロール（B）」を放棄する代わりに、「7　連帯（A）」を手にする女性の姿として目に映る。「土地を所有すること」と「兄弟との関係を続けること」という二つの機能の達成を望む場合、双方を選択し達成できることが望ましいであろう。

しかし、現実には、二者択一的な選択が女性に迫られる場面が少なくない。これは、実現できる能力がありながらも実現できない、つまり、潜在能力が制限されていることを意味する。人間にとって重要な潜在能力が、性別によって制限されることを重大な問題として認識すべきであろう。

「基本財」における男女の差異

最後に指摘できるのが、潜在能力アプローチに依拠すれば、自由を手に入れるための基本財における男女の差異を明らかにできるという点である。男性と女性では、自由を手に入れるための基本財が異なる。通常、基本財として想定されるものは、権利や機会、所得である。しかし、女性の場合、男児を産むということが、自由や生き方の可能性を広げる重要な基本財になりうるのである。

カビールは、北インドにおいては息子の数やダウリーの金額が、女性の自律に寄与することを指摘している。北インドのウッタルプラデシュ州では、結婚の際に高額のダウリーを支払った女性や息子を多く出産した女性は、家庭内暴力から解放され、世帯内の意思決定においても多大な決定権をもつことに触れている。逆に、南インドのタミルナードゥ州では、女性の雇用と教育が、女性の自律に関係するという[18]。ウッタルプラデシュ州では、ダウリーの金額が多いことや男児を多く出産することが、女性が夫や家族と対等に交渉する力（対等な関係の構築・連帯・共生・協働に関わる力）を増進し、生命や身体的健康、身体的保全（「内側からの力」）を維持する可能性の拡大に寄与することになる。ウッタルプラデシュ州では、女性の自由を拡大するものはヒンドゥー教的家父長制のなかで重視される息子の数だったり、ヒンドゥー教的義務の遵守であるが、男性においては必ずしもそれらが意味をもつわけではない。

ケララ州では女性の自律と相関のある雇用や教育が、ウッタルプラデシュ州では女性の自律に貢献しなかったという事例も、潜在能力が各地域の社会的関係によって規定されていることを浮き彫りにしている。潜在能力アプローチに依拠すれば、男性、女性の自由にとって何が有効なのかという点を通して、背景にある社会構造に接近することができる。特に、社会的関係のなかで性別によって自由や生き方の可能性を広げる基本財が異なるということが明示される。

四　潜在能力アプローチと社会学

社会学への含意

潜在能力アプローチは社会学的に平等・公正を考えるにあたり、次の点において意義をもつ。すなわち、①規範的な部分の補完、すなわち、平等・不平等の価値基準の提示、②機会の平等、結果の平等だけではなく、潜在能力における平等の実現という視点の提示、である。

第一に、先に触れたように、社会学においては、社会事象に対する価値判断を下す規範的な議論が避けられがちなことが指摘されている。この点を補う規範的アプローチとして、潜在能力アプローチは示唆に富む。たとえば、「人間の中心的機能的潜在能力」を基準にして、「本当に人間らしい機能を達成できる最低水準」を満たしていない人、つまり、不平等を経験している人は誰か、その人は何を必要としているのかを論じることができる。さらに、不平等を経験している人が、自己実現の選択肢を広げられうる制度や行政サービスは何か、何をすべきなのかについても論じることができる。このように、潜在能力アプローチは、ある人が置かれた状況が不平等であるのか否かを判断したり、政策への評価を下したりするための理念的根拠を与える。また、潜在能力アプローチに依拠すれば、今日の社会の制度的矛盾点を明らかにし、一部の人々の潜在能力を制限していることを的確に指摘することができる。

第二に、潜在能力アプローチに依拠した際、これまでのフェミニズム運動やジェンダー研究の問題提起は、機会の平等、結果の平等への問題提起というだけではなく、潜在能力における平等への問題提起を含むことが明らかにされた。性別によってあらかじめ「実際に何をすることができ、どのような状態になれるか」の選択肢が規定されていること、すなわち、性別によって潜在能力が規定されていることを意味している。潜在能力における男女の不平等という視点は、先進国の女性やマイノリティのおかれた状況をみるに際しても示唆的である。先進国では、基本財を獲得しても必ずしも自由を手に入れることができない状況が明らかにされるであろう。「働くという機能」と「母親になるという機能」の達成の間で二者択一的な選択を迫られる女性の葛藤は、基本財を機能に変換させる障害が多大であることを示す。また、日本の場合の男性一般労働者の平均賃金水準を一〇〇・〇とした際の女性の平均賃金水準六七・八という賃金格差[19]は、女性は男性と同じ労力や時間を費やしても、必ずしも同じ経済的評価を得られるわけではないことを示している。女性が男性と同じ評価を得るためには、克服すべき障害が数多く存在する。上記の事例は、平等な個人の競争を建前としながらも、属性が大きな意味をもつ今日の先進国社会の矛盾を指摘しているのである[20]。

問題の指摘

潜在能力アプローチは社会学における公正の規範的アプローチを考えるにあたり示唆に富む。しかしながら、同時に、社会学の視点に依拠すれば、次の二つの弱点が指摘できる。すなわち、①再生産領域における潜在能力の不平等の看過、②潜在能力アプローチにおける意図せざる結果とリスクの予測の欠如である。

潜在能力アプローチに依拠すれば、「失われた女性たち」は、基本財を基本的機能に変換する潜在能力における男女の不平等のなかでも、人間の生命に関わる潜在能力を著しく侵害するものとして断じることができる。他方で、それが、次世代の生命の維持・再生産に関わる継続的な男女の不平等である点、産む性である女性の選択によっても継続しているという点が看過されがちである。資本主義原理が、人間の生命の維持存続に関わる再生産領域に多大なる影響を与えている社会状況では、生産領域だけではなく、再生産領域をも射程に入れた規範的アプローチが求められるであろう。特に、こうした状況が顕著に現れている途上国の開発援助の実践現場においては、生産領域における男女の潜在能力の不平等と再生産領域における不平等との負の連鎖を断つための視点が緊要である。

第二に、潜在能力アプローチに意図せざる結果の予測という社会変動論の論点をどのように反映させることができるのかという課題を提示できる。『人間開発報告書』では、「健康的で十分な寿命の生活」、「教育を得る機会」、購買力による調整済みの所得から算出される「適正な生活水準」が、個人の基本的選択肢の広さを測定する指標として用いられている。しかしながら、「失われた女性たち」の事例においては、予想に反して、教育や所得が必ずしも女性（胎児）の生き方の可能性を広げるものにはならないことを示している。インドで胎児の性別判定を行っているのは、高学歴層や富裕層であるという指摘もなされている。[21] 識字教育や基礎教育といった潜在能力を拡大させるための試みが、場合によっては、将来生まれてくるだろう女性の潜在能力を狭める結果にもつながるというディレンマも視野に入れる必要がある。

センの触れているケララ州では、女性の教育は「失われた女性たち」を減らしている一つのファクターとなっているが、ウッタルプラデシュ州では、必ずしもそうではなかった。ウッタルプラデシュ州では、教育や所得は、男児選好を変えるのに寄与したというよりも、より安全なクリニックで、より正確な性別判定を受けることに寄与したということになるだろう。それは、女性が自由を手にするための基本財が、社会的関係に影響されることと無関係ではないことを意味する。「男児を産まなければ、離婚させる」と義理の母親に迫られ、男児を産むことを強制された女性の潜在能力は、著しく制限されているとみなすことができる。しかしながら、誰からも物理的な強制を伴わない状況で、そのような選択をした場合はどのように評価できるであろうか。たとえば、胎児の性別判定の結果、女児を中絶し、男児を産むことにする。そのことで家族との交渉力が増し、女性が暴力から解放され、生き方の幅を広げることができたとすれば、それは、どのように評価できるだろうか。こうした女性の状況を判断するに際して、母親の潜在能力と胎児の潜在能力とが対立するという矛盾した状況が生じることに気づかされるのである。

「失われた女性たち」の事例は、母親の潜在能力と、生まれてくるはずであった胎児の潜在能力とが根本的に対立する可能性があるという女性ゆえの問題を浮き彫りにしている。潜在能力を評価するにあたっては、単純な見方は許されないだろう。それが、所与の社会の構造に適合的である潜在能力であるのか、それとも構造変革的な潜在能力であるのか、あるいは、社会のなかで決められた役割に適合的なものか否かという区分の検討が、新たな課題になることにも注意を向けさせるのである。

註

（1）国連開発計画『人間開発報告書二〇一〇　国家の真の豊かさ――人間開発への道筋』二〇一〇年、一五六頁。

（2）「人間開発」は、物質的・経済的豊かさだけでなく、広く人間の生活の充足度を測ることを目的として生まれた概念である。その成果は、「人間開発指数」、「不平等調整済み人間開発指数」、「ジェンダー不平等指数」、「多次元貧困指数」から算出される。

（3）UNDP (United Nations Development Programme), *Asia-Pacific Human Development Report-Power, Voice and Rights: A Turning Point for Gender Equality in Asia and the Pacific*, 2010.

（4）友枝敏雄「社会学の方法――社会を科学する」友枝敏雄・山田真茂留編『Do! ソシオロジー』有斐閣アルマ、二〇〇七年。

（5）鶴見和子は柳田国男を引用しながら、学問の目標は「人びとの貧しさと苦しみをなくすこと」と「人びとが自分たちの貧苦をなくすためにはどうすればよいかを考え、行動する指針をあたえること」と述べている（鶴見和子「社会変動のパラダイム――柳田国男の仕事を軸として」鶴見和子・市井三郎編『思想の冒険――社会の変化の新しいパラダイム』筑摩書房、一九七四年、一四八―一四九頁）。盛山和夫は、社会学者が「規範的研究としての社会学」を自覚することの重要性について述べている（盛山和夫『社会学とは何か――意味世界への探求』ミネルヴァ書房、二〇一一年、二六四頁）。

（6）基本財（primary goods）とは、人間が自由に生きるために必要な財を指す。基本的な権利や機会、所得等が例示できる。センは、地域や各人が置かれた状況によって基本財は異なるとしている。

（7）A・セン『不平等の再検討――潜在能力と自由』池本幸生・野上裕生・佐藤仁訳、岩波書店、一九九九年。

（8）人々が実際にどのような生き方をしているのかということそのもの。

（9）M・ヌスバウム『女性と人間開発――潜在能力アプローチ』池本幸生・田口さつき・坪井ひろみ訳、岩波書店、二〇〇五年。

(10) 開発援助における女性の参加についての政策的アプローチ。女性の状況を改善するために、性役割分業やジェンダー不平等な制度・社会システムの変革のみならず、カースト等の権力構造の変革をも視野に入れる。

(11) Naila Kabeer, "Resources, Agency, Achievements: Reflections on the Measurement of Women's Empowerment," *Development and Change*, 35, 1999, pp. 437を参照。カビールは、エンパワメントを「以前に能力が否定されていた人々の戦略的な人生の選択能力の拡大」の過程としている。

(12) 実際的なジェンダー関心とは性役割分業から引き出される食糧、水、医療サービス等の日々のニーズの充足とそれに関わる関心であり、戦略的ジェンダー関心とは男女の従属的関係を解消に向かわせる際の関心である（田中由美子「開発と女性」国際協力事業団・国際協力総合研修所『地球規模の課題』一九九五年、一〇一頁）。

(13) UN Women (United Nations Entity for Gender Equality and the Empowerment of Women), *2011-2012 Progress of World's Women: In Pursuit of Justice*, 2011.

(14) Bandana Rana, Navin Singh, *Mother Sister Daughter: Nepal's Press on Women*, Sancharika Samuha, 2005.

(15) Nancy Folbre, "Of Patriarchy Born: The Political Economy of Fertility Decisions," *Feminist Studies* 9: 2, 1983.

(16) Amartya Sen, "More than 100 million Women are Missing," *New York Review of Books* 37 (20), 1999.

(17) Amartya Sen, "More than 100 million Women are Missing," *New York Review of Books* 37 (20), 1999.

(18) Naila Kabeer, "Resources, Agency, Achievements: Reflections on the Measurement of Women's Empowerment," *Development and Change*, 30, 1999, pp. 457.

(19) 内閣府『平成二三年版男女共同参画白書』二〇一一年、五三―五五頁参照。

(20) 梶田孝道は、業績主義が社会の主要な成分原理となりながら、主体のもつ諸属性の影響によって業績主義競争上のハンディキャップが生じ、公正な配分が実現していない状況を「属性主義に支えられた業績主義」と定義した（梶田孝道「業績主義社会のなかの属性主義」『社会学評論』一二七、一九八一年、七七頁）。

（21）二〇一一年五月二三日付の南アジア版ＢＢＣニュース参照（http://www.bbc.co.uk/news/world-south-asia-13264301）。

第12章　開発援助、公正、ステレオタイプ――イエメンの事例から

兼川　千春

一　開発援助とステレオタイプ

私たちはよく「ラベル」を用いて事象を把握する。それによって複雑なことも理解しやすくなるという共通認識をもつためである。例えば、ある地域紛争の原因を「異なる民族と宗教の対立」と説明されると容易に納得してしまう。しかし、この方法は問題の複雑性を隠蔽し、人々の生存に関わる問題をイデオロギー問題にすりかえるような陥穽を孕む。

開発援助においては様々な「ラベル」が存在する。私たちが日常的に使用している「途上国」もその一つである。G・エステヴァによれば、今日の開発援助は一九四九年、ハリー・S・トルーマンがアメリカ大統領就任演説で、「科学の進歩と産業の発達がもたらしたわれわれの成果を、低開発国の状況改善と経済成長のために役立てよう」「われわれが構想するのは、民主的で公正な関係を基本概念とする開発計画である」と宣言したことに始まる。(1)ここでエステヴァが強調するのは、「低開発」(under-developed)というラベルが二〇億もの人々に一方的に貼りつけられ、その日からかれらが「あるがま

まの多様な存在ではなくなり」「発展を待つ行列の最後尾に追いや」られたことである。この観点に立てば、「途上国」(developing countries) が何を前提としているか、明らかだろう。それは、みずからを「開発された」(developed) と自負する「先進国」の主導者のみずからを頂点とする単系的発展観である。しかし、この「固有」の発展観は、例えば国連諸機関が毎年公表する国・地域別データの指標として序列化され続けることで、次第により多くの人々に「普遍」とみなされるようになっていく。日本に住む私たちも、このようなデータをみて日本は「進んでいる」と思い、「遅れている」社会に「不衛生」「不公正」などのステレオタイプを抱きがちだ。

より現場に近いレベルでも「ラベル」は次々と産出されている。開発実践におけるラベリングの権力について、R・エイベンとJ・モンクリーフェは次のように述べている(2)。政策立案者、実務者、研究者として「われわれは人々のカテゴリーを計測し、そのニーズを特定し、介入を正当化し、認知された問題の解決策を公式化する。このようなラベリングは効率的かもしれないが、その過程は動態的で政治的でもある。ゆえにラベリングは意図せざる結果、時には歓迎せざる帰結をうむ」。開発援助という実践は、あるアジェンダ——現在、最大の課題は貧困削減——に基づいて、あるカテゴリーの人々を「受益者」——例えば「最貧困層」——として選び、かれらの問題に優先順位をつけ、解決に向け綿密に練られた計画を実施していくプロセスであり、そこには開発を主導する「先進国」援助実施機関(以下、「ドナー」)の思考様式が刻印される。

時代は遡るが、わかりやすい例として「開発と女性」の分野をみてみよう。一九七〇年以降、開発学も「女性はなぜ開発過程で周辺化されたのか」「いかにして女性を開発過程に統合するか」を探求してきた。その初期における主要な成果の一つが、ドナーに内在するステレオタイプの指摘であった。端緒となったE・ボズラップは、アフリカの事例をもとに、西欧の植民者が新しい技術や機械の導入を男性にのみ訓練しようとしたこと、その背後に「生産者は男性である」という思い込みが存在したことを指摘した。[3] I・ティンカーも「適切な役割と職業に関する西欧のステレオタイプが援助と共に輸出されがちだった」と述べ、[4] B・ロジャーズは開発計画を支配する西欧男性の女性観がいかに開発計画に影響を及ぼしたのかを論じた。[5] つまり、ドナーが「生産労働は男性、再生産労働は女性」という欧米社会の性別役割分業観を疑うことなく途上国にも適用し、開発過程における女性の周辺化を招いたと結論づけた。

しかし、このような「援助する側」のステレオタイプは、もはやドナーの問題にとどまらない。一九九〇年代以降の参加型開発の隆盛に伴い、途上国において増加した「仲介者」にも該当する。かれらは、ドナーからみれば「受益者」と同じ社会に属す「ローカル」だが、受益者からみれば「援助する側」に位置づけられる。実際、仲介者にはドナーとコミュニケーション可能な都市部の中間層エリート、受益者には初等教育さえ修了することのできない農村部の貧困層が多く、ドナーの想像以上に両者のリアリティは乖離している。このような現状において、「公正」を掲げる開発援助はいかに公正でありえるのか。

こうした観点から、本章はステレオタイプに着目し、それをいかに乗り越えうるかを考察する。事例として、中東の開発途上国イエメンの首都サナアで「公正」を掲げ開発援助に取り組んでいた国際NGOの仲介者に焦点をあてたい。

二　「ローカル」ゆえのステレオタイプ

イエメン社会の最貧困層と開発援助

アラビア半島で唯一天水による農業が可能なイエメンには、紀元前より人々が集住し、出自に基づく階層社会が形成されていた。それは、イスラームの預言者の血筋を誇る集団から出自をたどれぬ人々までおよそ五つに分化され、人口の大半を「部族」[6]が占めた。いずれも内婚集団だったことが示すように階層間の差異は厳格だったが、一九六二年に旧北イエメンが、一九六七年には旧南イエメンが、すべての市民の平等を掲げて身分制度を公式に否定したことや、一九七〇年代半ばから近隣産油諸国への出稼ぎが一般化して人々の生活様式が変わり経済力が重視され始めたことなどから、旧来の社会階層は緩やかに変容し、階層をこえた婚姻関係も結ばれるようになっていった。こうした変化は、一九九〇年の南北イエメン統一以降、近代教育の普及によっても加速している。

しかしなお、社会移動の機会に乏しく、他階層との社会関係が希薄な集団がある。慣習的に土地や武器の所有を禁じられ、世襲的に人々が忌避する雑役――典型的には、汚物処理を含む道路清掃、市場や港湾での運搬、結婚式などでの演奏――を担ってきた、「アフダーム」(akhdam)[7]と呼ばれる人々である。もちろん、現行憲法も市民の平等を明記し、国民の大半が信仰するイスラームも平等を説いているが、アフダームに対する人々の認識は「黒人」(soud)[8]、「エチオピアから来た」(min al-Habasha)[9]など画一的で偏りがあり、実質的平等にはほど遠い。紅海沿岸に多いといわれるが、主要都市で清掃需要が高まった一九七〇年代以降、雇用機会を求めて移住する者が増加し、都市のスラムに流入した。経済機

会に加え、都市の利便性や匿名性もかれらを惹きつけ、多くが家族を呼び寄せたので、スラムは拡大した。(10)

このような人々に政府は「土地の不法占拠者」というラベルを貼り退去を命じこそすれ、何の施策も講じなかった。初めて組織的な援助をしたのはイギリスに本部を置くオックスファム（Oxfam）である。「貧困と不正」のない「より公正な世界」を築くため、「緊急援助」「開発事業」「変化のためのキャンペーン」を実施している国際NGOの草分けで、(11)イエメンでは一九八三年にサナア事務所を開設し、一九九〇年代にはオックスファムとアフダームの仲介者として中間層の高学歴女性――大半が部族民――を積極的に採用した。当時の援助の手引きによれば、「開発の根本的な目的は、周辺層（marginalised people）が変化のプロセスの一部となりうるよう改善し、権力が不公正に行使され配分されている社会において、かれらがそのあり方を変革する手助けをすること」(12)で、イエメンでは貧困女性のエンパワメントを重視した。

一九九六年、仲介者はアフダームの住民参加型調査を行い、その報告書においてアフダームを「イエメン社会で最も貧しく、最も教育がなく、最も力のない階層」と規定し、特に「女性の地位の向上に直接貢献できるような介入が優先事項である」として、以下のように雇用創出の必要性を訴えた。(13)

女性がもつスキルは裁縫とかご編みだけだったが、多数の女性が別のスキルを獲得したいと考え、そのためのトレーニングを熱望した。オックスファムはコミュニティが従事してきた伝統的な仕事とは異なる仕事に就けるようなトレーニングに関心をもった。それは、トレーニングを受ける女性に彼女自身のコミュニティのなかでも社会一般のなかでもより高い地位をもたらす仕事であり、かつ適切な収入を得られる仕事であることが望ましい。（傍線は筆者による。以下同様。）

サナア移住後、「コミュニティが従事してきた伝統的な仕事」は清掃である。調査でも、アフダームの主な雇用先は男女を問わず、サナア市清掃事業局か民間の清掃会社という結果であった。とはいえ、男性は市場の運搬人などの日雇い仕事、女性や子どもは物乞いをして生計をたてる世帯も多かった。では、このような人々に「より高い地位」と「適切な収入」をもたらす仕事とはどのようなものなのか。報告書には「秘書」「タイピスト」「理髪」などの職業があげられたが、実際に仲介者が企画したのは何だったのか。以下、一九九八年に実施された二つの事例を検討しよう。(14)

事例一　家事サービス・トレーニング・プロジェクト

仲介者A　今、アフダーム女性に家事サービスの技能訓練を行い、イエメン人家庭に斡旋するプロジェクトを実施しています。最近、家事労働者の需要が増えていますが、今は外国人ばかりでしょう。アフダームがその代わりになればと考えたのです。きちんと訓練すれば、外国人より言葉が通じる人の方がいいでしょう？

筆者　それはいい考えかもしれません。でも、他階層の家庭が受け入れるでしょうか。

仲介者A　知人たちに聞いたら、「よく訓練されていれば雇ってもよい」と言っていたので、大丈夫でしょう。(15)

これは、プロジェクトを企画した仲介者と筆者の間に交わされた対話の一節である。

一九九〇年代後半、サナアでは外国人だけでなくイエメン人の家庭も——それも富裕層だけでなく中間層の家庭も——家事労働者を雇うようになっていた。一般に、外国人家庭では英語が通じるフィリピン人、エチオピア人、エリトリア人が好まれ、イエメン人家庭ではアラビア語が通じるソマリア人が多い[16]。拡大家族から核家族への移行に伴い家事を分担する世帯内女性の数が減ったため、高学歴化に伴い働く女性が増えたため、家事労働者を雇うことが社会的ステイタスとなったため、など理由は様々だが、こうした需要に貧しいイエメン女性も応え始めていた。この市場にアフダームが参入できれば、道路清掃に代わる職業として将来性がある。そう見込んだ仲介者はアフダームに清掃・調理の基礎的なトレーニングを実施するプロジェクトを立案した。しかし、サナアでは一般に、家庭にアフダームを入れることが忌避されてきた。そこで仲介者が着目したのが、サナアの支配的ジェンダー規範である。家事サービスの技能が身についても、アフダーム女性がステレオタイプどおり「安っぽく不潔で恥ずべき存在[17]」では安定した雇用にも社会統合にも結びつかない。受講生には、ステレオタイプを払拭するにたる規範の遵守が求められた。

プロジェクトには一四歳から一八歳までの一二名が参加したが、結果的に就職したのは一名のみで、大半は清掃業に戻っていった。やはり部族民がアフダームの受け入れを拒否したためだが[18]、予想に反してアフダームもまた家事労働者となることに難色を示したからである。筆者の調査では一一名中九名が「家庭よりオフィス」で働くことを希望した。では、なぜ彼女たちは「家庭」を忌避したのか[19]。

まず、「私的領域」である家庭は「公的領域」であるオフィスより「トラブルが起こりやすい」と考えられていた。

受益者A　家庭よりオフィスで働きたい。オフィスは公的な場所だから。
受益者B　家庭の仕事はトラブルがおこりやすいと思います。不親切な雇い主の態度に傷つくことも多いのでは。

では、どんな「トラブル」か。典型例を以下に示す。

受益者C　一年前、部族の家庭で働きましたが、三カ月で辞めました。理由は物がなくなったとき、盗みの疑いをかけられたから。それ以降、父は「もう家庭では働くな」と言うようになりました。
受益者Dの母親　娘が八歳のとき、部族の家庭で働かせたことがありました。お使いにいったりするような仕事です。でも、雇い主が娘と性交渉をもとうとしたので辞めさせました。幸い被害はありませんでしたが、それ以来家庭で働かせたくないと思うようになりました。

これらの語りはアフダーム女性に付与されがちなステレオタイプ、「スリ」と「売春婦」に対応する。報告書で、アフダーム女性が「安っぽく不潔で恥ずべき存在」という社会一般の偏見に悩まされていると指摘された所以である。こうしたステレオタイプは、生計をたてるためとはいえ、アフダーム女性が支配的ジェンダー規範に反して路上に出ていることに起因する。そう考えたからこそ仲介者は「より高い地位」をもたらす仕事として「家事サービス」を選んだのだが、当の女性たちにとって、それは地位の向上どころかその逆とみなされていた。

受益者Ｅ　幼い頃、メイドとして働いたことがありました。その家の女主人は慈悲もなにもない人でした。ひどい扱いを受けました。すぐに私は、彼女が私に絶対的な力をもっていると感じました。あれは本当にひどい経験でした。私の人生で最悪の経験の一つです。だから二日でやめました。

筆者　二日で。

受益者Ｅ　だって、いつまでたっても食事をさせてもらえないから、おなかがすいたと言ったら、一体いつ作ったのかわからないようなものが出てきたんですよ。

筆者　……女の子がメイドとして働くことは多かったのでしょうか。

受益者Ｅ　はい。今でもそうしている子がいます。[20]

しかも、それは「適切な収入」も保証しなかった。例えば、ある家庭が示した労働条件は、食事・制服つきで労働時間内の通学も認めるとはいえ、月収は清掃事業局の「日雇い」の三分の一である。[21] まして住み込みであれば終日、「絶対的な力」をもつ他者の監視下で過ごさねばならない。さらに留意すべきは、それが際限のない仕事という点である。

受益者Ｆ　オフィスの仕事はやるべきことがあらかじめ決まっていますが、家庭の仕事には決まりがありません。あれこれやらねばならないと思うと家庭の方が大変だと思います。

アフダームとはアラビア語で「使用人」の意であり他称である。そのように呼ばれる少女にとって、紅海沿岸の出身村でもっとも「伝統的」な仕事は、実は他階層の家庭の小間使いだった。サナア移住後も、児童労働となるため清掃事業局が雇用できない一五歳未満の少女にとって、それは「物乞いよりましな仕事」としてむしろ一般的だった。つまり、家事労働者はアフダームにとってすでに存在していた選択肢の一つであり、仲介者が期待したような「革新的」なものではなかったのである。

むろん、このプロジェクトを企画した仲介者は、スキルのない小間使いではなくスキルを身につけた家事労働者なら、それも支配的ジェンダー規範から逸脱した少女ではなくそれを遵守できる少女なら、アフダームに対するステレオタイプを払拭する機会にもなり待遇も異なっていくはずと考えた。しかし、そうした考えに少女たちもその両親も懐疑的だった。聞き取りから明らかになったのは、イエメン女性の職場として支配的ジェンダー規範に適う屋内とはいえ、第三者の目のとどかない家庭という閉じられた空間で歴史的な権力関係に引き戻され、雇い主の恣意に翻弄されるより、たとえ路上であれ公的領域で清掃事業局の「公務員」として働くほうが「より高い地位」と「より適切な収入」が得られる、というかれらの戦略である[22]。かれらにとっては、その方がはるかに安定的で自律的だったのである。

事例二　リサイクル事業視察プロジェクト

もう一つ、「新しい所得創出」を模索していた仲介者が「すばらしい」と評したプロジェクトを検討しよう。

仲介者B　際立ったアイディアの一つは、ゴミ収集に従事している人々ならリサイクルができる、というものでした。それはまた、環境という点からも要請されていることです。それが、所得創

出に関するアイディアの一つでした。(23)

当時、サナアのゴミ捨て場は年々拡張していたが、それを生計手段として活用する人々はいなかった。アフダームがリサイクル事業を始めても、誰もクレームをつけないだろう。そう判断した仲介者はエジプトの先行事例を学ぶ視察プロジェクトを企画した。

仲介者B　かれらを連れて行く目的は、外国の他のプロジェクトを見せることでした。私が示したかったのは、かれらが現在従事していることのなかにできることがあるということでした。そう、かれらは清掃人ですが、かれらが従事していることのなかにできることがあるのです。当時、私たちは他のプロジェクトもいくつか検討しました。その一つはスーダンで、女性のエンパワメントに成功しているようにみえた女性の活動、女性のプロジェクトです。もう一つはエジプトの清掃業に従事する人々で、女性だけのものではありませんでした。アフダームに関して、私たちはすべてのセクターに関わっていたので、つまり女性だけでなく男性や子どもとも活動していたので、エジプトの経験を見ようということになりました。ザッバーリー（Zabbali）といわれる人々、ゴミ収集人です。(24)

仲介者がこのアイディアに魅了されたのは、参加型調査の結果、女性だけでなく男性も支援する必要がうまれたこと、対象がエジプトにおける「アフダーム」だったことによる。しかし、もう一つ理由がある。それは、清掃人からの脱却を図るのではなく「かれらが現在従事していることのなかにできることがある」という発想の転換である。成果を出せず行き詰まりを感じていた仲介者にとって、それはきわめて新鮮だった。しかし、カイロで見た現実は、想像とはまったく異なるものだった。

仲介者B　あのとき、何がどのように起こったか……。それを思い出すことは、私にとって、とても興味深いことです。エジプトで、かれらはザッバーリーの居住地を訪ねました。それは、かれらの居住環境よりはるかにひどいものでした。なぜなら、人々はまさにゴミの中に住んでいたからです。つまり、この部屋も次の部屋もそのまた次の部屋もゴミでいっぱいでした。（中略）視察に参加した若い女性たちは、「私たちのほうがまし」と言いました。

（中略）

私たちは（ザッバーリーに）かれらを紹介しようとしたとき、困難を感じました。しかし、かれらは多くを学び、色々なことに取り組みたいという強い動機を携え帰国しました。[25]

ザッバーリーの生活状況は、アフダームに公衆衛生の重要性を繰り返し説いていてきた仲介者を困惑させたが、それでも彼女はこの視察がアフダームに有益だったと評価した。しかし、当事者の評価はここでも違った。その一例を次に示そう。

受益者E　カイロで、私たちはゴミを回収してリサイクルしているNGOを見学しました。かれらは工場をもっていました。男性がゴミを集めて家の前にもってくると、女性がそれをプラスティック、メタル、ガラスなどに分別し、それを工場でリサイクルする仕組みでした。でも、私たちはイエメンで同じことをできないと思いました。まず、工場がありません。私たちがすぐに応用できないようなもの、利益を得られないようなものをみても時間の無駄だと思います。あれは本当に時間の無駄でした。(26)

受益者Eは、アフダームのなかで最も積極的にオックスファムと関わってきた女性だった。「母や妹は清掃人だからアフダームと言われてもしかたがない。でも私は清掃人にはなりたくない。アフダームと呼ばれたくない」と自力で看護師への道を切り拓き、みずからを「ザビーディー」（ザビード地方出身者）と自称していた。彼女と接した女性たちはみな、身なり、話し方、態度、すべてにおいて彼女が「アフダームにみえない」ことに目をみはった。その彼女が「時間の無駄」と酷評したのは、「すぐに応用できない」事業を見学させられたというより、仲介者Bが「困難を感じ」ながらも結果的に、ゴミの中に住んでいる「不潔」な人々と自分に同じ「清掃人」というラベルを貼ったことだった。

それまで、仲介者はアフダームの「自尊心」の欠如を問題にし、「変化」を促してきた。それに共感したからこそ、受益者Eはその呼びかけに応えてきた。ところが、信頼を寄せていた仲介者Bから「アフダーム」「清掃人」と紹介されたこと、それは彼女の自尊心を深く傷つけ仲介者への不信感を抱かせた。以後、彼女は開発援助から離れていく。仲介者Bもまた、条件のよい他の職場に転職し、結局この事業は実現しなかった。

同化？　差異化？——身体化されたステレオタイプ

仲介者はアフダームの社会統合を掲げ「新しい所得創出」に取り組んだが、「清掃」の領域から離れることができなかった。その要因の一つは、プロジェクトの実現可能性である。秘書やタイピストと異なり、他階層が忌避する清掃の領域なら、他階層と競合する可能性は小さい。そのうえ、教育やスキルがなくともトレーニングが比較的容易でコストもかからない。こうした点が、ドナーの期待に応え成果をださねばならない仲介者には重要だった。しかし、それだけではないだろう。清掃の領域をバージョンアップすることが「すばらしい」と感じられた背景には、開発援助という制度に起因する要因だけでなく、以下の語りにみるようなイエメン社会に固有の要因もあるだろう。

仲介者B　私たちはなぜ——これは私が現在、思い起こしていることで当時の考えではありませんが——私たちはなぜ（アフダームと）同じ集団を選んだのか、なぜアフダームができる他のことを考えなかったのか、興味深いことです。しかし、私たちのマインドは、かれらはザッバーリーだ、かれらは清掃人だ、だからアフダームは清掃人を視察する必要がある、と考えたのでしょう。つまり私たちは、かれらがなぜ清掃人を視察しなければならないのか、考えなかったのです。かれらは別のプロジェクトを、成功した別の開発プロジェクトを視察してもよかったかもしれない、と今は思います。これは私が現在、思い起こしていることです。しかし、以前は、この視察はかれらが得るところの大きい、本当に役立つプロジェクトだと考えていました[27]。

ここから、仲介者がイエメン固有のステレオタイプを内在化していたことが看取できる。たしかに、参加型調査の結果はアフダームの主要な職業が清掃人であることを示していた。しかし、それはかれらが世襲的に清掃人だったからではない。農村で生計をたてられなくなり都市に移住してきた当時のアフダームが重視していたのは、かれらにとって新しい雇用形態であり、その安定性と自律性だった。

仲介者はアフダームを忌避するイエメン社会のタブーをものともせず、熱心にかれらと接してきた。にもかかわらず、なぜアフダームのリアリティを捉えそこねてしまったのか。筆者の聞き取りでは、「看護師」のトレーニングを望む声が多かったにもかかわらず、なぜ「家事労働者」だったのか。支配的ジェンダー規範からみれば、イエメン女性にとって社会的により望ましいのは看護師であり、家事労働者は忌避すべきはずである。一方で同化を促しながら、一方で差異を前提とする仲介者の思考は何に起因するのだろう。

ここに、「女性」は「再生産労働の担い手」という欧米社会の性別役割を自明視したかつてのドナーのように、仲介者もまた「アフダーム」は「清掃人」というイエメン社会の――というよりサナアの部族社会の――階層別役割を自明視したというアナロジーをみてとれないか。そうしてドナーが――主観的意図はともかく――結果的に女性を周辺化したように、仲介者もまたアフダームの社会統合を目指しながら、その社会的排除を固定化するプロジェクト形成という矛盾に陥ったのではなかろうか。

一九九〇年以降、性別役割に基づくステレオタイプの理論に根ざした「開発と女性」はN・カビールらの批判を受け[28]、女性を取り巻く制度や権力関係を重視した「ジェンダーと開発」に移行し、オックスファムもジェンダーを重視するようになっていた。しかし、当時の仲介者は――ドナーの支援不足もあり――女性を男性との関係において、ひいてはアフダームを他階層との関係において捉える視点をもつには至らなかった。こうして仲介者がアフダームを産出したイエメン固有の不公正な権力関係や資源配分のあり方にも、そのなかでアフダームが編み出してきた独自の生存戦略にも目を向けず、アフダームにのみ変化を求めた背景には、仲介者もまたイエメン社会で自明視される前提を身体化していたと考えることができるだろう。そして、仲介者をそのように水路づけたのは、個人の資質というよりも、仲介者が根ざすイエメン社会の構造であり歴史であり社会経済状況ではなかろうか。

「援助する側」のステレオタイプはドナーの問題にとどまらない。それは、ローカルな仲介者にも看取できる。もちろん、ステレオタイプは誰にでも、「援助される側」にもあるだろう。しかし、他者に介入することができる者、それを正当化しうる権力をもつ者は、みずからに内在する前提によりいっそう自覚的となる必要があるだろう。

三　ステレオタイプを乗り越える

私たちは、ステレオタイプをいかに回避できるのか。イエメンの事例から二つの点を学びたい。

一つは、みずからが生まれ育った社会の構造と歴史を動態的に把握することである。役割への着目はしばしば静態的な分析を導き、ステレオタイプの産出基盤となってしまう。解明すべきはむしろ、ある集団がある役割を担うことを人々に自明視させるものは何か、それを支える制度や権力関係であり、社会経済状況に応じて変化していく人々の意識や社会関係ではなかろうか。その際、地域性や時代性の考慮も必要である。私たちは、そこでそのとき自明とされる社会関係や認識枠組みを通して事象を把握し、思考し、行動しているからである。その日常的反復のなかで、準拠集団の支配的価値規範が身体化されていく。それが、これまで繰り返し述べてきた前提を形づくる。それを明確にするために、私たちが何を支配的価値とみなしてきたのか／みなしているのかを問うことも有益だろう。経済成長か人権か、自由か平等か、あるいはイエメンにおけるように名誉なのか。それは、マジョリティの支配の論理とマイノリティの産出の契機を考察するうえで示唆に富む。

もう一つは、ステレオタイプを付与された他者の声を聴くことである。オックスファムは現在、「聞き入れられる権利」(right to be heard) というイシューを掲げ[29]、マイノリティの声を政策に反映するためのキャンペーンを展開中だが、これは参加型調査などでマイノリティが声をあげる機会は増えたものの、それらにどれだけ真摯に向かい合ってきただろうという自省を促すものとも読める。

吉澤夏子は「他者との共在の可能性」という論文で、他者を尊重するということは「何よりもまずその人が感じ、考え、希望し、欲望し、夢を見ていること、そのすべてをそのまま受け止め認めるということ、すなわちその人の心の自由を尊重するということ」(傍線は筆者による) だと述べている[30]。重要なのは、他者を「そのまま受け止め認める」こと、すなわち自己の価値判断をいったん留保する、ということであろう。これは、たとえそのように自己同定しなくても、他者に対し権力関係の優位にあるとき、ことさら努力を必要とする。しかし、ステレオタイプを付与された他者と対峙するならなお、その「心の自由を尊重する」。そうして初めて私たちは他者の声を聴くことができ、そのリアリティに接近可能となるのではなかろうか。

そして、それが「対話」(dialogue)[31] の始まりにもなるだろう。『他者の権利』の著者S・ベンハビブは、「グローバルな原則と規範が、あらゆる規模の有権者によって、彼らのたがいに関連し合う会話や相互行為において再専有され、再反復される、そうした道徳的で政治的な対話」を「民主的反復」と呼び重視する[32]。すでにオックスファムは受益者と「政府、市民社会、その他の行為者間に建設的な相互行為の場を創造すること」に注力し、一定の成果をあげているが、そうした場を単なる形式主義に貶めず、マイノリティの真のエンパワメントに結びつけるには、私たち一人ひとりが対等であり、かつ多様な存在であることをまず認め、他者の言葉のみならず、その言葉の源泉にある想いを汲み取ろうとする気構えが求められるのではなかろうか。そうした構えをもって倦まず対話を繰り返すこと、そのプロセスのなかにこそ、互いのステレオタイプを払拭しうる好機があろう。

「ラベル」は便利な道具である。しかし、そこにはしばしばステレオタイプが混入し他者を抑圧しかねないこと、それが他者との公正な関係を、ひいては公正な社会の構築を妨げるということを、常に思い起こすことが重要だろう。

理論と調査を行き来しながらステレオタイプを裏切るリアリティを描き出し、それについて考察と対話を続けること、それが社会学の責務と考える。

註

（1） グスタヴォ・エステヴァ「開発」『脱「開発」の時代——現代社会を解読するキーワード辞典』三浦清隆他訳、晶文社、一九九六年、一八—四二頁。

（2） R. Eyben and J. Moncrieffe., *The Power of Labelling in Development Practice*, IDS Policy Briefing. Issue 28, 2006. http://www.ids.ac.uk/files/dmfile/PB28.pdf（二〇一一年七月七日閲覧）

（3） E. Boserup, *Women's Role in Economic Development*, Aldershot: Gower, 1970.

（4） I. Tinker, The Adverse Impact of Development on Women, Tinker, I. and M. Bramsen (eds.)・*Women and World Development*, Washington D. C.: Overseas Development Council, 1976.

（5） B. Rogers, *The Domestication of Women*, London: Routledge, 1980.

（6） アラビア語の qabila の訳として用いられる「部族」という語からは「未開」「野蛮」「後進」などのステレオ

タイプが喚起されがちだが、適切な代替語がないことから、本章ではイエメンの先行研究にならう。

（7）アラビア語で「使用人」を意味する語の複数形で、そもそも他称・蔑称だが、統一的自称がなく他に適切な呼称もないため、本章ではその倫理的問題を自覚のうえで、この語を用いる。

（8）実際には、他階層、アフダームともに肌の色は様々だが、「黒人」には元使用人階層という含意がある。

（9）出自が辿れないのでエチオピア人の子孫という確証はない。六世紀にエチオピア軍がイエメンを侵攻し支配したという史実や、その後の敗退に伴い捕虜となった兵士の子孫という説などから、このような言説がうまれたと考えられる。後述のエチオピア人移住労働者と異なりイエメン人とみなされるようになっているが、それゆえの差別は歴然としている。漠然と「アフリカから来た」といわれることも多い。

（10）二〇〇二年調査当時、サナアには大小あわせて一一のスラムがあり、筆者の推計では約二万人が居住していた。ただし、そこには一九九〇年の湾岸危機で急遽帰国を余儀なくされた出稼ぎ帰還者や、経済機会を求めて出稼ぎに来た貧しい部族民も含まれる。

（11）一九四二年に発足した世界で二番目に古い国際NGOで、二〇一一年現在、その理念に賛同する一五の団体がオックスファム・インターナショナルという連合体を構成し、世界九八カ国で活動している。以上、オックスファムGB http://www.oxfam.org.uk、オックスファム・インターナショナル http://www.oxfam.org/about、オックスファム・ジャパン http://www.oxfam.jp/aboutus/参照（二〇一一年七月七日閲覧）

（12）D. Eade and S. Williams, *The Oxfam Handbook of Development and Relief*, Vol. 1-3, Oxfam Publication, 1995, p. 9.

（13）A. Al-Ahmadi and S. Beatty, *Participatory Socioeconomic Needs Survey of the Sana'a Urban Settlement Dwellers with Special Reference to Women*, Sana'a: Oxfam Yemen, 1997.

（14）以下の事例は一九九七年五月〜二〇〇七年六月に筆者が計九回行った現地調査と聞き取りをもとに構成した。本章では、プロジェクトを企画した計四名の仲介者のうち、代表者の聞き取りのみ提示した。事例一の仲介者と受益者には通訳（アラビア語／英語）を介して、事例二の仲介者には筆者が英語で、半構造型インタビューを実施し、後者についてはトランスクリプトを作成した。

(15) 一九九八年一一月一七日、プロジェクト・サイトに向かう車中での聞き取りより。

(16) ソマリア人の母語はアラビア語ではないが、難民としてイエメンに暮らす若い女性ならたいてい簡単なアラビア語が通じる。

(17) *Ibid.*, p. 61.

(18)「言葉が通じるほうがよい」という仲介者の予想に反し、以下の調査結果は、言葉がよく通じず他のイエメン人と接触のない外国人の方が「家の秘密」(asrar al-bait) を漏らされる心配がないのでよいと考えるイエメン人家庭の存在を指摘している。Regt, Marina de, *Mapping Study on Women Domestic Workers in Yemen*, ILO, 2006, p. 9.

(19) 二〇〇〇年一一月～一二月、プロジェクトの参加者、不参加者、途中で辞めた者など計一一名を対象に実施した聞き取りより。アラビア語の調査票を作成したが、対象者の識字能力に幅があったことから、調査票の質問項目に基づいた聞き取りに切り替えた。

(20) 二〇〇五年一二月二〇日、仲介者Eの自宅での聞き取りより。

(21) 清掃事業局の仕事は一日四時間ずつ計八時間労働で、調査当時の月収は正規職員が一万一〇〇〇イエメン・リアル、日雇いの契約職員が九〇〇〇リアルだった。一方、この家庭の条件は住み込みで一日一二時間労働、月三〇〇〇リアルだった。一九九八年調査当時のレートは一イエメン・リアルが約一円である。

(22) 家事労働を拒み清掃人に戻った少女の多くが道路ではなく屋内（学校、病院、工場など）の清掃を選んだ点に、できる範囲で支配的ジェンダー規範に適合的であろうとする彼女たちなりの戦略を看取できる。

(23) 二〇〇七年六月一七日、仲介者Bの転職先であるユニセフ・サナア事務所での聞き取りより。

(24) 同右の聞き取りより。

(25) 同右の聞き取りより。

(26) 二〇〇五年一二月二〇日、受益者Eの自宅での聞き取りより。

(27) 二〇〇七年六月一七日、仲介者Bの転職先であるユニセフ・サナア事務所での聞き取りより。

(28) N. Kabeer, *Reversed Realities: Gender Hierarchies in Development Thought*, Verso, 1994.

(29) http://www.oxfam.org.uk/oxfam_in_action/issues/right_to_be_heard.html（二〇一一年七月七日閲覧）

(30) 吉澤夏子「他者との共在の可能性——グローバリゼーションとジェンダー」『社会学評論』五七（四）七四八—七六二頁、二〇〇七年、七五九頁。

(31) ギリシャ語に由来するdialogueは、「完全な」「〜をし通す」という意味のdiaと「言葉、談話」を表すlogueから成り、言葉を尽くし、話し合いを全うすることを意味する。

(32) セイラ・ベンハビブ『他者の権利——外国人・居留民・市民』向山恭一訳、法政大学出版局、二〇〇六年、一〇四頁。

【付記】この小論を、民主化とより公正な社会を求めて長い戦いを続けているイエメンの人々に捧げます。

著者紹介（執筆順　*は編者）

宮島　喬（みやじま　たかし）*
東京大学大学院社会学研究科博士課程中退。お茶の水女子大学名誉教授。著書：『ひとつのヨーロッパ　いくつものヨーロッパ』（東京大学出版会）、『文化的再生産の社会学』（藤原書店）、『文化と不平等』（有斐閣）、『ヨーロッパ市民の誕生』（岩波新書）、『移民社会フランスの危機』（岩波書店）、『一にして多のヨーロッパ』（勁草書房）など。

田邊　浩（たなべ　ひろし）
中央大学大学院文学研究科博士後期課程単位取得退学。金沢大学大学院人間社会環境研究科准教授。著書：『現代社会学のアジェンダ』（共著、学文社）、『社会学ベーシックス2　社会の構造と変動』（共著、世界思想社）、『数学嫌いのための社会統計学』（共著、法律文化社）など。

定松　文（さだまつ　あや）
お茶の水女子大学大学院人間文化研究科博士課程単位取得退学。恵泉女学園大学教授。著書：『地域のヨーロッパ』二〇〇七年（共著：人文書院）など。

杉原名穂子（すぎはら　なほこ）*
お茶の水女子大学大学院人間文化研究科博士課程単位取得退学。新潟大学人文学部准教授。著書：『デモクラシー・リフレクション』（共著、リベルタ出版）など。

中西祐子（なかにし　ゆうこ）
お茶の水女子大学大学院人間文化研究科博士課程修了（学術博士）。武蔵大学社会学部准教授。著書：『ジェンダー・トラック』（東洋館出版社）、『格差社会を生きる家族』（共著、有信堂高文社）など。

喜多加実代（きた　かみよ）
お茶の水女子大学大学院人間文化研究科博士課程単位取得退学、福岡教育大学教育学部教授。著書：『格差社会を生きる家族』（共著、有信堂高文社）、『概念分析の社会学』（共著、ナカニシヤ出版）。

鷹田佳典（たかた　よしのり）
法政大学大学院社会科学研究科博士課程修了（社会学博士）。東京都市大学・法政大学非常勤講師。著書：『ケアとサポートの社会学』（共著、法政大学出版局）など。

本田量久（ほんだ　かずひさ）＊
立教大学社会学研究科博士後期課程修了（社会学博士）。東海大学観光学部准教授。著書：『「アメリカ民主主義」を問う』（唯学書房）など。

中力えり（ちゅうりき　えり）
フランス・ストラスブール第二大学大学院博士課程修了（社会学博士）。和光大学准教授。著書：『マイノリティとは何か』（共著、ミネルヴァ書房）など。

曺慶鎬（ちょう　きょんほ）
東京大学大学院人文社会系研究科博士課程在籍中。論文：「「朝鮮学校コミュニティ」とエスニック・アイデンティティ」（『ソシオロゴス』第35号）など。

坪谷美欧子（つぼや　みおこ）
立教大学大学院社会学研究科博士課程単位取得退学（社会学博士）。横浜市立大学准教授。著書：『「永続的ソジョナー」中国人のアイデンティティ』（有信堂高文社）、『チャイニーズネスとトランスナショナルアイデンティティ』（共著、明石書店）など。

佐野麻由子（さの　まゆこ）
立教大学大学院社会学研究科博士課程後期課程修了（社会学博士）。立教大学社会学部助教。著書：『〈グローバル化〉の社会学』（小川（西秋）葉子・川崎賢一・佐野麻由子共編著、恒星社厚生閣）など。

兼川千春（かねかわ　ちはる）
立教大学大学院社会学研究科博士後期課程修了（社会学博士）。論文：「開発援助とマイノリティー『ローカルな仲介者』の制約と可能性に着目して―」（立教大学学位論文）、著書：『みんぱく実践人類学シリーズ第八巻　開発と協働』（共著、明石書店、二〇一二年刊行予定）など。

公正な社会とは
教育、ジェンダー、エスニシティの視点から

二〇一二年三月二〇日　初版第一刷印刷
二〇一二年三月三〇日　初版第一刷発行

編　者　宮島　喬
　　　　杉原名穂子
　　　　本田　量久

発行者　渡辺博史
発行所　人文書院
〒612-8447京都市伏見区竹田西内畑町九
電話　〇七五(六〇三)一三四四　振替　〇一〇〇〇・八・一一〇三

印刷　創栄図書印刷株式会社
製本　坂井製本所

ISBN978-4-409-23050-3 C1036